# ど素人がはじめる投資信託の本

1万円から手軽にはじめよう！

ジョン太郎 著

SHOEISHA

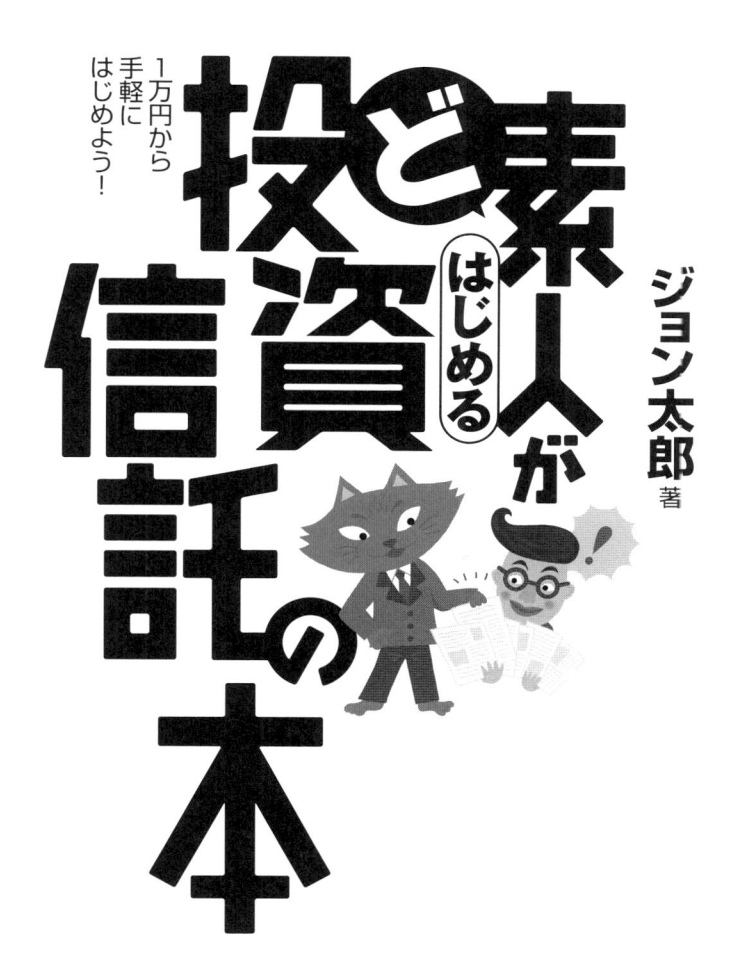

ここでは、投資信託をはじめる際の手続きを紹介します。
あわせて、通常の金融機関とインターネット専業金融機関の
大まかな違いもまとめておきますので、はじめる際の参考にして下さい。

## 銀行で買う？ネット証券で買う？

| | 通常の金融機関 | インターネット専業金融機関 |
|---|---|---|
| **購入方法** | 販売員を通じて窓口で購入（インターネットや電話で申し込むことも可能） | インターネット上で購入 |
| **ファンドや資産配分の決め方** | 販売員に相談したり、アドバイスを受けながら決める | サイト内の情報などを自分で調べて決める／設置されているコールセンターに相談する |
| **購入や売却の申し込み** | 伝票に記入してハンコを押す（インターネットや電話でも可能） | 暗証番号を入力してネット上で申し込む |
| **疑問や相談への対応** | 販売員が随時対応 | 自分で調べる／コールセンターに電話する |
| **保有期間中のフォロー** | 法定の報告書送付の他、販売員が運用状況の報告や説明をしてくれる | 基本的には法定の報告書送付のみ。マンスリーレポートなどの必要な情報は入手できるようになっている |
| **購入時の販売手数料** | 同じファンドでも、インターネット専業金融機関より高い傾向がある。ノーロード（販売手数料なし）のファンドの取り扱いは少ない | 同じファンドでも、通常の金融機関より安い傾向がある。ノーロード（販売手数料なし）のファンドの取り扱いは多い |
| **保有期間中の信託報酬** | 同じ | |
| **売却時の信託財産留保額** | 同じ | |
| **取扱商品数** | 販売員が商品知識を身につけなければならないため、むやみには増やせない | 商品のページを増やすだけなので、いくらでも増やせる |
| **ETFの取り扱い** | 銀行では基本的になし。証券会社では国内上場のものはあるが、海外上場のものまで扱っているところは少ない | 充実しているところもあれば、まったく取り扱いのないところもある |

※両者を併用することも可能です
※上記は一般的な傾向を示したものであり、販売会社によって対応が異なる場合があります。参考程度にご覧になって下さい

### 取扱販売会社や販売手数料を調べるには

**社団法人投資信託協会**
http://www.toushin.or.jp/
TOPページ「投信を調べる」→
「取扱販売会社と手数料」から検索

**モーニングスター株式会社**
http://www.morningstar.co.jp/
TOPページ「ファンド検索」から
検索条件を指定して検索

巻頭付録

# 投資信託スタートガイド

## 投資信託をはじめるには？

**1** 購入するファンドを選ぶ（複数可）

**2** 購入するファンドを販売している金融機関で口座を開く

**1** 購入する金融機関を選ぶ（複数可）

**2** 口座を持っている（開く予定がある）金融機関で売っている中から、購入するファンドを選ぶ

**3** 購入資金を口座に入金する

**4** 販売員から説明を聞く／インターネットで説明を読む

**5** 目論見書などの確認書類を読む／不明点や疑問点があれば確認する

**6** 申込書などの必要書類に記入する

**7** 約定&受け渡し（金融機関がやってくれる）

※金融機関によって、取り扱っているファンドは異なります。
※同じファンドでも、金融機関によって販売手数料や分配金の受け取り方法、最低購入金額などが異なる場合があります。

### 投資信託を購入できる場所

都市銀行、地方銀行、信用金庫、信託銀行、ゆうちょ銀行、証券会社、インターネット証券、インターネット銀行、保険会社など

# はじめに

金融の世界で長いこと働いているせいか、友人・知人から投資や運用の相談を受けることが多々あります。そんなとき、一番困る質問が、「とりあえずどれを買ったらいいか教えて」というやつです。

なぜなら、投資や運用の世界では、「とりあえずどれを買ったらいいかだけ教えて」というような質問自体が、まったく意味をなさないからです。そんなものを聞いても何の意味もありませんし、もし「答え」を教えてくれる人がいたとしても、信用してはいけません。損をして泣くのは、他の誰でもなく、あなた自身だからです。

もちろん、本屋に行けば投資信託に関する書籍や雑誌が山ほどありますし、インターネットの世界でも、プロも素人も悪徳業者もごちゃまぜになって、いろんな人が独自の理論を語っています。

しかし、友人たちから「○○ってサイトにこう書いてあった」とか「△△って雑誌にこれがオススメって載っていたんだけど」という相談を受けるたびに、「頼むからそんなものに従って大事なお金を運用しないでくれ」と思います。

言うまでもないことですが、投資を行うためには、投資や運用の基本的な考え方や、ある程度の居込知識が必要です。その基礎部分をすっ飛ばしたまま投資を行っても、望むような成果が得られなかったり、氾濫する情報に踊らされてしまったりしかねません。

かと言って、私が友人一人一人に、投資の基礎を丁寧に解説するというわけにもいきません。そんなわけで、かねてから私は、「とりあえずこの本1冊読んでみて。必要なことは全部書いてあるから」と言って、友人に渡せるような本がほしいなと思っていました。「とりあえずこれ読んで、近くの銀行でも、ネット証券でも好きなところで買ったらいいよ。わからないことがあれば、自分で調べたり窓口で聞いたりして何とかなるレベルに達するから」と言えるような本です。

本書は、そんな想いを込めて書いた本です。私の友人たちが、マネー雑誌を毎月買わなくてもよくなるように、書籍を買い漁って投信の手数料以上の金額を払うことがないように、「絶対儲かる銘柄リスト」をネットで買ったりしないように、溢れる情報の中から自分なりに取捨選択ができるようになるように、という想いを込めました。

本書が、皆さんにとってもそういう本になってくれると嬉しいです。

# 目次

## 第3章 基礎編 投資金額と資産配分の考え方

## 第4章　基礎編　投資信託ってなあに？

第5章 基礎編 株と債券の違い

## 第6章

## 実践編　分散投資と長期投資

## 第7章 運用編 プロが教える運用のコツ

### 翔泳社ecoProjectのご案内

株式会社 翔泳社では地球にやさしい本づくりを目指します。
制作工程において以下の基準を定め、このうち4項目以上を満たしたものをエコロジー製品と位置づけ、シンボルマークをつけています。

| 資材 | 基準 | 期待される効果 | 本書採用 |
|---|---|---|---|
| 装丁用紙 | 無塩素漂白パルプ使用紙 あるいは 再生循環資源を利用した紙 | 有毒な有機塩素化合物発生の軽減（無塩素漂白パルプ）<br>資源の再生循環促進（再生循環資源紙） | ○ |
| 本文用紙 | 材料の一部に無塩素漂白パルプ あるいは 古紙を利用 | 有毒な有機塩素化合物発生の軽減（無塩素漂白パルプ）<br>ごみ減量・資源の有効活用（再生紙） | ○ |
| 製版 | CTP（フィルムを介さずデータから直接プレートを作製する方法） | 枯渇資源（原油）の保護、産業廃棄物排出量の減少 | ○ |
| 印刷インキ* | 大豆インキ（大豆油を20%以上含んだインキ） | 枯渇資源（原油）の保護、生産可能な農業資源の有効利用 | ○ |
| 製本メルト | 難細裂化ホットメルト | 細裂化しないために再生紙生産時に不純物としての回収が容易 | ○ |
| 装丁加工 | 植物性樹脂フィルムを使用した加工 あるいは フィルム無使用加工 | 枯渇資源（原油）の保護、生産可能な農業資源の有効利用 | |

＊：パール、メタリック、蛍光インキを除く

### 本書内容に関するお問い合わせについて

本書に関するご質問、正誤表については、下記のWebサイトをご参照ください。

正誤表　http://www.seshop.com/book/errata/
出版物Q&A　http://www.seshop.com/book/qa/

インターネットをご利用でない場合は、FAXまたは郵便で、下記にお問い合わせください。

〒160-0006　東京都新宿区舟町５
（株）翔泳社 編集部読者サポート係
FAX番号：03-5362-3818

電話でのご質問は、お受けしておりません。

※本書に記載されたURL等は予告なく変更される場合があります。
※本書の出版にあたっては正確な記述につとめましたが、著者や出版社などのいずれも、本書の内容に対してなんらかの保証をするものではなく、内容やサンプルに基づくいかなる運用結果に関してもいっさいの責任を負いません。
※本書に掲載されているサンプルプログラムやスクリプト、および実行結果を記した画面イメージなどは、特定の設定に基づいた環境にて再現される一例です。
※本書に記載されている会社名、製品名はそれぞれ各社の商標および登録商標です。

第1章

準備編

# 投資信託をはじめる前に…

投資って何で必要なの?
投資信託ってどんなメリットがあるの?
まずはそんな素朴な疑問から解決していきましょう。

01

準備編

# あなたの老後、大丈夫？

## 退職後の暮らしを想像してみよう！

突然ですが、あなたはいま貯蓄をいくら持っていますか？

金融広報中央委員会の調査によると、**平均値**は１２５９万円、**中央値**は５００万円だそうです（「貯蓄を保有していない」との回答世帯を含む）。この５００万円が、いわゆる「多くも少なくもない」という貯蓄額です＊。

「ちょっと待って、投資信託を学ぶのにそんな話が必要なの？」と思った人。

必要です。

なぜなら、「なぜ手数料を払ってまで投資信託を買うのか」、つまり「何を求めるか（＝目的）」を明確にしていないと、「あれこれやってみたけど結局よくわからない」「自分の望まない投資をして、損をしてしまった」ということになりかねないからです。そこで、まずは皆さんをとりまくお金の状況や性質というものを、少し知っておいてほしいのです。

話を続けましょう。あなたは、退職後の暮らしを想像してみたことがありますか？　例えば定年退職はこれからという皆さん。退職金っていくらくらいもらえると思いますか？　１００

**●平均値と中央値**
平均値とは、文字通り調査世帯全体の平均値のこと。中央値は、調査世帯の全回答を多い順（または少ない順）に並べた際の、ちょうど真ん中の貯蓄額のこと。平均値は、一部の高額所得世帯があると跳ね上がるために実相を示したものにならないが、中央値は調査世帯全体の実感により近い数値となる。

＊
金融広報中央委員会「家計の金融行動に関する世論調査[二人以上世帯調査]（平成19年）」

1-1 加入年金別の年金支給額

| 加入年金 | 主な対象者 | 支給額（目安） |
|---|---|---|
| 国民年金 | 自営業者や主婦 | 最高で1ヶ月あたり約6万6千円（夫婦でもらえば約13万2千円） |
| 厚生年金 | 会社員 | 1ヶ月あたり12万5千円～20万8千円の人が多い（国民年金を含む金額） |
| 共済年金 | 公務員 | 1ヶ月あたり12万3千円～22万5千円の人が多い（国民年金を含む金額） |

※財団法人生命保険文化センター調べ

０万円？　３０００万円？　１億円？　正解は、大学卒で平均２３５９万円、高校卒（総合職、事務・技術系）で平均２２０４万円だそうです＊。

あなたは、この「退職金」と、「退職時に持っている貯蓄」、そして65歳からもらう（というこことに今のところなっている）「年金」で、老後を生きていくことになります。

では、その年金、いくらくらいもらえるのか？　現在の年金制度を見ていると、とてもこのとおりの金額がもらえるとは思えませんが、（特に今40代以下の人にとっては）、現時点での**年金支給額**は1-1のようになっています。

また、「夫が元会社員で、現役時代の平均月収が36万円で40年間勤務し、妻がその期間専業主婦であった場合」のモデルケースというのがあって、その場合の夫婦2人分の国民年金を含む月額は、23万２５９２円だそうです＊。

＊ 労務行政研究所「退職金・年金事情」（2007年版）

●**年金支給額**
年金も支給額と手取額は異なっており、一定額以上の年金収入には所得税や住民税がかかる。また、国民健康保険料も引かれるが、ここでは税金や社会保険料は考慮せず、支給額ベースで解説する。

＊ 社会保険業務センター調べ

## 退職までにいくらの貯蓄が必要？

次に、支出のほうを見てみましょう。生命保険文化センターの調べでは、老後の「最低限の生活費」は、夫婦2人で1ヶ月あたり平均「23万2千円」。「ゆとりのある生活費」は平均で「38万3千円」となっています。つまり、先ほどのモデルケースの夫婦が、「ゆとりのある生活」をする場合、1ヶ月あたり約15万円、**年間で約180万円が足りなくなる計算です**。

男性の平均寿命が78・56歳、女性の平均寿命は85・52歳ですから、男性は65歳の定年退職から約13年間、女性は夫の定年退職から約20年間、「ゆとりある老後のための収入が足りない期間」が続くわけです。

夫婦2人で過ごす最初の13年間、毎年180万円を貯蓄から取り崩すとなると、180×13で、計2340万円かかります。妻1人になってからの7年間は支出も減りますが、単純に半分になったとしても、毎月19万1500円が必要。妻の国民年金の支給のみになると、**月の収入**は最高でも6万6千円ということでしたから、ここから先は月額約12万5500円が不足します。7年分だと約1054万円です。夫婦2人の期間の不足額2340万円と合わせると、3394万円。つまり、**この夫婦がゆとりある老後を送りたいなら、退職時点で約3400万円の貯蓄が必要となるわけです**。

いかがでしょうか？　暗澹たる気持ちになるかもしれませんが、まずはこの数値を頭に入れておいて下さい。

**●年間180万円の不足**
月々の不足額15万円×12は180。すなわち、年間で180万円の不足という計算となる。

**●月の収入**
加えて、「遺族厚生年金」が支給されるケースもある。

1-2 退職時に必要な貯蓄の額（モデルケースの場合）

**夫婦2人分の年金収入（1ヶ月）**
※元会社員の夫の平均月収が36万円で
40年間勤務・妻は主婦の場合
＝
**23万2,592円**

**夫婦2人がゆとりある暮らしを**
**送るための平均生活費（1ヶ月）**
＝
**38万3,000円**

**1ヶ月あたり約15万円の不足！**

↓

**定年退職後、夫が13年間、妻が20年間生きたとすると・・・**

月間支出　：38万3,000円
月間収入　：23万2,592円
月間不足額：約15万円
年間不足額：約180万円

月間支出　：19万1,500円
月間収入　：6万6,000円
月間不足額：約12万5,500円
年間不足額：約150万6,000円

**13年間で約2,340万円不足**

**7年間で約1,054万円不足**

**合計約3,400万円の貯蓄が必要!!**

準備編

# 02 運用を考えはじめる人が増えている理由

## 退職後の暮らしを考える３つの視点

前節で、老後を迎えるまでにどうやら３４００万円の貯蓄が必要という数字を得ましたが、最初に戻って、貯蓄と退職金の話。

いま現在、手元にある貯蓄の中央値は約５００万円、もらえる退職金の平均は約２３００万円でした。合計は２８００万円。**つまり３４００万円には、６００万円の不足ですね。**退職金の額を増やすというのはなかなか難しいので、ゆとりある老後を送るためには、貯蓄５００万円を元手に６００万円を作る、つまり５００万円を１１００万円にしないといけなくなります。実際、金融機関に相談に行ったりすると、大体これと似たような話を聞くことになるでしょう。

しかし、私は事態はもっと深刻だと思っています。近年は運用を考えはじめる人が増えていますが、その背景にあるのは、この不足額を「補おう」としているだけでなく、むしろ「こうした試算自体が、自分が老後を迎えるころには成り立たなくなっているのではないか」と考える人が増えているからだと、私は考えています。

今までの話は、次の３つの要素に分解することができます。

**●老後のための資金**
金融広報中央委員会の別の調査では、「老後のために準備しておけばよいと考える金額」の平均が１９７３万円、「実際の金融資産保有額」の平均が１０７３万円という数値もある。

**①老後に突入する時点での金融資産…給与所得がなくなった時点で手元にいくら持っているか**
**②老後の収入…老後の年金収入はどのくらいあるのか**
**③老後の支出…老後の支出はどのくらいあるのか**

退職金というのは、当然①の話ですね。①の金額として必要な額が３４００万円でしたが、その大部分を占めるであろう退職金がいくらもらえるかわからない、そもそももらえるかどうかもわからないということになると、早くもこの部分が怪しくなってきます。

また、年金問題はテレビや新聞などでよく騒がれていますが、不安を感じていない人はまずいないと思います。私自身、②の年金収入は「ゼロ」として老後を考えています。年金はゼロ、そのぶん①を増やして、③に耐えられるお金を作らないとヤバい、というイメージです。

そして、③の支出。支出面での不安は物価の上昇と増税です。物価の上昇と増税については次節以降で詳しく説明しますが、モノの値段が上がれば、当然ながら支出額も増えます。

現在の日本の財政状態を考えれば、今後増税される可能性は非常に高いです。例えば消費税が増税されれば、支出額は当然増えます。あるいは、所得税が増税されれば②の収入面でマイナスになりますので、何らかの形で、この国の先進国中最悪レベルの財政のツケが、「国民負担」という形で回ってきます。今の水準でゆとりのある生活費が38万3千円だとしても、物価が上昇して、例えば消費税率が10%とか15%になった場合には、この金額は大きく増加します。

そう考えると、「いまのうちに何らかの手を打たないとヤバい」と感じるのは当然です。運用の必要性を感じはじめる人が増えるのも、当たり前という気がします。

準備編

03

# 日本の税率が下がらないワケ

## 日本人は全員借金を抱えている？

現在の日本の国と地方の借金は、１-３のようになっています。債務の合計は、約１０５９兆円。ちょっと想像がつかない数字ですね。

いま現在日本の総人口は約1億２７００万人程度ですが、この１０５９兆円を1億２７００万人で割ると、**１人あたり８３４万円です**。これは「借金」ですから、当然返さないといけません。しかも、国が借金を返済する元手となる収入は、他でもない「税収」ですから、国民１人１人が８３４万円の借金を抱えている、と言っても差し支えないわけです。これだけ見ても、将来の国民の負担の大きさというのがわかるでしょう。

しかも残念なことに、この借金の額は今も増え続けています。

## 将来税率が下がる見込みは「ない」！

一体なぜこんなに借金が増えているのでしょう。実は日本の経済規模、すなわちＧＤＰは約５００兆円ですが、国の歳入は約53兆円、国の歳出は約83兆円です。つまり入ってくるお金よ

**●日本の財政状況**
日本の債務残高は、対ＧＤＰ比で見ても急速に悪化しており、主要先進国中でも最悪の水準にある。

1-3 国と地方の債務残高（平成19年度末実績）

| 項目 | 金額 |
|---|---|
| ①普通国債 | 541.5兆円 |
| ②財投債 | 139.8兆円 |
| ③借入金・交付国債等 | 60.3兆円 |
| ④政府短期証券 | 107.8兆円 |
| ⑤地方の長期債務 | 197兆円程度 * |
| ⑥国・地方の重複分 | ▲34兆円程度 * |
| ⑦政府の保証債務 | 47兆円程度 |
| 合計 | 約1,059兆円 |

※出典：財務省資料
*印は平成20年度見込み

りもたくさんのお金、**日本の経済規模の2割近くのお金を毎年使っているわけです。**

当然のことながら、年30兆円もの財政赤字は、国の借金としてさらに積み上がっていきます。

先ほど、日本が抱える借金の総額は「1059兆円」と言いましたが、この天文学的な借金というのは、こうやって入ってくる以上にお金を使うことでできた赤字が、毎年積みあがることで増えてきたわけです。しかもこの10年ほどの間に、急速に借金の増えるペースが上がってきています。

そう考えると、**現在のこの国の構造に劇的な変化が起こらない限り、税率が下がる見込みはまず「ない」と考えてよいでしょう。**むしろ毎年増える借金の返済のために税率は上がっていく、つまり私たちの「将来の支出が増える」か、「手取り収入が減る」か、どちらかになると考えておくべきだと思います。

**●日本の経済状況**
年収530万円のサラリーマンが年に830万円使い、足りない300万円を毎年借金しているイメージに近い。しかも支出830万円のうち、200万円は借金の返済、うち100万円は借金の金利の支払いに当てている。

# 04 お金の価値は一定不変ではない

## 「インフレリスク」とは何か？

物価が上がり、お金の価値が下がることを「インフレーション（インフレ）」と言います。

例えば今の世の中のモノの値段を１００として、それが１２０になってしまった場合、１００円だったジュースは１２０円になり、１００万円だった車は１２０万円になってしまいます。

モノの値段が１００だったころに持っていた１００万円の貯金は、その当時だったら車が買える価値があったわけですが、１００が１２０になってしまったら、１００万円では車を購入することはできません。つまりお金の価値が下がってしまい、**１００万円というお金が車１台分の価値を持たなくなってしまったのです**。これがインフレです。

預金というのは元本が保証されていて、１人あたり１０００万円までであれば、預けた金融機関が破綻してしまっても、全額が保護されて返ってきます。しかし、預金の現在の金利は、普通預金で０・２％程度。いま１００万円で買えるものが１年後に１０２万円になっていた場合、返ってきた１００万２千円を見て、「元本が返ってきてよかった」と思えるでしょうか。

お金というのはどんな形であれ、常にあるリスクに晒されています。**それがインフレリスク**

インフレとは逆に、物価が下がってお金の価値が上がることを「デフレーション（デフレ）」と言う。

1-4 消費者物価指数の前年比上昇率（単位：%）

| | 日本 | | イギリス | | アメリカ | |
|---|---|---|---|---|---|---|
| | インフレ率 | 1人あたりGDP(ドル) | インフレ率 | 1人あたりGDP(ドル) | インフレ率 | 1人あたりGDP(ドル) |
| 1993 | 1.3 | 35,008 | 2.5 | 16,799 | 3.0 | 25,591 |
| 1994 | 0.6 | 38,102 | 2.1 | 18,107 | 2.6 | 26,857 |
| 1995 | -0.1 | 42,076 | 2.6 | 19,670 | 2.8 | 27,763 |
| 1996 | 0.1 | 36,898 | 2.4 | 20,646 | 2.9 | 28,996 |
| 1997 | 1.9 | 33,837 | 1.8 | 22,913 | 2.3 | 30,439 |
| 1998 | 0.6 | 30,645 | 1.6 | 24,523 | 1.5 | 31,689 |
| 1999 | -0.3 | 34,634 | 1.3 | 25,147 | 2.2 | 33,197 |
| 2000 | -0.7 | 36,811 | 0.9 | 24,689 | 3.4 | 34,774 |
| 2001 | -0.7 | 32,234 | 1.2 | 24,440 | 2.8 | 35,505 |
| 2002 | -0.9 | 30,809 | 1.3 | 26,719 | 1.6 | 36,340 |
| 2003 | -0.3 | 33,180 | 1.4 | 30,689 | 2.3 | 37,685 |
| 2004 | 0.0 | 36,076 | 1.3 | 36,257 | 2.7 | 39,812 |
| 2005 | -0.3 | 35,699 | 2.0 | 37,303 | 3.4 | 41,970 |
| 2006 | 0.3 | 34,264 | 2.3 | 39,681 | 3.2 | 44,118 |
| 2007 | 0.0 | 34,312 | 2.3 | 45,575 | 2.9 | 45,845 |
| 平均 | 0.1 | | 1.8 | | 2.6 | |

出所：IMF

**です**。銀行に預金していても、タンス預金でも、**債券**を持っていても、インフレによって実質的な価値が目減りしてしまう可能性があるのです。極端なことを言えば、100円のジュースが1万円になり、100万円の車が1億円になるほど物価が上がっても、いま現在銀行に預けている10万円は10万円のままです。

今手元にある100万円が、20年後に10万円に減ってしまうとしたらどうしますか？　買えるものは今のうちに買っておいたほうがいい、と考えるのが普通でしょう。実際、インフレが記憶に新しい国では、人々の行動にそういった傾向が見られます。

しかし、日本は失われた10年の間、ほとんどインフレが進行しませんでした。経済が停滞していたためです。1-4の左の列は、日本の過去15年のインフレ率推移です。

●**債券**
「売買可能な借金の証書」のこと。国が借りる場合は「国債」、会社が借りる場合は「社債」と言う。

日本のインフレ率は、過去15年間一度も年率で２％を超えたことはなく、その平均はなんと０・１％と極めて低いインフレ率でした。この期間は世界的に見ても物価が安定していた時期で、過去20年間の先進７ヶ国の平均インフレ率は「２・４％」に過ぎませんでしたが、それと比べても、日本の過去15年のインフレ率が低かったことがわかります。その間、日本の経済はどういう状態だったのか。国の経済成長を計る指標の１つ「１人あたりＧＤＰ」を見ると、１９９３年の日本の１人あたりＧＤＰは３万５千ドルを超え、アメリカやイギリスを大きく上回っています。ところが日本の現在の１人あたりＧＤＰは、１９９３年から伸びておらず、一方のアメリカとイギリスはこの間も順調に経済を成長させ、現在では日本を大きく上回っています。同じ期間のインフレ率を見ても、両国のインフレ率は日本に比べて高くなっていますね。

しかし２００８年には、資源価格の高騰による物価の上昇が世界各地で起こりました。また、世界の国々は年々その結びつきを深めており、「インフレの輸入・輸出」も増えてきています。今後皆さんが運用していく期間中、「ほとんどインフレが進行しない、あるいはデフレが進行する」と想定するのであれば別ですが、そう思えない人にとって、事態はかなり深刻です。

仮に今後のインフレ率が過去20年の先進国平均である２・４％に留まったとしても、「ゆとりある生活費」の38万３千円が、10年で48万５千円にまで上昇します。加えて、消費税の引き上げや所得税の増加などがあれば、「支払い額の増加」もしくは「手取り収入額の減少」という形で、さらに厳しくなります。銀行預金の金利では、とてもインフレ率には勝てません。

なぜ運用が必要なのか。その理由の１つは、「**お金を目減りさせないため**」です。お金を貯め

**●日本のインフレ率**
日本も、１９６０年代、１９７０年代の経済成長期には、高いインフレ率を経験している。特に１９７０年代の２度のオイルショックのときは、10％～20％の高いインフレ率を記録した。

てくからには、その価値が目減りしないように注意する必要があるはずです。食品を保存するなら、味が落ちないように、品質が落ちないように、保存しなくてはならないですよね。お金も同じこと。将来のために貯めておくなら、最低でも今の価値を失わないようにしておく必要があるわけです。

### 1-5 インフレ率と「ゆとりある生活費」の増加

| インフレ率と生活費の増加率 | | | | |
|---|---|---|---|---|
| 年数 | 2.00% | 2.40% | 3.00% | 5.00% |
| 1年後 | 39万660円 | 39万2,192円 | 39万4,490円 | 40万2,150円 |
| 2年後 | 39万8,473円 | 40万1,605円 | 40万6,325円 | 42万2,258円 |
| 3年後 | 40万6,443円 | 41万1,243円 | 41万8,514円 | 44万3,370円 |
| 4年後 | 41万4,572円 | 42万1,113円 | 43万1,070円 | 46万5,539円 |
| 5年後 | 42万2,863円 | 43万1,220円 | 44万4,002円 | 48万8,816円 |
| 6年後 | 43万1,320円 | 44万1,569円 | 45万7,322円 | 51万3,257円 |
| 7年後 | 43万9,947円 | 45万2,167円 | 47万1,042円 | 53万8,919円 |
| 8年後 | 44万8,746円 | 46万3.019円 | 48万5,173円 | 56万5,845円 |
| 9年後 | 45万7,729円 | 47万4,131円 | 49万9,728円 | 59万4,159円 |
| 10年後 | 46万6,875円 | 48万5,510円 | 51万4,720円 | 62万3,867円 |
| 11年後 | 47万6,212円 | 49万7,162円 | 53万162円 | 65万5,060円 |
| 12年後 | 48万5,737円 | 50万9,094円 | 54万6,066円 | 68万7,813円 |
| 13年後 | 49万5,451円 | 52万1,313円 | 56万2,448円 | 72万2,204円 |
| 14年後 | 50万5,360円 | 53万3,824円 | 57万9,322円 | 75万8,314円 |
| 15年後 | 51万5,468円 | 54万6,636円 | 59万6,702円 | 79万6,229円 |
| 16年後 | 52万5,777円 | 55万9,755円 | 61万4,603円 | 83万6,041円 |
| 17年後 | 53万6,292円 | 57万3,189円 | 63万3,041円 | 87万7,843円 |
| 18年後 | 54万7,018円 | 58万6,946円 | 65万2,032円 | 92万1,735円 |
| 19年後 | 55万7,959円 | 60万1,032円 | 67万1,593円 | 96万7,822円 |
| 20年後 | 56万9,118円 | 61万5,457円 | 69万1,741円 | 101万6,213円 |

### 1-6 主要小売品目（時価）の推移

| | 米（10kg） | 鶏卵（1kg） | 牛肉（100g） | ビール（大瓶1本） | 旧国鉄運賃（50km） | 理髪料（大人1回） | 電球（60ワット） |
|---|---|---|---|---|---|---|---|
| 1892年（明治25年） | 67銭 (1.0) | 21銭 (1.0) | 6銭 (1.0) | 14銭 (1.0) | 32銭 (1.0) | 10銭 (1.0) | 1円25銭 (1.0) |
| 1922年（大正11年） | 3円21銭 (4.8) | 93銭 (4.4) | 43銭 (7.2) | 45銭 (3.2) | 78銭 (2.4) | 40銭 (4.0) | 90銭 (0.7) |
| 1938年（昭和13年） | 2円80銭 (4.2) | 82銭 (3.9) | 26銭 (4.3) | 38銭 (2.7) | 78銭 (2.4) | 40銭 (4.0) | 30銭 (0.2) |
| 1950年（昭和25年） | 990円 (1477.6) | 248円 (1104.8) | 32円 (533.3) | 130円 (928.6) | 73円 (228.1) | 59円 (590.0) | 53円 (48.0) |
| 1960年（昭和35年） | 987円 (1473.1) | 229円 (1090.5) | 55円 (916.7) | 125円 (892.9) | 210円 (656.3) | 163円 (1630.0) | 60円 (48.0) |
| 1970年（昭和45年） | 1,860円 (2985.1) | 227円 (1081.0) | 137円 (2283.3) | 132円 (942.9) | 210円 (656.3) | 555円 (5550.0) | 65円 (52.0) |
| 1975年（昭和50年） | 2,990円 (4462.7) | 367円 (1747.6) | 271円 (4516.7) | 171円 (1221.4) | 250円 (781.3) | 1,430円 (14300.0) | 108円 (86.4) |
| 1985年（昭和60年） | 4,788円 (7146.3) | 350円 (1666.7) | 351円 (5850.0) | 310円 (2214.3) | 727円 (2271.9) | 2,603円 (26030.0) | 146円 (116.8) |
| 1990年（平成2年） | 4,933円 (7362.7) | 316円 (1504.8) | 383円 (6383.3) | 317円 (2264.3) | 800円 (2500.0) | 3,006円 (30060.0) | 146円 (116.8) |
| 1995年（平成7年） | 5,217円 (7786.6) | 289円 (1376.2) | 390円 (6500.0) | 320円 (2285.7) | 800円 (2500.0) | 3,437円 (34370.0) | 152円 (121.6) |
| 2000年（平成12年） | 3,955円 (5903.0) | 309円 (1471.5) | 393円 (6550.0) | 337円 (2407.1) | 820円 (2562.5) | 3,612円 (36120.0) | 144円 (115.2) |
| 2004年（平成16年） | 4,606円 (6874.6) | 200円 (952.4) | 446円 (7433.3) | 337円 (2407.1) | 820円 (2562.5) | 3,679円 (36790.0) | 168円 (134.4) |

資料:内閣府（国民生活白書）
(　)内は明治25年を1とした各年の指数
※金融広報中央委員会「暮らしと金融なんでもデータ」より抜粋

**●運用が必要な理由**

「グローバルに見た購買力を落さないため」というのも、運用が必要な理由の1つ。例えば成長力の高い中国に暮らす人と、成長力の低い日本に暮らす人では、現時点で同じ給料をもらい、同じくらいの資産を持っていたとしても、今後の給料と資産の増え方はまったく異なるはずだ。購買力を落さないためには、給料はどうしようもなくても、せめて資産のほうだけは中国の人と同じくらいのペースで増やしていく必要がある。

準備編

# 05 運用の目標にすべきリターンは？

## 「預金よりも少しだけ多い利回り」は目標にならない！

お金を目減りさせないためには、どのくらいのリターンを目標に運用すればよいのでしょう。以前紹介した3つの不安材料の話を思い出して下さい。

**①老後に突入する時点での金融資産…退職金がもらえるとは限らない**
**②老後の収入…年金制度は破綻寸前**
**③老後の支出…物価も税率も上がりそう**

①と②に不安がないという人、つまりすでに充分お金があって、「退職金や年金がもらえなくて一切困らない」という人であれば、③の部分だけを心配すればいいでしょう。

しかし、たとえそういう人であっても、「お金が目減りしてしまうのは困る」「せめて物価の上昇分くらいのペースで資産を増やしていきたい」のであれば、**自分が予想する今後のインフレ率、例えば2・4%や3%などと設定し、それを運用の目標にしなければなりません。**

ただし、注意してほしいのは、「地球上の誰1人として来年以降のインフレ率を知らない」ということです。もちろん、私も知りません。自分で納得いく水準を設定して、自分で目標を設

**●インフレの脅威**
チャールズ・エリスは著書「敗者のゲーム」（日本経済新聞社）の中で、「あらゆる投資家は1つの恐るべき、そしてあまりにも過小評価されている共通の敵を持っている。それはインフレーションである。（中略）インフレの、じわじわと浸食していく力こそが本当に恐ろしいからだ。年率5%のインフレが続けば、あなたのお金の購買力は15年以内に半減する。」と説明している。

定するしかないのです。これが運用の大事なところです。

資産を目減りさせずに、なおかつ増やすためには、**インフレ率以上のペースでお金を増やす必要があります。**「預金より少しでも有利な利回りでよければそれでいい」などという人がいますが、**これが運用の目標になるという人は、そんなに多くないはずです。**１００万円で買えたはずのものが２００万円になったとき、「それでも預金の元本と利息が返ってくればそれでいい」と思えるような人は別ですが、そうでない限り、「預金よりちょっとだけ多い利回り」は、リスクを取ってまで目指す数値にはならないのです。そんな人は預金を続けたほうが賢明です。

なぜ手数料を払ってまで、わざわざ元本割れの危険を冒すのか。その理由をここできちんと再確認して下さい。**多くの人の運用の目標は、「インフレ率以上」であるべきなのです。**

**●預金より少しでも有利ならそれでいい**
こう思える人は、26ページの③だけ心配すればいい人で、想定する今後のインフレ率が「預金の金利より少し多い程度」と考えられる人だけである。

**●運用の目標**
26ページの①と②に不安がある人であれば、運用の目標は「インフレ率＋資産を増やすために必要なリターン」となる。

準備編

# 06 投資信託でインフレに勝てるか？

## １００万と月3万の積み立てが25年で３０００万になる？

今あるお金と、今稼いでいるお金のうちから蓄えに回す分を使ってインフレ率に勝ち、「退職金や年金がもらえなくても大丈夫」と思えるくらいの金額にまで増やす。果たしてそんなことが可能なのでしょうか。私は可能だと思います。

中には「貯金は１００万円くらいしかないし、毎月積み立てられるのは3万円が限界だし…とても退職金の３０００万円やら年金分を稼ぐなんて無理！」と思う人もいるかもしれません。しかし、時間さえかけてあげれば、決して無理な数字ではありません。

実は、世界の株に分散投資した場合の、配当を含めた年率リターンは、**平均10%前後**となっています。もし仮に年率10%のものに投資して、物価が毎年２・５%上がるとし、実質的に７・５%の利回りで増えていくとしましょう。当初は貯金から１００万円を元金として、毎月3万円を積み立てていくとすると、結果は１-７のようになります。

まず、積立額は当初の１ヶ月目が１００万円。で、その後は毎月3万円。２ヶ月目には積み立てた元本は3万円増えて１０３万円になり、３ヶ月目にはさらに3万円増えて１０６万円、

**●平均10%前後**
↓１５３ページ参照。

**●株の特性**
例えば債券は「借金」なので、物価がどんなに上昇しても返ってくる金額は同じ。しかし株は、企業の売上からコストを差し引いた「利益額」を元に決まるのが普通。物価が上昇すれば売上もコストも上がり、売上からコストを引いた「利益額」も増えるため、利益額が増えたぶんだけ株価も上昇する性質がある。

25年目には積み立てた元本は997万円に達しますよね。

しかし、これで終わりではありません。このお金には利回り分が含まれていませんから、利回り分を含めた時価はさらに大きくなります。利回り分を含めた時価を見てみると、25年目には3000万円を突破していますね。**25年間で、100万円と毎月3万円の積み立てが3000万円になったのです。**

え？　なんでそんなことに？　と思ったあなた。その秘密は、「複利」にあります。

1-7 月々3万円を利回り7.5%の商品に投資した場合

| 利回り | 7.5% | 月々積立額 | 3万円 | 積立元本 | 100万円 |
|---|---|---|---|---|---|

| 経過月 | 経過年 | 積立額 | 積立元本 | 時　価 |
|---|---|---|---|---|
| 1 | | 100万円 | 100万円 | 100万円 |
| 2 | | 3万円 | 103万円 | 103万6,045円 |
| 3 | | 3万円 | 106万円 | 107万2,308円 |
| 4 | | 3万円 | 109万円 | 110万8,790円 |
| 5 | | 3万円 | 112万円 | 114万5,492円 |
| 6 | | 3万円 | 115万円 | 118万2,417円 |
| 7 | | 3万円 | 118万円 | 121万9,564円 |
| 8 | | 3万円 | 121万円 | 125万6,936円 |
| 9 | | 3万円 | 124万円 | 129万4,535円 |
| 10 | | 3万円 | 127万円 | 133万2,360円 |
| 11 | | 3万円 | 130万円 | 137万414円 |
| 12 | 1 | 3万円 | 133万円 | 140万8,698円 |
| 13 | | 3万円 | 136万円 | 144万7,213円 |
| 36 | 3 | 3万円 | 205万円 | 240万269円 |
| 60 | 5 | 3万円 | 277万円 | 354万6,154円 |
| 120 | 10 | 3万円 | 457万円 | 725万2,924円 |
| 180 | 15 | 3万円 | 637万円 | 1,257万4,472円 |
| 240 | 20 | 3万円 | 817万円 | 2,021万4,241円 |
| 300 | 25 | 3万円 | 997万円 | 3,118万2,119円 |
| 360 | 30 | 3万円 | 1,177万円 | 4,692万7,925円 |
| 420 | 35 | 3万円 | 1,357万円 | 6,953万3,067円 |
| 480 | 40 | 3万円 | 1,537万円 | 1億198万5,671円 |
| 540 | 45 | 3万円 | 1,717万円 | 1億4,857万5,581円 |
| 600 | 50 | 3万円 | 1,897万円 | 2億1,546万1,422円 |

複利というのは、利息を計算する際に、まず元本に利息がついて、その次は元本と、先ほどもらった利息の両方に利息がつくことを言います。複利と対をなすのが単利（たんり）です。年利10％の単利と複利はどう違うか。1-8の表を見てください。

2年目のところを見ると、単利のほうは元本の100万円にだけ利息がついており、10万円の利息になっています（①）。一方複利のほうは、1年目の元本の100万円と、1年目の利息の10万円の両方に利息がついているので、2年目の利息は11万円（②）。8年後には、元本が倍になっていますね（③）。これが複利と単利の違いです。

## 時間をかければかけるほど投資は有利！

複利というのは、このように元本から最初に生まれた利息にも利息がつき、その利息がまたさらなる利息を生むという具合に、雪だるま方式で増えていきます。投資も複利で計算しますから、当然期間が長くなるほど、その効果も大きくなります。前ページの表で、25年の場合は積み立てた金額の合計は997万円、投資成果が3118万円でしたが、倍の期間の50年のところを見てみると、積み立てた金額の合計は1897万円、投資成果はなんと2億1546万円にも達しています。

…わかりますか？ **投資をするために最も大きな武器は、まとまった運用資金でも知識でも経験でもなく、「時間」なのです**。時間をたくさんかけてあげられる人ほど、投資は有利です。

ハロルド・R・エバンスキーは著書「ウェルス・マネジメント」の中でインフレのリスク（＝購買力リスク）について「われわれは、購買力リスクがクライアントにとって最も大きなリスクになる可能性が高く、最も油断のならないものであるということを説明する。購買力の侵食は土砂の侵食に似ており、静かで、そしてほとんど目に見えないが、1日24時間ゆっくりと、だが確実に、山をあざだらけの丘に変えてしまう」と説明しており、株と短期債のそれぞれに投資した場合のリターンがインフレ率を超える可能性を1-10のようなデータで説明している。

1-8 年利10%の単利と複利の違い

| | 単利の場合 | | | 複利の場合 | | |
|---|---|---|---|---|---|---|
| | 利息計算元本 | 利 息 | 合 計 | 利息計算元本 | 利 息 | 合 計 |
| 1年後 | 100万円 | 10万円 | 110万円 | 100万円 | 10万円 | 110万円 |
| 2年後 | 100万円 | ① 10万円 | 120万円 | 110万円 | ② 11万円 | 121万円 |
| 3年後 | 100万円 | 10万円 | 130万円 | 121万円 | 12万1,000円 | 133万1,000円 |
| 4年後 | 100万円 | 10万円 | 140万円 | 133万100円 | 13万3,100円 | 146万4,100円 |
| 5年後 | 100万円 | 10万円 | 150万円 | 146万4,100円 | 14万6,410円 | 161万510円 |
| 6年後 | 100万円 | 10万円 | 160万円 | 161万510円 | 16万1,051円 | 177万1,561円 |
| 7年後 | 100万円 | 10万円 | 170万円 | 177万1,561円 | 17万7,156円 | 194万8,717円 |
| 8年後 | ③ 100万円 | 10万円 | 180万円 | ③ 194万8,717円 | 19万4,872円 | 214万3,589円 |
| 9年後 | 100万円 | 10万円 | 190万円 | 214万3,589円 | 21万4,359円 | 235万7,948円 |
| 10年後 | 100万円 | 10万円 | 200万円 | 235万7,948円 | 23万5,795円 | 259万3,742円 |
| 11年後 | 100万円 | 10万円 | 210万円 | 259万3,742円 | 25万9,374円 | 285万3,117円 |
| 12年後 | 100万円 | 10万円 | 220万円 | 285万3,117円 | 28万5,312円 | 313万8,428円 |
| 13年後 | 100万円 | 10万円 | 230万円 | 313万8,428円 | 31万3,843円 | 345万2,271円 |
| 14年後 | 100万円 | 10万円 | 240万円 | 345万2,271円 | 34万5,227円 | 379万7,498円 |
| 15年後 | 100万円 | 10万円 | 250万円 | 379万7,498円 | 37万9,750円 | 417万7,248円 |
| 16年後 | 100万円 | 10万円 | 260万円 | 417万7,248円 | 41万7,725円 | 459万4,973円 |
| 17年後 | 100万円 | 10万円 | 270万円 | 459万4,973円 | 45万9,497円 | 505万4,470円 |
| 18年後 | 100万円 | 10万円 | 280万円 | 505万4,470円 | 50万5,447円 | 555万9,917円 |
| 19年後 | 100万円 | 10万円 | 290万円 | 555万9,917円 | 55万5,992円 | 611万5,909円 |
| 20年後 | 100万円 | 10万円 | 300万円 | 611万5,909円 | 61万1,591円 | 672万7,500円 |
| 21年後 | 100万円 | 10万円 | 310万円 | 672万7,500円 | 67万2,750円 | 740万250円 |
| 22年後 | 100万円 | 10万円 | 320万円 | 740万250円 | 74万25円 | 814万275円 |
| 23年後 | 100万円 | 10万円 | 330万円 | 814万275円 | 81万4,027円 | 895万4,302円 |

1-9 投資信託で最も重要な武器

**投資で最も大きな武器は・・・**

**「時間」！**

1-10 各アセットクラスのリターンがインフレ率を超える可能性（投資期間別）

| | 1年 | 5年 | 10年 | 20年 |
|---|---|---|---|---|
| 株（S&P500） | 67% | 85% | 87% | 100% |
| 短期債（Tビル） | 61% | 53% | 47% | 43% |

※「ウェルス・マネジメント」のデータを用いて著者作成

準備編

# 07 投資をはじめると世界が変わる!

## お金だけじゃない! 投資をはじめるメリット

私たちが生きる社会は、もはやお金と切り離して考えることなど不可能になっています。多くの人が、経済・金融に関する知識の必要性・重要性を感じていることでしょう。しかしその一方で、この分野について、「難しい」「敷居が高い」と考えている人も多いと思います。

そんな人たちに、手っ取り早く経済・金融の知識を身につける方法をお教えしましょう。それは、それこそ1万円でもよいので、**自分で投資信託を買ってみることです。**

投資をはじめると、自分でも驚くほどのスピードで、経済や金融のことに詳しくなります。「東京外国為替市場の今日の終値は…」「中国の昨年のＧＤＰ成長率は…」今まで関心のなかったニュースが流れていても、自然に耳がそちらに向く。今までは読み飛ばしていた新聞の記事に目が留まるようになる。「お金の動きを察知するアンテナが立つ」と言ってもよいかもしれません。そして、「何これ?」「なぜ?」を調べているうちに、自然に知識がついていきます。

また、そうやって知識が蓄積され、自分なりの投資のスタンスが形成されていくと、「あんな投資をするんじゃなかった!」「もっとこんなふうにしておけばよかった!」「○○を買わずに

△△を買えばよかった！」というように後悔することが、必ずあると思います。あなただけが例外ではなく、誰もが、です。しかしそれこそが、「投資をはじめれば、そのくらいの知識が身につく」ということの証左だと言えるでしょう。

　ですから、まだ投資をしたことがなくて、この本を読んでこれから投資しようという人は、**用意した金額を一度に投資することはやめたほうがよいと思います**。なぜなら、初めての投資をした日から、あなたの投資力は飛躍的に成長しはじめるからです。その成長した知識をもって次の投資をして、さらに知識と経験を身につけ、自分の考えやスタンスを整理して次の投資を行う。それが定石です。運用は長い道のり。焦らずじっくり、最初は1歩1歩確かめながら、運用の道を踏み出していって下さい。

Column

# ブラジル人がタンス預金をしない理由

ＢＲＩＣｓ４ヶ国のひとつ、ブラジル。いまや世界トップ10に入る経済規模を誇るこの国は、つい最近までインフレに苦しめられ続けてきました。高インフレ期が長期間続き、一時期は年率で３０００％ものインフレ（1万円のものが1年後に30万円になるインフレ率）を経験したブラジルの人たちには、インフレの怖さが染み付いています。そのため、彼らは消費にも投資にも積極的で、それが現在のブラジル経済の好況の源ともなっています。

ブラジルの給料は、欧米諸国などと同様に月に２回振り込まれるのが普通ですが、彼らはお給料が入ってくると、まずスーパーに行って食料品などを一気に買い、あちこちの店を回って、生活に必要なものを一気に整えます。タンス預金なんてもってのほか。10万円にいつまでも10万円の価値があるとはかぎらないことを、身をもって知っているからです。ここ15年、インフレを経験していなかったわれわれ日本人には理解しづらい感覚ですね。

しかし、昭和30年の日本の1世帯あたりの月収は、平均で2万９０００円でした。この給料袋をそのまま大事に昭和50年までとっておいたらどうなるか。昭和50年の同月収は23万６０００円です。1ヶ月分の給料で買えたはずのものは、恐らくほぼ買えなくなっているでしょう。

日本人とブラジル人の感覚の違いは、ただ単に、ここ15年インフレを経験していない国と、つい最近までインフレを経験していた国の違いだと言えます。そして日本でも２００８年には、ガソリンや食品など、様々なものの値段が上がりました。いつまでも体に染み込んだ過去15年の感覚で過ごしていては、お金の価値の目減りへの対応に戸惑ってしまうのではないでしょうか。

第2章

準備編

# 投資のルールを覚えよう！

投資には、最低限知っておかなければならないルールがあります。
実際に投資をしている人の中にも、
ここで説明するルールを知らない人が大勢いるのが実情。
ここできちんと確認して下さい。

準備編

# 01 投資に「確定した結果」はない

## 「預金」と「投資」の違いとは？

「預金」と「投資」の一番大きな違いって何だと思いますか？　**その答えは、「結果がわかっているかわかっていないか」です。**

銀行に預ける預金というのは、預けた時点で、利息も含めた満期の受け取り金額（＝結果）が確定しています。しかし投資というのは、投資を開始した時点では結果が決まっていません。何％儲かって何％損をするのか、そもそも儲かるのか損するのかすら確定していないのです。

「そんなこと当たり前じゃないか」と思う人もいるでしょう。しかし、この「当たり前のこと」を理解できていない人が、意外と多いのです。

投資信託を購入するということは、当然ながら「投資をする」ということ。よって、「確定した結果を求める」というのは、投資に対する理解が不足していると言えます。

中には、「毎年いくらくらい分配金をもらえるのか」「利回りは何％で、何年持ったら何倍くらいになるのか」「何年持ったら元本割れしないのか」などといったことがわからないと、購入を判断できないという人がいます。これはとんでもない間違いです。また、「毎月の分配金の金

**●結果がわからない「投資」**

「購入した直後から右肩上がりで基準価額が上がっていくことを期待する」「基準価額の下落が続くとイライラする」ということも、（気持ちはわかるが）「投資」の本質を理解できていないと言える。

**預　金**

○スタート時点で結果がわかっている
×ただし、リターンが低い

**投　資**

×スタート時点で結果はわからない
×「利益」が出るか「損失」が出るかも確定していない
○ただし、高いリターンを得られる可能性もある
○幅広い選択肢がある

額だけを見て購入を判断し、その後もその分配が続くと思い込む」というのも間違い。投資にこういった前提を求めることはできません。投資というのはそういった「前提」や「条件」、「結果」が先にわからないものであり、**「結果」がわからない状態で投資判断をしなくてはならないものなのです。**

ですから、投資をしようという人はそういった情報を求めてはいけませんし、もしそういった情報が提供されたなら、「疑わしい」と思わなくてはなりません。「確実にもらえるリターン」「スタート時点で確定している結果」「リスクのない高リターン（＝うまい話）」というのは「ありえない」のです。もしそんなものが目の前にあったら、だまされているか、何か勘違いしていると判断すべきです。

2-2 投資に期待してよいもの、いけないもの

**投資に期待していいもの**

・リスクを取る代わりに得られるリターン
・幅広いリスクの種類・選択肢
・インフレに勝てる可能性

**投資に期待してはいけないもの**

・確実にもらえるリターン、確定した利回り
・スタート時点で確定している結果
・リスクのない高リターン（＝うまい話）

逆に言えば、投資時点では投資成果がわからない代わりに、「**高いリターンが期待できる**」というのが、投資の魅力でもあります。預金だけでは、インフレによる資産の目減りを防ぐことは難しいですが、第1章で触れたように、投資であればインフレ率を上回るリターンも期待できます。また、「自分が取れるリスク」「取りたいリスク」を選ぶことが可能ですし、ものすごくたくさんの選択肢を利用できるので、運用の幅が広がります。

繰り返しますが、投資信託の購入は「投資」です。投資に期待できるもの、期待していいものは、「リスクの代わりに得るリターン」と「幅広い選択肢」「インフレに勝てる可能性」です。「確実な結果」や「リスクのないリターン」を期待してはいけません。まずはそのことをしっかりと認識して下さい。

準備編

# 02 正解・未来を知っている人は誰もいない

## 「正解・未来」がわからないのが投資

前節で、投資をする際に「確実なリターン」や「確定した利回り」、「スタート時点で確定している結果」といったものを求めてはいけないということを説明しました。そんな投資の世界には、もう1つ忘れてはいけない大前提があります。

それは、「**誰も正解を知らない、誰も未来を知らない**」ということです。

これは大変重要な前提です。これを忘れてしまうと、自分の望まない投資をしてしまったり、勘違いをした状態で投資をしてしまったり、変な商法にだまされてしまったりしかねません。

世の中には、様々なことを言う人がいます。これから確実に上がると言う人、逆に下がると言う人、年末の日経平均はいくらくらいになると言う人、今が買いどき、売りどきだと言う人、近いうちに1ドル何円になると言う人、絶対に上がる銘柄はこれだと言う人、これなら確実に儲かると言う人、このサインが出たら確実にこうなる、この法則を知っていれば勝てる…。

皆さんが投資の世界に足を踏み入れると、こういった有象無象の情報に接することになるでしょう。

しかし、冷静になって考えて下さい。例えば1ケ月後に1ドルが何円になっているか、3ケ月後の日経平均株価がいくらになっているか、6ケ月後のA社の株価がいくらになっているかということを知っている人は、地球上に1人もいないのです。知っているはずがありません。未来のことは誰にもわからないんですから。

インパクトの大小や、確率の高低はあるにせよ、**未来にはどんなことでも起こりうるわけですし、どんな可能性だって完全に否定はできません**。

不謹慎な例かもしれませんが、例えば明日東京に大地震が起きて大きな被害が出た場合、市場の値動きは、それ以前に立てた予想とは大きく異なってくるはずです。天災や戦争、事故、システムトラブル、企業の不祥事の発覚、政治家や経営者の言動などなど、市場の動きは様々な要素によって変わりますし、そうしたすべての事象を正確に予測することなど不可能です。予想をする人はたくさんいるでしょうが、「未来を知っている人」はいないのです。

投資というのは「**誰もが未来を知らない状態で行うものである**」ということを、決して忘れないで下さい。

そう考えると、「儲かるファンドを教えてほしい」「投資信託で確実に儲ける方法を教えてほしい」という質問が、いかに意味がないものであるかが理解できると思います。そんなものを知っている人はいないんですから。

ならば、投資に最も重要なことは何なのか。それは、「投資がどういうものなのかをきちんと理解すること」にほかなりません。

03

準備編

# ハイリスク・ハイリターン、ローリスク・ローリターンが原則

## 債券の利回りだって確実ではない

もう少し、投資の前提について話を続けます。「もうわかった」と言われるかもしれませんが、投資をはじめてみると、これらのことはつい忘れがちになるものなのです。

「投資する時点で結果は確定していない」「確定した利回りはない」といっても、中には、「債券への投資だったら結果がわかっているじゃないか」と思う人がいるかもしれません。１００万円の債券は、途中の価格変動はあっても、満期で償還されれば１００万円が返ってくるわけですし、リターンだって「**クーポン3%**」というように決まっていて、それがちゃんともらえる「はず」ですから。

しかし、残念ながら、債券の投資にも確定した利回りはありません。債券投資を行う場合には利回りが提示されますが、それは「取っているリスクに対しての利回り」であり、「何もなかった場合の利回り」です。

取ったリスクが顕在化した場合、当然結果は違ってきます。金利のリスクを取っていることで、**金利の上昇により買った債券の価格が下がったり**、債券を発行していた会社の業績が悪く

**●クーポン**
債券の金利として支払われる利金のこと。

**●金利の上昇と債券**
債券の価格は、通常金利が上昇すると値下がりし、金利が下落すると値上がりする。これが債券の「金利リスク」となる。通常は債券の残存期間が長いほど金利リスクが大きくなる。詳しくは１３８ページ参照。

なって決められたクーポンが支払われなかったり、債券を発行していた会社が潰れてしまって元本がちゃんと返ってこなかったり、ということもありえます。

１００万円の社債投資でクーポン２％、「満期には１０２万円が返ってくる」ということになっていても、それは「確定利回りの２％」ではありません。万が一その会社が潰れてしまい、95万円しか返ってこなかった場合には、利回りはマイナスになってしまうからです。預金であれば、例えば1年定期を途中解約しても、利息が下がるだけで元本が減ることはありませんが、債券投資は預金ではありませんから、元本を割り込むことも充分にありえるのです。

## 「うまい話」は絶対に存在しない！

このような「悪いことが起こる可能性」「結果のバラつき」「リターンの不確かさ」を、投資の世界では総じて「リスク」と呼びます。

ここで、投資の世界における重要な大前提をもう１つ紹介しましょう。**それは、「ハイリスク・ハイリターン／ローリスク・ローリターン」ということです**。投資のリターンというのはリスクを取ることで初めて期待できるもの、取ったリスクの分だけ期待できるものなのです。

例えば、日本政府が債券を発行して、あなたから１００万円を5年間借り、その場合のクーポンが２％だったとします。一方で、私があなたに「5年後に返すので１００万円貸してください。金利１％支払いますから。」と言ったらどう思いますか？　「それだったら国に貸すよ！国のほうが信用あるし、おまけに金利も高いんだから！」と思いますよね。投資の世界ではこ

れが当然の前提として成り立ちます。つまり、**投資の世界に参加している人たちは、「リスクに見合ったリターン」を求めるものなのです。**

「すごく安全で絶対確実、でもものすごく高い利回りなんですよ」なんてことは、この世界ではありえません。なぜなら、もし先ほどの例で、日本政府よりも信用力が高く、リスクが低い人が、「誰か5年間お金を貸してください。金利10％でいいですから」と言ったとします。すると、お金を貸したいと申し出る人が殺到するでしょう。しかも、ものすごく信用力が高い人ですから、「私は金利９％でもいい！」「私は５％で貸す！」「いや、私は２％で貸してあげる！」という人がどんどん出てきて、リターンはどんどん下がっていくはずです。**このように、「安全確実高利回り」なんてものが、市場に売れ残っているわけがないのです。**

準備編

# 04 投資における「リスク」の意味って？

## 投資のリスクを示す「標準偏差」

投資の世界の「リスク」という言葉には、2つの意味があります。1つは、その投資を行う場合の危険性や望まないことが起こる可能性を示す「リスク」です。例えば「この投資には**信用リスク**がある」と言った場合、その証券の発行体が潰れてしまってお金が返ってこない危険性や、証券を発行している会社の商売がうまくいかなくなって、約束通りのクーポンが支払われなくなる可能性などを指します。いわゆる、一般的な意味合いでの「リスク」のニュアンスに近いですね。

一方2つ目は、「リターンのバラつきの大きさ」という意味の「リスク」です。これは投資の世界独特の使い方だと思います。では、「リターンのバラつき」とは何なのか。

ここで、「バラつき」の大きさを示す便利な数値を紹介しましょう。それが「**標準偏差**」です。この数値が大きければ大きいほど、数字のバラつきが大きいことになります。

例えば、サイコロを振って「6」が出たらプラス3％のリターン、「5」ならプラス2％、「4」ならプラス1％、「3」ならマイナス1％、「2」ならマイナス2％、「1」ならマイナス

**●信用リスク**
一般に国債の信用力は社債に比べて相対的に高いと言えるが、国債にも信用リスクがある（ロシア国債やアルゼンチン国債のデフォルトは記憶に新しい）。「リスクが相対的に低い」ことと「リスクがない」ことは天と地ほど差があるので、要注意。

**●標準偏差**
同じ人間が3回テストを受けたとして、3回とも70点を取った場合と、「100点・70点・40点」だった場合とでは、平均点は同じ「70点」だが、内容はかなり異なる。標準偏差は、このような結果のバラつきの大きさを測るために用いられる。なお標準偏差は、分散（偏差を2乗した値の平均値）の平方根を出すことで求めることができる。

2-3　サイコロを振ってリターンを決めた場合の標準偏差

| サイコロ | |
|---|---|
| 6なら | ＋3% |
| 5なら | ＋2% |
| 4なら | ＋1% |
| 3なら | －1% |
| 2なら | －2% |
| 1なら | －3% |

| | |
|---|---|
| 平均リターン | 0.00% |
| 標準偏差 | 2.37% |
| 平均 ＋ 標準偏差 | **＋2.37%** |
| 平均 － 標準偏差 | **－2.37%** |
| 最大値 | ＋3.00% |
| 最小値 | －3.00% |

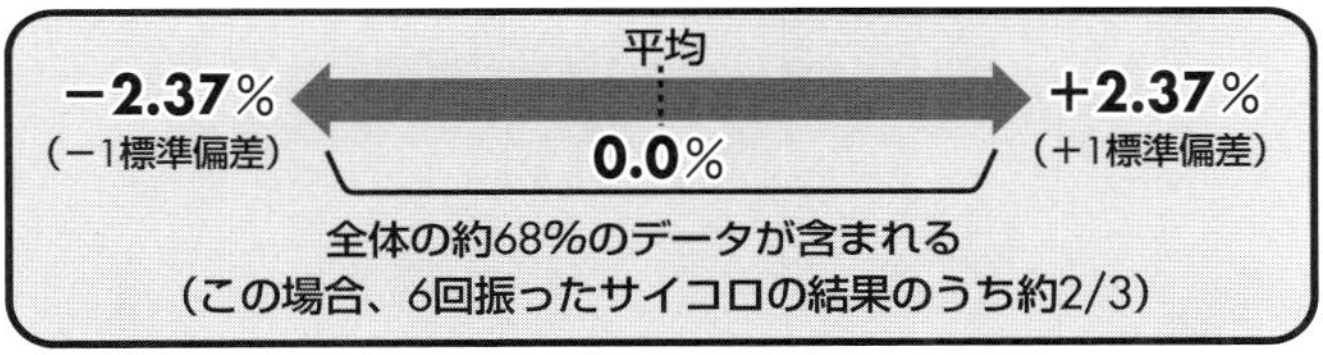


3%…というルールを決めるとします。

　サイコロを6回振って、1から6の数字がそれぞれ1回ずつ出た場合、平均リターンは0%、最大値がプラス3%、最小値がマイナス3%ですね。この場合の標準偏差は2・37%です。

　そして今回のように、1から6までの数値がきれいにバラついて出た場合、平均値（0%）に標準偏差（2・37）を足した数値と、平均値から標準偏差を引いた数字の間に、約68%のデータが含まれるという性質があります＊。

　つまり、「プラス2・7%」と「マイナス2・7%」の間に、全データ（プラス3%・プラス2%・プラス1%・マイナス1%・マイナス2%・マイナス1%）の約68%のデータが含まれるということになります。

　実際に、プラス3%とマイナス3%以外のデータ、つまり6つのうちの4つ、全体の3分の2のデータが含まれていますよね。

＊正規分布している場合の数値。なお、標準偏差を2倍したものを平均に足し引きした範囲には95・45%のデータが含まれる。

もう1つの例を挙げましょう。箱の中に20個のボールを入れておいて、その中から1つのボールを取り出すとします。ボールにはプラス10％からプラス1％までの数字と、マイナス1％からマイナス10％までの数字が書かれていて、取り出したボールに書いてある数字のリターンを得られます。1回ずつ取り出したボールをその都度箱に戻し、20回これを繰り返したところ、毎回違うボールが出ました。

すると、リターンの平均値は先ほどのサイコロと同じ「0％」になります。最大値はプラス10％、最小値はマイナス10％。そして、このときの標準偏差は6・37％です。

つまり、平均（0）に標準偏差を足したプラス6・37％と、平均から標準偏差を引いたマイナス6・37％の範囲に、全体の約68％のデータが含まれているということになります。

平均リターンはサイコロの場合と同じく0％ですが、数字の散らばる範囲がサイコロの場合に比べて広く大きくなっていますよね。サイコロはプラス2・37％とマイナス2・37％の間にデータの7割近くが収まっていますが、ボールの場合は7割近くのデータが収まっている範囲が、プラス6・37％からマイナス6・37％までと、より広い範囲に散らばっています。**つまり「バラつきが大きくなっている」と言えるのです。**

それだけいいときと悪いときの差が大きくなるということであり、**これが投資の世界で言うリスクの2つ目の意味、「バラつきの大きさ」となります。**この場合、サイコロの例よりも20個のボールの例のほうが標準偏差が大きい＝リスクが大きいと言えますね。投資の世界では、「標準偏差が大きいほどリスクが大きく、結果のバラつきが大きくなる」と考えるのです。

2-4 20個のボールの場合の標準偏差

| ボールに書いてある数字 | |
|---|---|
| ＋10% | －1% |
| ＋9% | －2% |
| ＋8% | －3% |
| ＋7% | －4% |
| ＋6% | －5% |
| ＋5% | －6% |
| ＋4% | －7% |
| ＋3% | －8% |
| ＋2% | －9% |
| ＋1% | －10% |

| | |
|---|---|
| 平均リターン | 0.00% |
| 標準偏差 | 6.37% |

| | |
|---|---|
| 平均 ＋ 標準偏差 | **＋6.37%** |
| 平均 － 標準偏差 | **－6.37%** |

| | |
|---|---|
| 最大値 | ＋10.00% |
| 最小値 | －10.00% |

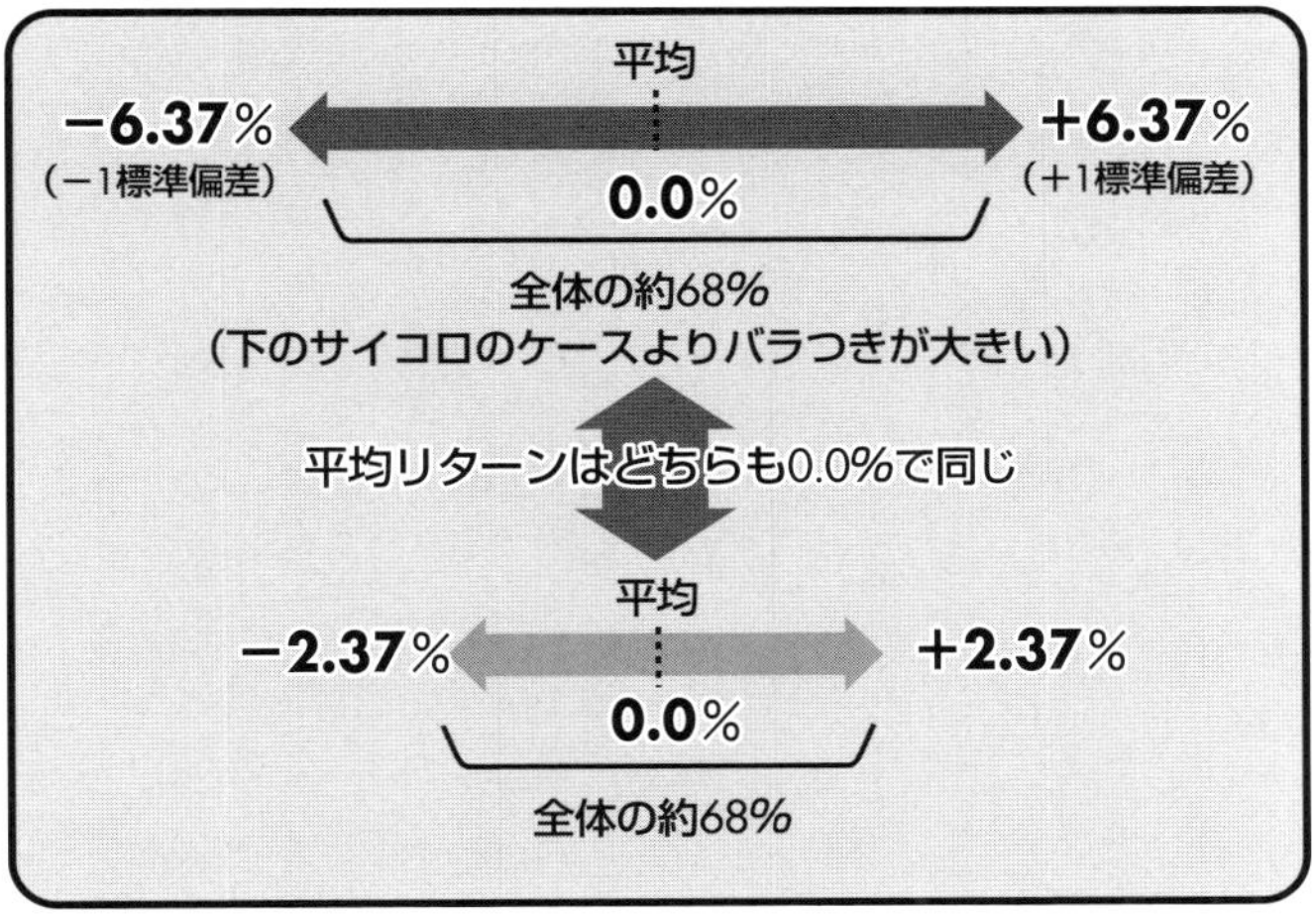

# 05 「平均」と「投資」の関係①

## 「平均」は期間が長ければ長いほどいい

「平均」という言葉は、投資や運用の中で非常によく出てくる言葉です。そこでここでは、「平均」について説明しましょう。「平均」という考え方がイメージできていると、投資についての理解が非常に楽になりますし、**「誰も未来を知らない」という投資の世界で、「過去の平均」というのは非常に大きな判断の助けとなってくれます。**

不確実な未来を、天気で考えてみましょう。例えば、「半年後のある日」の気温や天気を正確に言い当てられる人はいません。同じように、「東京の今後1年間の平均気温が何度になるか」を確実に言い当てることも恐らく不可能でしょう。しかし、「今後10年間の沖縄の平均気温が、北海道の平均気温よりも高くなるだろう」ということは、誰もが自信をもって言えるはずです。なぜなら、「過去の平均気温」があるからです。

ちなみに、１９７１年から２０００年の30年間の東京の年平均気温は、15・９度*。一方、札幌の年平均気温は８・５度であり、那覇の年平均気温は22・７度です。

ここで、皆さんと私で、東京と那覇のいずれかを選び、「滞在期間中の平均気温が高いほうが

* 気象庁東京管区気象台調べ

勝ち」という勝負をしたとしましょう。もし季節は「夏」、滞在期間が「3日」だった場合、東京と那覇のどちらを選びますか？どちらを選ぶか、少し悩みませんか？

しかし、もし滞在期間が「3年間」だった場合はどうでしょうか。**それなら、間違いなく「那覇」を選ぶと思います。**

投資の世界で出てくる「平均」の使い方も同じです。例えば、「過去1週間の平均」「1年の平均」「10年の平均」とあった場合、どれを参考にしますか。「10年の平均」を選ぶはずです。当然ながら、「平均」の計算期間は長ければ長いほど有効ですね。また、その長期の「平均」を使って将来の結果を考える場合は、先ほどの東京と那覇の「3日」と「3年」の例のように、計測期間が長くなれば長くなるほど「まぐれ」や「たまたま」が起きにくくなります。

# 06 「平均」と「投資」の関係②

## こんな投資の仕方、していませんか?

「平均」の計算期間は長ければ長いほどよく、またその「平均データ」を使って将来を予測する場合、その計測期間も長ければ長いほどよいという話をしました。「そんなの当たり前」と思う人もいるでしょうが、ここは非常に重要なポイントです。中には、この当たり前を理解していない投資の仕方をする人がいます。投資信託購入後、数か月で「損切り」などと言って解約する人。「今度はあれがいいらしい」なんていう噂を聞いて、乗り換えばかり繰り返す人。購入後数ヶ月間の基準価額が下落しただけで「だまされた」と判断し、解約してしまう人。

これは、「この先10年暖かいところで暮らしたい」と考えて、過去30年の平均気温を参考に沖縄に移住し、引っ越して最初の1週間肌寒い日が続いただけで「沖縄は寒い！　失敗した！」と判断するようなものです。

1週間で早々に見切りをつけて東京に引っ越し、また3ヶ月ほどで今度はテレビの特集を見て福岡へ引っ越し、「先日旅行で訪れたら暑かった」と言っていた人の話を聞いて山形へ引っ越し、引っ越し費用ばかりがかさんでいく。そんな投資の仕方をする人が大勢います。結局この期間、その人が住んだ地域の平均気温はどうなっているのでしょう。**「暖かいところで暮らしたい」なら、福岡やら山形やらに引越しを繰り返すより、沖縄に滞在し続けるべきですよね。**

アメリカの有名な投資家であり、投資研究家のチャールズ・エリスは、代表作「敗者のゲーム」の中で次のように語っています。

「毎日の天気は、その土地の気候と何がしか違っていても不思議はない。【天気】は短期的な概念で、【気候】は長期的に見たものである。家を建てる場合に気候の要素を考える時も、先週の天気で判断することはないだろう。同様に、長期運用計画を立てる場合、市場の一時的な状況をもとに決めることはありえないのである。」

「長期投資家にとっての毎日のダウ平均の変動は、気象学者や永住の地を検討している家族にとって、毎日の天気が無意味であると同様に、何の意味も持たないのだ。」

## 長い目で見てこそ「平均」は役に立つ

投資の世界で「過去の平均データ」を使う場合、その計測期間はできるだけ長いほうがよく、集計するデータはできる限り多いほうが信頼性は高くなります。また、過去の長期間の平均に近い結果を期待するのであれば、同じく十分な時間をかけて計測してあげる必要があります。

過去の３ヶ月のデータを見て、これから先の未来にも同じ結果を求めるというのは無理というもの。**過去の「平均」を活用するなら、過去20年の気象データを元にした平均値を使って今後10年の平均気温を想定する、くらいの感覚で使うべきなのです。**

準備編

# 07 「投資」は「投機」ではない

## 「投機」と「投資」の違いとは？

投資に望む際の姿勢について、話を続けます。皆さん、「投資」と「投機」の違いとは何だと思いますか？　「投資」も「投機」も、リスクを取ってリターンを得ようとする点では同じです。しかし、次の3点で異なると私は考えています。

**①期間**
**②期待する収益の源泉**
**③資産の増やし方**

特に、③の違いは非常に重要な部分です。

投資信託をしょっちゅう売買する人がいますが、投資信託というのは、文字通り「投機」信託ではなく、「投資」信託です。**投資を目的として設計されているものなので、そもそも構造的に投機には向いていません。**しょっちゅう売買をして資産を増やしていく、つまり「投機」をして資産を増やしていこうとするならば、投資信託ではなく、投機に向いたものを使って取引をしたほうがずっと効率的です。ただし、「投機で中長期に渡って資産を増やしていく」という

2-5 「投資」と「投機」の違い

| | 投　資 | 投　機 |
|---|---|---|
| ①期間 | 中長期で行う（3年以上）。<br>期間が長ければ長いほど<br>高リターンを期待できる | 短期で行う（1年以内）。<br>期間が短ければ短いほど<br>高リターンを期待できる |
| ②期待する収益の源泉 | インカムゲインと<br>キャピタルゲインの<br>双方に期待する | キャピタルゲインのみに<br>期待する |
| ③資産の増やし方 | 1つの投資を通じて<br>長期間に渡って<br>資産を増やす | 短期間の取引を多数行い、<br>1つ1つのリターンを<br>積み上げて資産を増やす |

のは、不可能とまでは言いませんが、「相当難しい」ということに覚えておいて下さい。素人にとって、ではなく、「プロ」にとっても難しいことです。

よく勘違いをされる点で、「利益確定をした分は少なくともプラスなんだから」と言う人がいます。しかし、この点は注意が必要です。例えば100万円で投資をはじめて、うまくいって150万円になったので利益確定をしたとしましょう。しかし、この150万円で一生食べていくなんてことは不可能ですから、150万円はさらに次の投資に回すのが普通です。その150万円で買った株がいきなり100万円まで下がって、100万円前後で2年くらいウロウロ…2年後にあきらめて98万円で売却、なんてパターンもよくあります。これは本当に「利益が確定できた」ことになるでしょうか？


●**インカムゲイン**
↓136ページ参照
●**キャピタルゲイン**
↓136ページ参照
●**REIT（リート）**
↓170ページ参照
●**コモディティ**
↓171ページ参照

投資というのは、数十年に渡って続いていくものです。「3年後に死ぬ」とわかっていて投資をする人はいないでしょう。そのとき持っているお金を毎年3分の1ずつ使えばいいだけですから。人は長生きリスクに備え、今使わないお金をずっと先まで取っておいて、いざというときに「今と同じか今以上の価値で取り出す（＝インフレに勝つ）」ために投資をするのです。

投資をする場合は、くれぐれも「長期」で考えるようにして下さい。運用開始して1年、１００万円が１５０万円になりました。利益確定でこの取引は間違いなく儲かった。しかし、そうした取引を続けていって、25年後もプラスの状態であると確信できますか？　ずっと連勝していけると確信できますか？　次の取引で損をしない自信がありますか？　期間が長くなればなるほど、連勝が難しくなるんじゃないですか？　運用金額が３０００万円を超えても同じような運用ができますか？　冷静な判断ができますか？

「勝ち」を積み上げて資産を増やしていこうとするのは、「投資」ではなく「投機」です。**投資のリターンの源泉はその投資資産の持っているリターンであり、投資とは、長期間に渡ってそのリターンを得て、資産を増やそうとするものです。**一方、「利益確定」をしたり「損切り」をしたりして売買を繰り返し、1つ1つの勝ちを積み上げて資産を増やそうとする「投機」のリターンの源泉は、1つ1つの取引対象資産の持っているリターンではなく、「1つ1つの取引で勝てるかどうか」であり、「自分の腕次第」「運次第」「タイミング次第」ということになります。

このように、「投機」と「投資」はまったくの別物なのです。

**●投機と投資**
売買をして増やそうとするのが「投機」、売買をせずに保有し続けて増やそうとするのが「投資」。

**●投機のリターン**
投資と違い、長期に渡って「投機」した後のリターンというのも、勝ち負けの並び方次第、一つ一つの投機額次第、投機の回数次第でいくらでも変わってくる。

準備編

# 08 投資信託の正しい使い方

## 投資信託はどうやって設計されている？

投資は長期で考えるべきであり、長期に渡って運用するなら「投機」より「投資」が有利だという話をしました。このことについて、もう少し説明を続けさせて下さい。

もしサイコロを振って、６が出たら６万円、５が出たら５万円、４が出たら４万円、３が出たら３万円を、私はあなたに払う。反対に２が出たら１万円、１が出たらなんと10万円を、私はあなたからもらうというゲームをしたとします。これを３回セットでやるとしましょう。あなたは運がよければ６万円×３で18万円をもらえますが、運が悪いと10万円×３で30万円とられてしまいます。

あなたは、これはギャンブルだと思いますか？　私は、これはギャンブルだと思います。

５回セットだったらどうでしょう。あなたは運がよければ最高で30万円もらえますが、運が悪いと50万円とられてしまいます。50万円とられてしまう確率は、５回サイコロを振って５回連続１が出る確率で、７７７６分の１ということになります。ちなみに、10回連続で１が出る確率は６４０７万分の１、15回連続で出る確率は４７０２億分の１、20回連続で出る確率は３

656兆分の1、25回連続で出る確率は2843京分の1です

では、1万回のセットだったらどうでしょう。1が出続けることは想定できませんね。**おそらく1から6のそれぞれの数字が出る頻度は、限りなく6分の1に近くなっていくはずです**。1から6の各目がそれぞれ1回ずつ出た場合の結果は、6万＋5万＋4万＋3万－1万－10万＝7万。つまり、あなたは差し引き7万円の何倍かの金額をもらえることになりますね。

**そう、これはあなたに超有利なゲームだったのです。サイコロを振る回数が多ければ多いほど、あなたに有利です**。

実は、投資信託を作っている人たちは、概ねこうした考え方を用いて投資を考え、投資信託を設計しています。もちろん、設計の際に用いるのは過去の平均リターンだけではありませんが、過去の平均リターンを用いるときは、こういった考え方に基づいています。

ところが「サイコロを1万回振れば、それぞれの目の出る確率は6分の1に近くなるはず」という前提に基づいて投資信託を設計しても、「サイコロを3回振って1が3回連続で出た！このサイコロはイカサマだ！」と言って、ゲームの途中で降りてしまう人がいます。

何度も言っているとおり、投資信託というのは「投機信託」ではなく、「投資信託」です。投資ですから、短期間で売買して儲けることができるように設計されているわけではありません。**中長期に渡る運用のために、中長期に渡ってリターンを上げていけるように設計されているのです**。あなたが買ったあとの最初の3ヶ月間、基準価額が右肩上がりに上がっていくように設計されているわけでも、誰かが言う「買いどき」で買って「売りどき」で売るのに適するように設計

2-6 このサイコロゲームは…

| 出た目 | 私があなたに払う金額 | あなたが私に払う金額 | 収支 |
|---|---|---|---|
| 6 | 6万円 | | +6万円 |
| 5 | 5万円 | | +5万円 |
| 4 | 4万円 | | +4万円 |
| 3 | 3万円 | | +3万円 |
| 2 | | 1万円 | −1万円 |
| 1 | | 10万円 | −10万円 |
| | | 全部1回ずつ出た場合 → | **+7万円** |

**サイコロを振る回数が多ければ多いほど**
**あなたに有利！**

されているわけでも、購入して最初の1年間基準価額が1万円を下回って、あなたをヤキモキさせないように設計されているわけでもありません。

もちろん、中には数年間で**償還**されるように設計された投資信託や、無期限で運用されるように設計されていたにも関わらず、途中で償還されてしまう投資信託も存在します。また、投資信託を販売する金融機関の人が乗り換えを勧めてくることもあるでしょうし、あなたのお友達が「もう売っちゃったほうがいいよ」と言ってきたり「これに乗り換えたほうがいいよ」と薦めてくることもあるでしょう。しかし何度も言うとおり、投資信託というのは、例外はあっても、原則として「中長期の投資」のために設計されているものなのです。ですから、**これから先、長期間に渡って運用をしていく必要がある人が活用するのに適しているのです**。皆さん、くれぐれも投資信託の使い方を間違えないようにして下さい。

●**償還（しょうかん）**
契約期間が終わり、お金が返ってくること。債券であれば、額面金額が返ってくることであり、投資信託であれば、投資信託の運用が終了してファンド内に残ったお金が受益者に時価で返還されること。

Column

# 基礎が一番大事！

　投資とは何か、投資信託がどんなものなのか、ここまでの説明でイメージできましたか？　皆さんの中には既に投資信託を購入したことのある人がいるかもしれませんが、これまでの考え方と比べてみていかがですか？　なぜうまくいかないんだろう、なぜどの投信を買っても損をしちゃうんだろう、といった疑問に対する答えが、なんとなく見つかった人もいるのではないでしょうか。

　あるいは、まだ投資信託を買ったことがない人の中には、「いつまでこんな話が続くんだろう」と心配になっている人もいるかもしれません。焦らなくても大丈夫です。少しずつ具体的な話になっていきます。

　きっとこの本を読み終えるころには、運用に必要な知識が一通り身についているはずですし、また自分の考えに合った投資信託を選べるようになっていると思います。

　なぜ長々と投資の基礎を説明してきたかというと、この基礎部分さえしっかり理解できていれば、今後長い期間運用をしていくうえで迷ったり、不安になってあれこれ本を買ってみたり、どこかに儲け話があると信じたり、「自分以外の誰かが正解や未来を知っているはず」と信じて、ウワサ話に振り回されたりしなくて済むようになります。

　逆に言うと、基本的なことが理解できていないと、商品の説明を聞いても正しく理解ができなかったり、誤った説明を受けて真に受けてしまったり、金融機関の人に勧められるままに投資信託を買って、「こんなのは自分の希望じゃなかった」と後悔したりすることになりかねません。

　何の分野でもそうですが、「基礎」が一番重要。

　歯をくいしばって覚えるようなものではないでしょうが、基本的な考え方はぜひ身につけておいて下さい。

第3章

基礎編

# 投資金額と資産配分の考え方

投資の基本が理解できたら、
次は実際の投資金額を決めましょう。
投資金額や資産配分は
どのような考え方で決めればよいのか、
ここでしっかり理解して下さい。

基礎編

# 01 投資金額を決めよう①

## 「資金の性格」「保存期間・運用期間」で考える

いざ、投資をはじめようとする際、一体いくら投資したらいいのでしょうか。

実は、「貯蓄の何割を目安に」「給料の何ヶ月分を目安に」といったガイドラインを定めるのは、非常に難しいところです。貯蓄が100万円の人と1億円の人では、「貯蓄の1割」の意味合いはまったく異なりますし、また住宅ローンを返済し終わっているかどうか、子供に今後どのくらいのお金がかかるのか、毎月いくらの収入があっていくらくらいの支出があるのか、定年退職しているのかどうかなど、状況次第でいくらでも変わってくるからです。

個人的な見解を言えば、**投資する金額を決める際は、「資金の性格」と「保存期間・運用期間」で考えるのがいいのではないかと考えています。** まず「資金の性格」ですが、あなたのお金を大雑把に「近いうちに使うお金」と「少なくともこの先何年間かは使わないお金」に分けてみて下さい。「近いうちに使うお金」は、もちろん「長期」が前提の投資の対象外です。また、「少なくともこの先何年間かは使わないお金」の中でも、「よほどのことがない限り使わないお金」「できれば2年後に車を買いたいと思っている頭金」「いつになるかわからないけど、

**● 運用期間**

参考までに、現在著者は30代だが、著者の運用期間は「どんなに短くても退職するまで」を考えている。また、おそらく死ぬまで運用を続け、死んだらそのまま子供に相続させることになるはず。投資の期間は長ければ長いほど有利。将来のためにとっておくのであれば、目減りしないように「保存（＝インフレ率以上で運用）」する必要がある。

3-1 投資金額の決め方

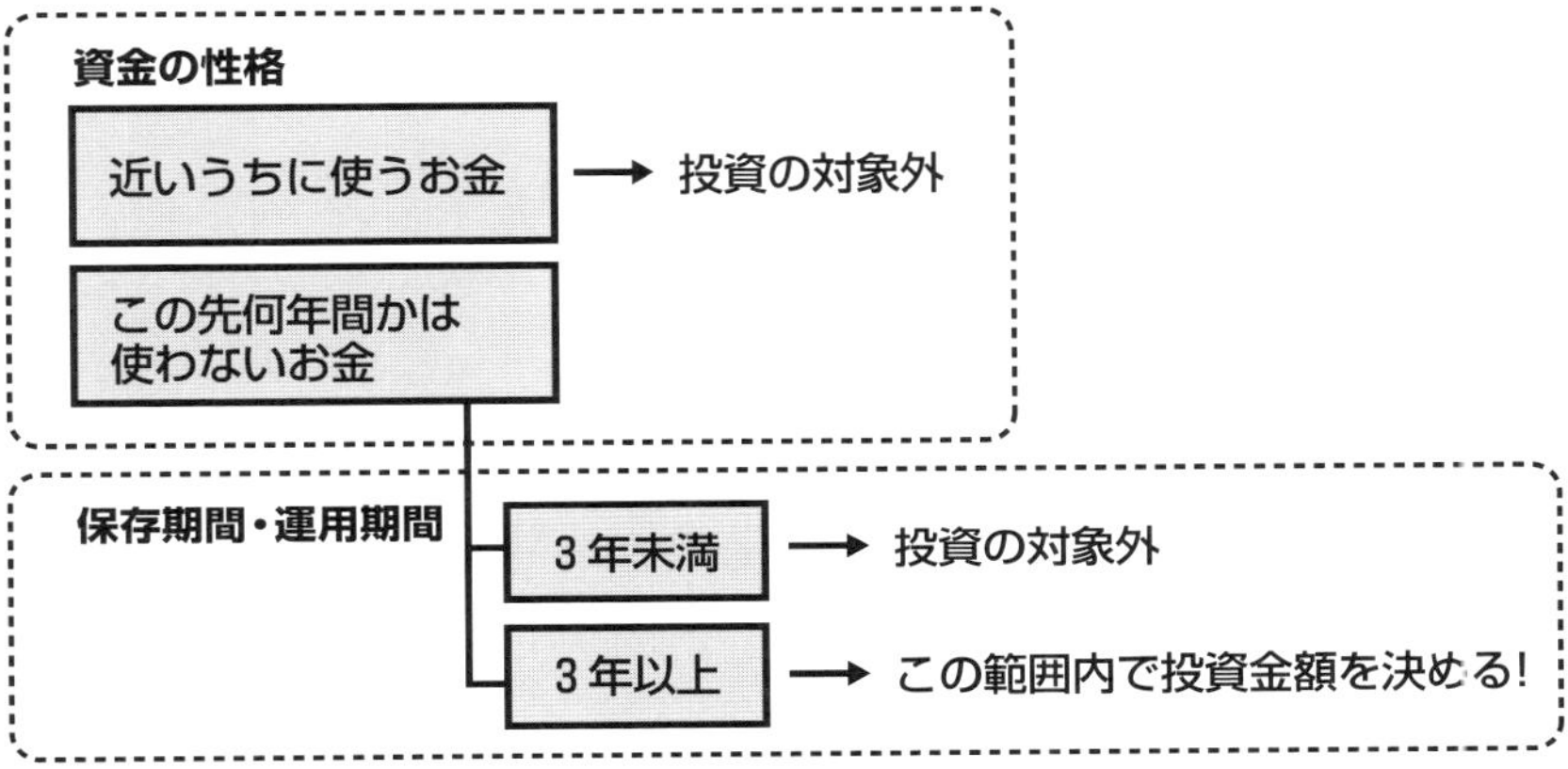


住宅の購入用に少しずつ貯めているお金」「老後のために貯めているお金」では、お金の性格がまったく違いますよね。そこで、次に「保存期間・運用期間」を考えます。できれば5年以上、あとは長ければ長いほどよいと考えて下さい。年数の線引きは難しいのですが、私の経験則から言えば、**「少なくとも3年以上は運用できる資金」**でない限り、投資をしてはいけないと考えます。

無理をして、近い将来使う予定のお金まで運用に回して、投資開始後6ヶ月ほどで資産が大きく目減りし、「こんな投資やらなきゃよかった」と後悔して泣く泣く損切りをするくらいなら、最初からそうしたお金で運用をするべきではありません。前述したとおり、投資期間は長ければ長いほど有利。投資の最も有利な武器は「知識」でも「経験」でも「センス」でも「運」でも「資金量」でもなく、「時間」です。時間をかけて投資できるお金だけで投資すべきです。

基礎編

# 02 投資金額を決めよう②

## 「増やすお金」と「目減りさせたくないお金」

「この先何年間かは使わないお金」の中で、「3年以上」という期間を与えることのできる資金はどのくらいありますか？　その金額が「あなたが投資に回せる上限額」です。

では、さらにそれを分類していきます。まず「**①投資しないお金**」がありますね。次に「投資に回すお金」も、大きく次の2つに分類できます。

**②増やすためのお金**
**③目減りさせたくないお金**

中には、②と③を分けることができない人、②しかない人、③しかない人もいるでしょう。

ちなみに私の場合は②のみです。この先何年保存するかわからない保存期間中、目減りさせないだけでなく、給与収入がなくなって、年金ももらえず、なおかつ増税も社会保険料負担増加もあって、インフレも進んで、という状態でも暮らしていけるだけの資産を作るための、「増やすためのお金」として全額を運用しています。

ですから私の運用目標は、「インフレ率と同程度で目減りを防ぐ」というだけでは足りませ

3-2　3年以上使わないお金の区分

**3年未満** → **投資の対象外**

**3年以上** ↓

<table>
<tr><td colspan="2">①投資しないお金</td><td>3年以上使う予定はないが、<br>投資には回さない（回せない）お金</td></tr>
<tr><td rowspan="2">投資に回すお金</td><td>②増やすためのお金</td><td>給与収入があるうちは手をつける必要がないが、<br>給与収入がなくなったときに備え、できるだけ増やしておきたいお金、その原資として使えるお金</td></tr>
<tr><td>③目減りさせたくないお金</td><td>長期間手をつけないことが予想され、ひょっとしたら一生手をつけないかもしれないが、いざ取り出して使おうとした際に目減りさせたくないお金</td></tr>
</table>

ん。インフレ率を上回るリターンを上げて、インフレ率差し引き後でも資産が増加していくように運用する必要があります。

## 運用資金を2つに分類してみよう

では、もしあなたに１００万円の貯蓄があるとして、そのすべてが「この先何年間かは使わないお金」で、かつ全額が「3年以上使わないお金」だとしましょう。

そのうちの50万円は投資しないお金、残りの50万円は今後10年間、あるいはもっと使わない可能性があると考え、これを投資に回そうと思ったのなら、その50万円を「増やすためのお金」と「目減りさせたくないお金」に分けてみて下さい。

もちろん、どちらか一方で50万円、ということでもかまいません。

皆さんの運用金額は、今ある貯蓄のうちいくらくらいになりそうですか？　来月以降の収入の中からも少し運用に回すことができそうですか？　それらの資金の運用期間は何年ですか？　3年以内に使う予定はありませんか？　「5年でもちょっと短いかな」くらいに思えるお金のほうがいいですよ。そして、それらの資金の「増やすためのお金」と「目減りさせたくないお金」の比率はどんな感じですか？

## あなたの目標リターンはいくら？

「目減りさせたくないお金」の目標リターンは、**あなたが考える、あるいはあなたが同意できる運用期間中の平均インフレ率ということになります**（過去のインフレ率は23ページの表を参考にして下さい）。

一方、「増やすためのお金」の目標リターンは、最低でも**あなたが考える、あるいは同意できる「インフレ率以上」です**。目標リターンからインフレ率を引いたリターンのペースで、あなたの資産を増やしていくことになります。より早く、より大きく成長させたいのであれば、インフレ率を差し引いた後のリターンを大きくしなければなりません。

投資は「ハイリスク・ハイリターン／ローリスク・ローリターン」ですから、あなたは「お金を目減りさせたくない場合」より大きなリスクを取る必要があるということになりますね。

お金を増やしていくペースを考える際は、次ページの表を参考にして下さい。この表は、それぞれのリターンで毎年お金が増えていくペースを示したものです。

3-3 投資金額が各リターンで一定年数経過後に何倍になるか

| | リターン（年率） | | | | | |
|---|---|---|---|---|---|---|
| 単位：倍 | 0.5% | 2.5% | 5.0% | 7.5% | 10.0% | 12.5% |
| 1年後 | 1.01 | 1.03 | 1.05 | 1.08 | 1.10 | 1.13 |
| 2年後 | 1.01 | 1.05 | 1.10 | 1.16 | 1.21 | 1.27 |
| 3年後 | 1.02 | 1.08 | 1.16 | 1.24 | 1.33 | 1.42 |
| 4年後 | 1.02 | 1.10 | 1.22 | 1.34 | 1.46 | 1.60 |
| 5年後 | 1.03 | 1.13 | 1.28 | 1.44 | 1.61 | 1.80 |
| 6年後 | 1.03 | 1.16 | 1.34 | 1.54 | 1.77 | 2.03 |
| 7年後 | 1.04 | 1.19 | 1.41 | 1.66 | 1.95 | 2.28 |
| 8年後 | 1.04 | 1.22 | 1.48 | 1.78 | 2.14 | 2.57 |
| 9年後 | 1.05 | 1.25 | 1.55 | 1.92 | 2.36 | 2.89 |
| 10年後 | 1.05 | 1.28 | 1.63 | 2.06 | 2.59 | 3.25 |
| 11年後 | 1.06 | 1.31 | 1.71 | 2.22 | 2.85 | 3.65 |
| 12年後 | 1.06 | 1.34 | 1.80 | 2.38 | 3.14 | 4.11 |
| 13年後 | 1.07 | 1.38 | 1.89 | 2.56 | 3.45 | 4.62 |
| 14年後 | 1.07 | 1.41 | 1.98 | 2.75 | 3.80 | 5.20 |
| 15年後 | 1.08 | 1.45 | 2.08 | 2.96 | 4.18 | 5.85 |
| 16年後 | 1.08 | 1.48 | 2.18 | 3.18 | 4.59 | 6.58 |
| 17年後 | 1.09 | 1.52 | 2.29 | 3.42 | 5.05 | 7.41 |
| 18年後 | 1.09 | 1.56 | 2.41 | 3.68 | 5.56 | 8.33 |
| 19年後 | 1.10 | 1.60 | 2.53 | 3.95 | 6.12 | 9.37 |
| 20年後 | 1.10 | 1.64 | 2.65 | 4.25 | 6.73 | 10.55 |
| 21年後 | 1.11 | 1.68 | 2.79 | 4.57 | 7.40 | 11.86 |
| 22年後 | 1.12 | 1.72 | 2.93 | 4.91 | 8.14 | 13.35 |
| 23年後 | 1.12 | 1.76 | 3.07 | 5.28 | 8.95 | 15.01 |
| 24年後 | 1.13 | 1.81 | 3.23 | 5.67 | 9.85 | 16.89 |
| 25年後 | 1.13 | 1.85 | 3.39 | 6.10 | 10.83 | 19.00 |
| 26年後 | 1.14 | 1.90 | 3.56 | 6.56 | 11.92 | 21.38 |
| 27年後 | 1.14 | 1.95 | 3.73 | 7.05 | 13.11 | 24.05 |
| 28年後 | 1.15 | 2.00 | 3.92 | 7.58 | 14.42 | 27.06 |
| 29年後 | 1.16 | 2.05 | 4.12 | 8.14 | 15.86 | 30.44 |
| 30年後 | 1.16 | 2.10 | 4.32 | 8.75 | 17.45 | 34.24 |
| 31年後 | 1.17 | 2.15 | 4.54 | 9.41 | 19.19 | 38.52 |
| 32年後 | 1.17 | 2.20 | 4.76 | 10.12 | 21.11 | 43.34 |
| 33年後 | 1.18 | 2.26 | 5.00 | 10.88 | 23.23 | 48.76 |
| 34年後 | 1.18 | 2.32 | 5.25 | 11.69 | 25.55 | 54.85 |
| 35年後 | 1.19 | 2.37 | 5.52 | 12.57 | 28.10 | 61.71 |

基礎編

# 03 ファンドのイメージを知ろう

## 投資信託は「箱」のイメージ

投資する金額や運用期間、目標リターンが決まったら、「具体的にどのファンドを買うか」「どんな資産を買うか」を決めていくことになります。その前に、これまで解説してきた内容を次ページの表に整理しておきます。これがここからのお話の前提となりますから、決して忘れないようにして下さい。

さて、**投資信託というのは「箱」のようなイメージの金融商品です**。箱にはラベルが貼ってあり、「この箱の中のお金はヨーロッパの株で運用されます」「この箱には主に為替リスク、株のリスクがあります」というようなことが書いてあります。つまり、皆さんはそれぞれの箱のラベルを見て自分に合ったリスクを取り、それに見合ったリターンを期待することになります。そして、ラベルにある運用方針に同意して、箱に入れたお金の中から手数料を払い、この箱の管理人を連れてきます。この場合はヨーロッパ株の専門家を連れてくることになります。

この人が箱にお金を入れた人（＝投資家）に代わって、ヨーロッパの企業を調べ、毎日ヨーロッパの市場をチェックし、買う銘柄を探し、実際に買い、売るべきと判断すれば売る、とい

**●投資のリスク**
為替のリスク、株のリスク、債券のリスク、不動産のリスク、信用リスク、金利リスク、カントリーリスクなどがある。投資を行う場合、投資家はこれらの中から何らかのリスクを取ることになる。

3-4 投資の大前提のまとめ

| | |
|---|---|
| 前提① | 多くの人にとって、運用の目標リターンは「インフレ率以上」である |
| 前提② | 元本保証の預貯金では、「インフレ率以上」のリターンを期待することは難しい |
| 前提③ | 「投資」をすれば「インフレ率以上」のリターンを期待することも可能。ただし投資は元本保証ではなく、結果や利回りはもちろん、最終的な損益もわからない |
| 前提④ | 投資をする場合、取ったリスクに応じたリターンを期待することができ、「自分が取りたいリスク」「取れるリスク」を選べる |
| 前提⑤ | 投資信託は「投資」信託であり、「投機」信託ではない。短期的に売買をして資産を増やしていくのではなく、中長期的に投資して増やしていくための金融商品である |
| 前提⑥ | 中長期の運用をする人にとって、毎日の相場の変動は重要ではなく、投資資産の中長期的なリターンが重要。日々の「天気」ではなく長期間の「気候」で考えるべきであり、日々の移ろいやすい「天気」に踊らされたり、一喜一憂したりしてはいけない |
| 前提⑦ | 「目減りさせたくないお金」の目標リターンは、あなたが考える（あるいは同意できる）今後のインフレ率と同等でなくてはならない |
| 前提⑧ | 「増やすためのお金」の目標リターンは、最低でもあなたが考える（あるいは同意できる）インフレ率「以上」でなくてはならない |

ったお金の運用・管理を行ってくれるという仕組みです。

運用してくれるのは管理人ですから、**あなたは「まったく知らない市場」にも投資をすることが可能です**。また、投資した市場の動きをあなた自身が日々チェックする必要もありません。

知識の有無に関係なく投資先を選ぶことができ、かつ自分の好きなリスク、取りたいリスク、取れるリスクを自由に選び、取ったリスクに対するリターンを期待できるわけですね。

では、投資信託の「箱」の中身はどんな種類のものがあるのでしょう。

**投資信託の中身の分類は「資産の種類」と「国」で大きく分けることができます**。この区分で考えるのがとてもシンプルで、しかも合理的だと思います。簡単ですのでぜひ覚えて、このスケールの上で考えるようにしてみて下さい。

**●まったく知らない市場**
例えばインドの企業を1社も知らなくても、インド株の市場を毎日チェックできなくても、「インド株に投資したい」と思えば、インド株に投資する投資信託を通じて投資できる。

まず「資産の種類」ですが、なんと言っても柱は「株」と「債券」です。市場の種類、大きさ、流動性、整備状況、派生商品の種類などなど、どれをとっても他の金融商品とは比べ物になりません。「金融商品の両横綱」という感じです。株と債券がメインで、その他にＲＥＩＴやコモディティなどがある、というイメージで考えて下さい（3-5）。

そして、もう1つの軸が「国」です。「日本」「アメリカ」「中国」「インド」などの単一国の他、世界中を対象にする「グローバル」や、「アジア」「ヨーロッパ」「ラテンアメリカ」など、国を地域ごとにグループ化したもの、「新興国」や「**BRICs**」など、国の発展度合や成長期待などでグループ化したものなどがあります。

また「バランス型」と呼ばれる、様々な資産を組み合わせたファンドもあります。

みなさんはこうした投資信託の中身の中から自分の好きなものを選び、組み合わせ、投資するお金を配分することになるわけです。

## アセットクラスってなあに？

通常、投資信託のファンド名は「○○グローバル株式ファンド」「△△ヨーロッパ債券ファンド」といったようなものになっていることが多く、こうしたファンド名を見るだけでも、ある程度中身がわかります。この場合、前者は世界中の株式で運用するファンド、後者はヨーロッパの債券で運用するファンド、というふうにイメージできますね。

なお、「グローバル」「世界」「ワールド」「国際」といった名前がついている場合、世界全体

**●REIT、コモディティ**
→170、171ページを参照

**●BRICs**
ブラジル（Brazil）、ロシア（Russia）、インド（India）、中国（China）の頭文字をとったもので、ゴールドマン・サックス社が2003年に発表したレポートの中で、「新興国の中でも特に大きな成長が期待される国」としてこれら4ヶ国を取り上げてBRICsと名付けた。

3-5 投資信託の中身の例

| 区分 | 株 | 債券 | REIT |
|---|---|---|---|
| グローバル | グローバル株 | グローバル債券 | グローバルREIT |
| 外国 | 外国株 | 外国債券 | 外国REIT |
| 日本 | 日本株 | 日本債券 | 日本REIT |
| アメリカ | 米国株 | 米国債券 | 米国REIT |
| ヨーロッパ | 欧州株 | 欧州債券 | 欧州REIT |
| アジア | アジア株 | アジア債券 | アジアREIT |
| 新興国 | 新興国株 | 新興国債券 | 新興国REIT |
| etc… | etc… | etc… | etc… |

バランス

コモディティ

を指すことが多いですが、「外国」「海外」は「日本を除く世界全体」を指すのが普通です。

実際に投資する場合には、ファンドごとの**目論見書**を見れば、具体的にどういう国のどういう資産に投資するのかが書いてあります。また、「グローバル」など、世界中の国に投資するといった場合、先進国のみを指す場合と、新興国も含めた世界中の国を指す場合の両方があり、この点も非常に重要な違いですので、必ず目論見書で確認するようにして下さい。

ちなみに、「日本の株」「ヨーロッパの債券」「世界の株式」「世界のＲＥＩＴ」「新興国の株式」「アメリカの債券」といった、投資対象となる投資資産の種類を「アセットクラス」と言うことがあります。また、どの「アセットクラス」を組み合わせるか、投資資金をそれぞれの「アセットクラス」にどのくらいずつ配分するかという資産配分のことを、「**アセット・アロケーション**」と言います。

**●目論見書（もくろみしょ）**
「投資信託説明書」とも呼ばれる。投資信託の購入にあたって、知っておくべきこと、重要な情報が記載されている。販売会社は、投資家に対してこの目論見書を必ず、あらかじめまたは同時に交付することが義務付けられている。

**●アセット・アロケーション**
運用する資金を例えば日本株に何%、外国株に何%、世界の債券に何%、新興国株に何%というように配分すること。投資資産を選んで組み合わせ、投資するお金を配分するのもアセット・アロケーションである。

基礎編

# 04 どのファンドを買えばいいの？

## ファンドを選ぶ前に確認しておきたいこと

前節で触れたとおり、投資信託では自分の取りたいリスクを選択でき、どのアセットクラスに投資するのかを幅広い選択肢の中から選べます。しかし逆に言えば、あなたは幅広い選択肢の中から、自分に合ったものを選ばなくてはなりません。現在、国内には約３０００本の投資信託があります（分類の仕方によっては４０００本や５０００本にもなる）。

定期預金であれば、選択肢に大差はないかもしれません。どこの銀行に預けるか、期間を何年にするか、担当者は誰か、粗品は何かという程度の差で、リターンの違いもせいぜい０・５％か０・55％かという程度です。

ところが投資信託はバラエティ豊かな、千差万別のファンドの中から選ぶことになります。また、ただ単に選択肢が多いだけでなく、どのファンドを購入するかでリスクもリターンも大きく変わってきてしまいますから、この「ファンドを選ぶ」というのは非常に重要な作業です。

次ページの表は、**国内の投資信託を、その内容ごとに分類した表です**。

すると、対象の２６３８本の投資信託のうち、最も多いのは国内株式型で、７８６本もあります

3-6 国内投資信託の分類（2008年5月時点）

| 区　分 | ファンド数 |
|---|---|
| 国内株式型 | 786 |
| 国内債券型 | 100 |
| 国際株式型 | 561 |
| 国際債券型 | 450 |
| バランス型 | 695 |
| その他 | 46 |
| 合計 | 2638 |

※データ提供:エービック（エービック社のデータを基に著者作成）

ね。つまり、「日本株に投資するファンド」を買いたいと思った場合、あなたは786本のファンドの中から自分の買う1本を選ぶことになります。

では、一体どのファンドを選べばよいのか。

ここで投資の大原則を思い出して下さい。

**・投資をする時点で結果は確定していない**

**・誰も正解を知らない**

**・将来のことを知っている人はいない**

これから先どのファンドが一番儲かるのか、どのファンドのパフォーマンスが最もよくなるのか、どのファンドマネージャーが最もよい成績をおさめるのか、どのアセットクラスが最も高いリターンを出すか、これからはどの組み合わせがベストなのか、どんなアセット・アロケーションが今後最も効率がよいのかを知っている人は、誰もいません。何度も言っていることですが、まずはこの大前提を忘れないで下さい。

**●投資信託の分類**

3-6は、国内の投資信託を「国内のみへの投資か、国際的な投資か」「株式への投資か、債券への投資か」「それらを組み合わせたバランス型」「その他」で分類している。また、オープン型の株式投資信託のみを集計している。

この大前提のもとで、皆さんは3000もの選択肢の中から自分が買う投資信託を「自分の判断で」「自己責任で」選ばなくてはいけません。

巷には、「どの投資信託がいいか」、「おススメのファンドはこれだ」、「●●さんイチオシのファンド！」といった情報が溢れています。投資関連の雑誌や書籍、サイトを見れば、この手の情報がいくらでも出てくるでしょう。「誰も正解を知らない」「将来のことを知っている人はいない」はずなのに、です。

でも、その雑誌やらサイトやらで推薦していたファンドを購入し、あなたが大損したとしても、誰も責任を取ってくれません。「注目のファンド！」として紹介したファンドが大きく値下がりしたら、雑誌やサイトはそのファンドの特集をしなくなるだけのこと。また新たな特集を組むだけです。もちろん、損失を補填してくれたりはしません。

## 「誰かが答えを知っている」という幻想を捨てよう！

じゃあ、一体どうすればいいの？　と思った皆さん。**私は、「誰かが正解を知っている」「誰かに正解を教えてもらえる」という幻想をまず「捨てる」ことが大事なのではないかなと思っています。**基本に立ち返って、「投資をする時点で結果は確定していない」「誰も正解を知らない」「将来のことを知っている人はいない」という前提を確認することからはじめて下さい。

結論から言えば、日本株ファンド786本の中から今後最もよいパフォーマンスを出す1本を選ぶことができなくても、投資は可能です。次節からはそのことについて解説していきます。

**●株式投資信託**
投資信託で最もややこしい用語のひとつ。MMFやMRF以外のファンド、と考えておくのがわかりやすい。詳しくは90ページを参照。

基礎編

# 05 こんな売り文句にだまされるな！

## こんな文句に踊らされていませんか？

「おススメのファンド」や「○○さんイチオシのファンド！」と並んで、マネー誌や投資本でよく見かけるのが、次のような文句です。

**①「今、人気のファンドはこれだ」「この1年で残高を伸ばしたファンドランキング」**
**②「今、注目のファンドはこれだ」「設定が相次ぐ●●ファンド」**
**③「この1年最も上昇率の高かったファンドランキング」**

ここまで本書を読んできた皆さんなら、これらの売り文句を見て「?」マークを思い浮かべるはずです。例えば①の文句。①は「今、世の中でこんなファンドが売れているよ」「このファンドにたくさんの資金が集まっているよ」「今の売れ筋はこれだよ」ということをランク付けしているわけですが、これらの点で上位にランクインするファンドは、果たして今後パフォーマンスがよくなるファンドなのでしょうか。あなたはそう思えるでしょうか。あるいは、あなたの取りたいリスク、運用期間、目標リターンに合ったファンドでしょうか。

「皆さんこれを買ってます」というセリフに日本人は弱い傾向がありますが、本書でこれまでに解説してきたことを思い出して下さい。あなたの投資資金を中長期的に投資し、あなたの考えるインフレ率以上のリターンを期待するファンドを選ぶ方法として、**「みんなが買っているファンドを選ぶ」というのは適切でしょうか。**

## 「この1年間で最も上昇したファンド」のワナ

次に、②の文句。②は、「最近中東の株に投資するファンドの新商品がたくさん出てます」とか、「ブラジル株やロシア株ファンドの新規設定が続いていて注目を集めてます」とか「コモディティが人気で、運用会社各社は争ってコモディティファンドを設定して…」というような話ですが、これも①と同様に、皆さんの中長期の投資先を選ぶ方法として適切でしょうか。

急に降って湧いたように注目されて、いろいろなマネー誌などが競って特集を組み、インターネットでもその話題が飛び交い、その方面に詳しい人の講演には来場者が押し寄せ、新発売のファンドが募集開始になるや次々に売り切れ、「なんとか私も買いたい」「乗り遅れたくない」という人が殺到し、やっと買えたと思ったら、その後その市場が急落。低調な状態が3ケ月、半年、1年と続き、もちろんマネー誌は見向きもしなくなり、**別の新たな「今、○○が熱い！」「注目が集まる△△！」という特集をしている。こんな歴史が繰り返されています。**これらの「注目を集めるファンド特集」は、皆さんのファンド選びの参考になりそうですか？　これらを参考にして、大切な資金を中長期間投資できますか？

そして、最後の③。③は「この1年間で最も上昇したのはこのファンド」「上位のファンドは

なんと半年で○%も上昇！」「この3ヶ月間で△%も上昇している注目市場！」といった内容です。「この1年で最も上昇したファンド」というのは、これから先皆さんが中長期にわたって投資する投資先を選ぶのに参考になりますか？　この半年で最も上がったファンドが、今後も上がっていくと思えますか？

以前説明しましたよね。引退後の30年を「どこか暖かいところに引っ越して暮らしたい」と考えている人が、これから暮らす場所を選ぶのに、「この3ヶ月間最も暖かかった都市ランキング」をもとに、**「この3ヶ月で最も気温の高かった場所」を選ぶのは適切でしょうか。**

もうわかると思います。マネー誌や投資本に踊るこれらの売り文句ほど「アテ」にならないものはないのです。

基礎編

# 06 アクティブとインデックス、どっちがいい？

## 大切なのは「手数料」ではなく「投資成果」

前節で「マネー誌や投資本でよく見かける文句」を紹介しましたが、もう1つよく見かけるキーワードがあります。それが、「**手数料の安いファンドランキング**」というヤツです。

これは、前節で紹介した3つの売り文句とは多少毛色が違います。なぜなら、「未来のことはわからない」「将来のことは誰も知らない」という投資の世界にあって、手数料だけは必ず発生するものであり、**投資の世界では極めて稀有な「確実なこと」であるからです。**通常の場合、多くの人が「手数料は安いほうがよい」と思うことでしょう。

ただ、私はこの系統の売り文句にも、少々問題意識を持っています。

もちろん、投資家がコスト意識を持ち、自分が負担する手数料を認識することは大切なことです。しかし、「とにかく手数料が安いファンドがよいファンドだ」「手数料が安い順に並べれば、それがよいファンドのランキングだ」「手数料が高いファンドを買うのはただまされている」「手数料が高いアクティブ型ファンドを買うのは愚かなことだ」「手数料の安いファンドをピックアップしてその中から選べばいい」という断定的な内容のものが多く、そのことに私は問題意識を持っているのです。

特に、手数料が高い傾向にある**アクティブファンド**をこき下ろして、手数料が安い傾向にある**インデックスファンド**を絶賛するものが大変多いです。さらに、そういった記事を読んだ人が、インデックスファンドの中からしか選んではいけないかのように錯覚したり、そう導かれたりするのは問題だと思います。なぜなら、多くの人にとって「手数料は安いに越したことはない」ですが、**その一方で、「投資は結果がすべて」だからです。**

言うまでもないことですが、手数料も税金もすべて差し引いた後で、「結局自分のお金がどのくらい増えたのか」「結果としてどういうパフォーマンスになったのか」というのが最も重要なこと。「手数料の負担」は、確かに投資の世界では稀有な「あらかじめわかっている将来のこと」ですが、「投資成果」を示すものではありません。

**●アクティブファンド**
アクティブ運用を行うファンド。反意語はパッシブファンド、インデックスファンド。ファンドマネージャーや計量的なモデルによる銘柄選択や配分変更で、市場平均を上回る投資成果をあげようとする運用スタイル。一般的に、手間がかかるためインデックス運用に比べて運用コストが高くなる。

**●インデックスファンド**
インデックス運用を行うファンド。反意語はアクティブファンド。市場を上回る投資成果は求めず、市場平均と同等のパフォーマンスの実現を目指す運用を示す「パッシブ運用」の典型。日経平均株価やTOPIXなどの指数に連動した投資成果を目指す。一般的に、運用にあまり手間がかからず、アクティブ運用に比べて運用コストが安くなる。

手数料を差し引いた後の投資成果、「将来の結果」がどうなるのか、これから先、手数料の高いアクティブファンドAと手数料の安いインデックスファンドBのどちらを買ったほうがリターンが高くなるのかは、誰にもわからないことです。ただ、**「AよりもBを買ったほうがこれから将来の手数料負担だけは安く済む」ということが確定しているに過ぎません。**

私は「アクティブファンドを買うべきか、あるいはインデックスファンドを買うべきか」という問いに対して、答えを持ち合わせていません。実際、私自身、インデックスファンドもアクティブファンドも買っています。「手数料が高いのと安いのとどちらがいいのか」と聞かれれば、もちろん「安いほうがいい」と答えます。しかし、「手数料が安いファンドAと高いファンドBのどちらのほうが今後よいパフォーマンスになるのか」「どちらのファンドを買うべきか」と聞かれれば、私の答えは「わからない」になります。

## アクティブとインデックスの差を理解することが大事！

中には、**「過去のデータや研究結果を見ても、インデックスファンドはアクティブファンドよりよい結果になる確率が高い」という意見もあります。**たくさんの研究者がこうした成果を証明している、というふうな論調が多いように思いますが、実際には、「こうした成果を示す、いくつかのそんなに多くない研究結果や論文を、多くの人が語っている」というほうが実態に近いというのが、私の個人的な感覚です。

また、それらの研究の多くがアメリカの株式市場のデータを使って行われていますが、アメ

**●アクティブとインデックスの研究**
「インデックスファンドは手数料負担が少ない分、手数料差し引き後の投資成果で比べると、手数料負担の大きいアクティブファンドよりもよい結果になる確率が高い。また、実際に過去のデータでも多くのアクティブファンドは市場平均の指数に勝てていない」という論調。ただし多くの場合、これらはアメリカの株式市場のデータに基づいているので注意が必要。

3-7 アクティブファンドとインデックスファンドの違い

| | |
|---|---|
| **アクティブファンド** | ■市場平均を上回る投資成果を目指すもの。<br>■市場平均を下回るファンドも多く存在し、特に市場の効率性の高いアメリカの株式市場では、過去多くのアクティブファンドが市場平均に負けていたという研究成果が出ている。<br>■ただし、アメリカ以外の株式市場でもアクティブファンドの多くが市場平均に負けるかどうかはわからず、特定のファンドが今後市場平均を上回るかどうかも、誰にもわからない。<br>■運用に手間がかかる分、手数料が高い傾向にある。手数料が高いファンドを選べば、運用の如何や市場全体の上下に関わらず、将来に渡って中長期の運用期間中ずっと高い手数料を負担することになる。 |
| **インデックスファンド** | ■市場平均に連動した投資成果を目指すもの。<br>■結果的には市場平均を上回るファンドも下回るファンドも出てくるが、「上回ることを目指す」努力は行わず、指数と連動するよう努力している。<br>■運用にあまり手間がかからない分、手数料が安い傾向にある。 |

リカの株式市場は、世界で最も多くの市場参加者が取引し、最も大きな金額が取引される、最も効率的な市場のひとつです。**こうした市場で、「安定的かつ継続的に市場全体の平均に勝つ」ということは、大変難しいことです。**

こうした市場でのアクティブ運用とインデックス運用のパフォーマンスで見られた傾向が、他の国の株式市場でも同様に見られるかどうかは疑問ですし、**無条件に（どんな市場で運用するファンドかに関わらず）「アクティブファンドはインデックスファンドに勝てない」と言いきるのは難しいのではないでしょうか。**

最も重要なことは、上の表のような「アクティブ型とインデックス型という2つの選択肢があること」を認識し、「それぞれの違い」を理解することだと思います。そしてそのうえで、「各人が好きなものを選べばそれでいい」というのが、私が考える結論です。

エマージング株市場のように、おおよそ効率的とはかけ離れたような市場もある。最も効率的な市場の1つであるアメリカの株式市場で見られたアクティブ運用とインデックス運用の差異や傾向が、他の市場でも同じように見られるとは限らない。

基礎編

# 07 「ファンド選び」より「アセットクラス選び」が大切

## ファンドは数多くあるけど…

70ページで、日本株で運用する「国内株式型」のファンドは７８６本あると紹介しました。この７８６本のうち、日経平均株価やＴＯＰＩＸに連動した投資成果を目指す「国内株式インデックス型」のファンドだけでも、１４２本もあります（ＥＴＦ含む）。もしインデックスファンドを選ぶにしても、あなたは１４２本もの中から選ばなくてはいけません。

ちなみにパフォーマンス比較のために、この１４２本を運用実績が3年以上あるファンドのみに絞っても１１０本（①）、５年以上あるファンドに絞っても１００本もあります（②）。

インデックス型日本株ファンドで3年以上の運用実績がある１１０本のうち、運用期間中の手数料である信託報酬が最も低いファンドの料率は、「信託報酬率」の「最小値」の部分で０・09％（③）、最も高いファンドの料率は、「最大値」のところで０・97％となっており（④）、かなり幅が広いことがわかります。また、肝心のリターンは3年の年平均リターンで最高のファンドが10・５％（⑤）、最低のファンドが７・０％と（⑥）、結構差があります（年率リターンで７・５％と10％どのくらいの差が出るかは65ページの表で確認できる。）。

●**ＥＴＦ**
株のように証券取引所で売買される投資信託のこと。詳しくは１１１ページを参照。

一方のアクティブ型日本株ファンドは、３年以上の運用実績があるファンドだけでも４６４本あり（⑦）、信託報酬率は０・11％＊から２・49％まで幅広く（⑧）、また、３年の年平均リターンは最大24・1％～最低のマイナス20・2％まで大きな開きがあります（⑨）。

3-8 アクティブ・インデックス別国内株ファンドの実績（2008年5月時点）

| | アクティブ型日本株ファンド | | |
|---|---|---|---|
| | 信託報酬率（%） | 年平均収益率3年（%） | 年平均収益率5年（%） |
| 最大値 | ⑧ 2.49% | ⑨ +24.1% | +31.6% |
| 平均値 | 1.46% | +5.4% | +12.0% |
| 中央値 | 1.58% | +6.7% | +11.8% |
| 最小値 | ⑧ 0.11% | ⑨ −20.2% | +0.6% |
| 対象ファンド数 | 464 | ⑦ 464 | 408 |
| マイナスリターンファンド数 | | 69 | 0 |
| マイナスファンド比率 | | 14.9% | 0.0% |

| | インデックス型日本株ファンド | | |
|---|---|---|---|
| | 信託報酬率（%） | 年平均収益率3年（%） | 年平均収益率5年（%） |
| 最大値 | ④ 0.97% | ⑤ +10.5% | +13.2% |
| 平均値 | 0.57% | +8.7% | +11.8% |
| 中央値 | 0.63% | +8.7% | +11.8% |
| 最小値 | ③ 0.09% | ⑥ +7.0% | +10.1% |
| 対象ファンド数 | 110 | ① 110 | ② 100 |
| マイナスリターンファンド数 | | 0 | 0 |
| マイナスファンド比率 | | 0.0% | 0.0% |

※データ提供:エービック（エービック社のデータを基に著者作成）

＊本節では、手数料の単純比較を行うため、「ファンド・オブ・ファンズ形式」で運用するファンドを除いて集計している。ファンド・オブ・ファンズ形式については１０８ページ参照。またレバレッジをかけている「ブル・ベア型」のファンドも対象外にしている。レバレッジについては２３２ページ参照。

これを、縦軸にリターン、横軸に信託報酬をとってグラフにしてみると、3-9、3-10のようになります＊。右に行くほど信託報酬が高く、上に行くほどリターンが高くなる、ということを示しています。このグラフから客観的に言えることは、次の2点です。

**① 信託報酬はインデックスファンドのほうがアクティブファンドよりも安い傾向にある。**

**② リターンの水準は、インデックスファンドはファンドごとの差が少なく、アクティブファンドはファンドごとの差が大きい傾向にある。**

もちろん、必ずしも「ほとんどのアクティブファンドがインデックスファンドのリターンを下回っている」とは言えません（日本株ファンドに比べると対象ファンド数は少なくなるが、世界の先進国株で運用するファンドでグラフを描いた場合も、ほぼ同様の傾向が見られる）。

## 個々のファンドではなく「アセットクラス」で差がつく！

ところで、先ほどの日本株ファンド全体を、インデックスとアクティブの区別なしに集計すると、3-11の「日本株」のところにあるような結果が出ます。

3年以上の運用実績があるファンドは574本で（①）、3年リターンが最も高かったファンドは24・1％（②）、最も低かったファンドはマイナス20・2％（③）、リターンの高い順に並べたときにちょうど真ん中に来るファンド（いわゆる「並」のファンド）のリターンは7・9％でした（④）。つまり、574本のファンドの中から1本のファンドを選んだ場合、リターンは「プラス24・1％からマイナス20・2％のどれか」だったことになります。

＊同じく手数料の単純比較のため、「ファンド・オブ・ファンズ形式」で運用するファンドを除いている。

3-9 アクティブ・インデックス別信託報酬とリターン（日本株ファンド・3年）

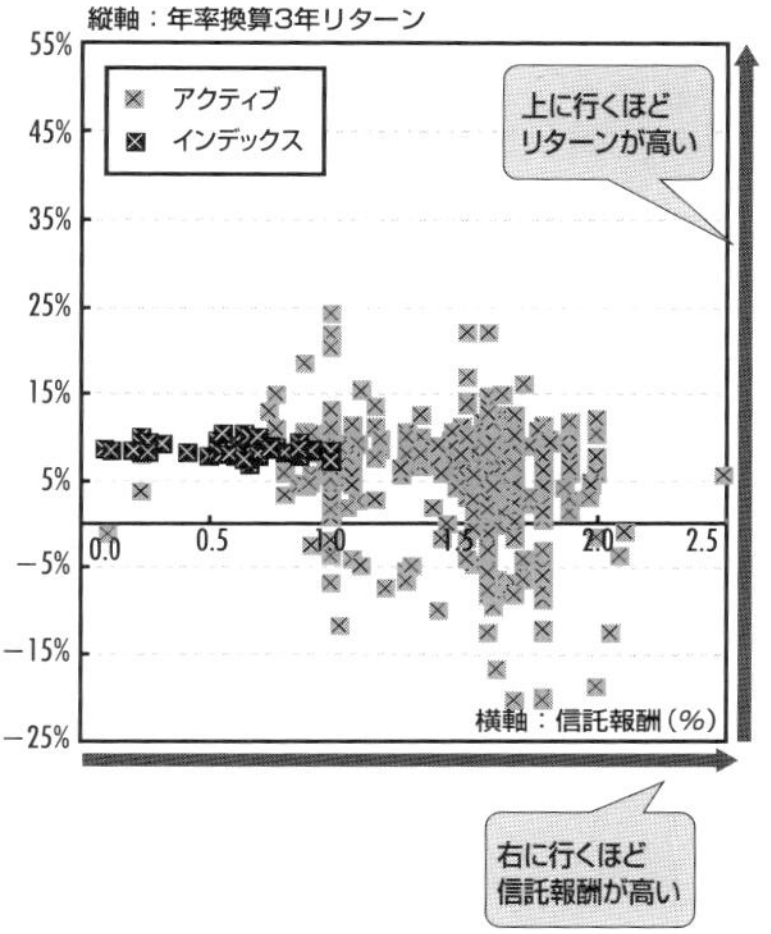


3-10 アクティブ・インデックス別信託報酬とリターン（日本株ファンド・5年）

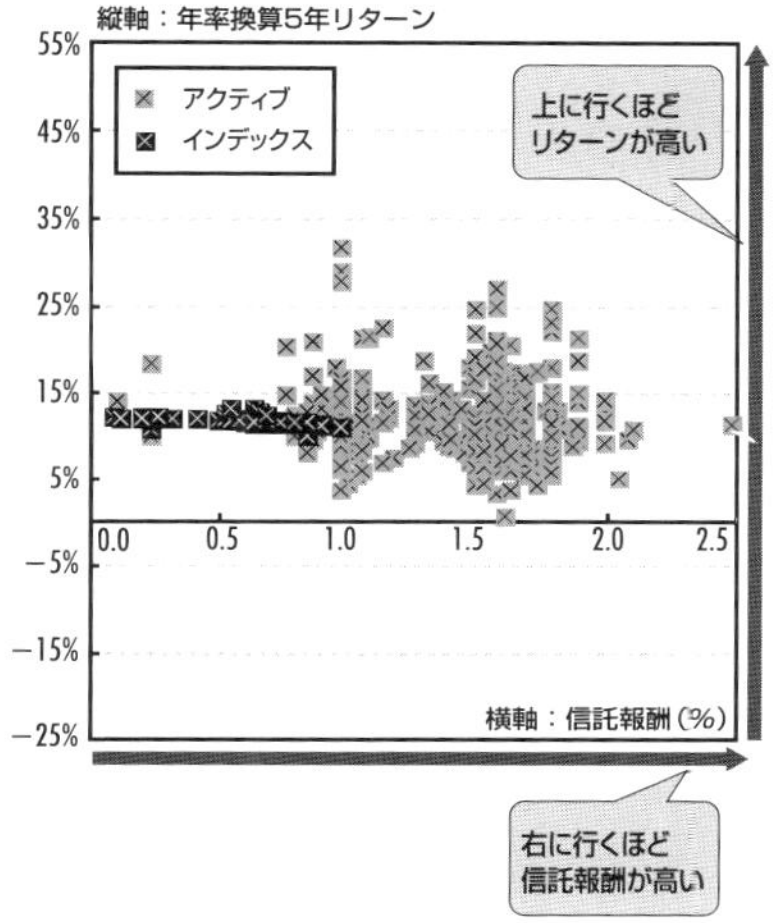


3-11 日本株ファンドとその他のファンドの比較（2008年5月時点）

| | 日本株 3年（%） | 先進国株 3年（%） | 新興国株 3年（%） | 外国債券 3年（%） |
|---|---|---|---|---|
| 最大値 | ② +24.1% | +33.9% | +50.5% | +12.3% |
| 平均値 | +6.1% | +8.9% | +28.3% | +3.7% |
| 中央値 | ④ +7.9% | ⑤ +9.2% | ⑦ +27.1% | +5.1% |
| 最小値 | ③ −20.2% | ⑥ −1.7% | 10.8% | −3.7% |
| 対象ファンド数 | ① 574 | 181 | 51 | 233 |
| マイナスリターンファンド数 | 69 | 1 | 0 | 56 |
| マイナスファンド比率 | 12.0% | 0.6% | 0.0% | 24.0% |

※データ提供:エービック（エービック社のデータを基に著者作成）

ところがこの期間、もし日本株ファンドではなく、先進国株ファンドの中から1本を選んでいたなら、「並」のファンドでも9・2%（⑤）、最低でもマイナス1・7%という結果になっていました（⑥）。さらに新興国株ファンドであれば、「並」のファンドでも27・1%です（⑦）。

つまり、**日本株ファンドの574本の中から最もパフォーマンスのよいファンドを選ぶことができていた場合よりも、新興国株ファンドの「並」のファンドのほうがパフォーマンスがよかったことになりますね**。

これを先ほどと同様に、横軸に信託報酬、縦軸にリターンをとってグラフにしてみると、次ページのようになります。アセットクラスごとに結果を丸で囲んでありますが、あるアセットクラスのファンドの中から1本のファンドを選ぶということは、それぞれのアセットクラスの丸の中から1つを選ぶことになりますね。丸の位置がそれぞれ異なっていますから、例えばこの中から1番リターンの高いファンドを選ぼうとした場合、新興国株ファンドの丸の中から1本を選ぶか、日本株ファンドの中から1本を選ぶかで、だいぶ事情が違ってきます。言うまでもなく、新興国株ファンドの丸の中から選べば、その時点でかなり有利になりますよね。

もちろん、これらのデータが示しているのは過去の実績であり、この先もこうなるということを示すものではありません（特に、ここで使用したデータは直近の、比較的短い期間のデータであり、多くの市場で良好なパフォーマンスが見られた非常に恵まれた時期のもの）。

そこで次の節では、それぞれアセットクラスによる差がどのくらい出るのかを、もっと長い期間に渡って見てみましょう。

3-12 各ファンドの信託報酬と3年リターン

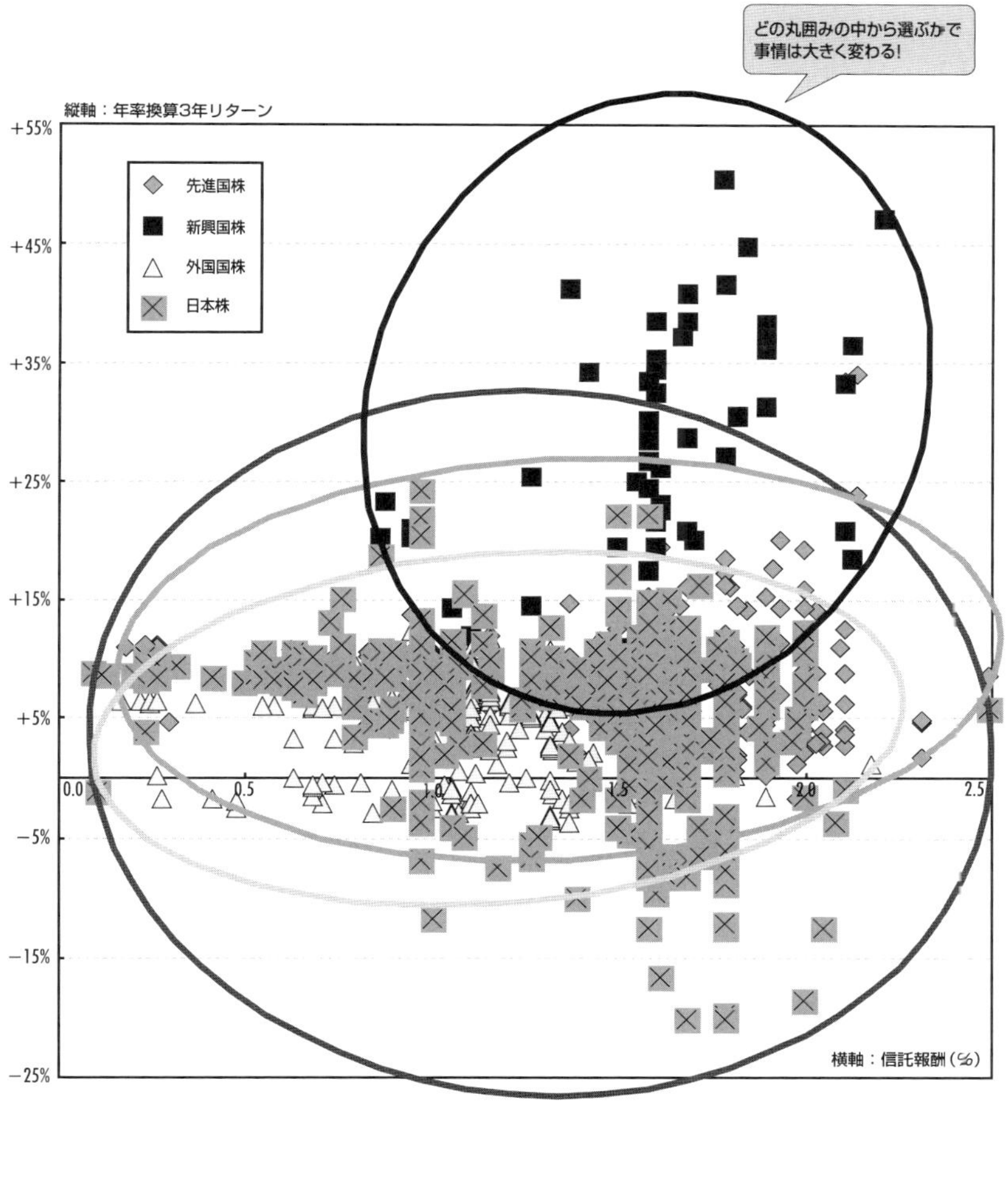

# 08 こんなにも差が出るアセットクラス選び

## 一生懸命ファンドを選んでも…

前節で紹介した期間よりもっと長期間に渡ってデータを取り、アセットクラスごとの違いを円ベースで比較してみましょう。例えば、１９８７年以降の20年を超える期間のうち、どこか10年を選んで「世界株」「世界国債」「日本株」のいずれかに投資した場合、次ページの❶のデータ範囲のいずれかのリターンとなります。

ご覧のとおり、日本株だとどんなによい10年を選んでも年率３・６％のリターンが最大でしたが（❷）、世界国債であれば、どんなに悪い10年を選んでも年率２・７％以上のリターンだったということになります（❸）。また、世界株であれば、並の10年を選んでいても年率８・４％という高いリターンを記録していました（❹）。これを年率換算しない原数値で見ると、それぞれの並の10年のリターンは、日本株がマイナス18・５％（❺）、世界株がプラス１２４・０％（❻）、世界国債もプラス78・８％となっています（❼）。

すると、この並の10年の期間、日本株で運用するファンドの中から必死によいファンドを選んで投資しても、市場自体がそもそもマイナス18・５％のリターンなわけですから、**市場平均**

ドルベースで比較した数値は２４６ページ参照。

**を多少上回るパフォーマンスを上げたとしても、リターンはほとんど期待できませんよね。**「日本株ファンドの中からもっといいファンドを見つけることができていれば！」というより、むしろ「他の資産に投資することも検討すべきだった」ということになります。

|3-13| アセットクラスごと、投資期間ごとのパフォーマンス分析（円ベース）

| 5年 | | 世界株 | 世界国債 | 新興国株 | 日本株 | 日本国債 | 米国株 | 米国国債 | 欧州株 | 欧州国債 |
|---|---|---|---|---|---|---|---|---|---|---|
| 原数値 | 最高値 | +188.7% | +86.1% | +407.9% | +103.1% | +70.7% | +338.4% | +88.5% | +297.2% | +114.6% |
| | 平均値 | +51.0% | +34.8% | +82.9% | +0.2% | +25.5% | +79.5% | +34.9% | +71.6% | +44.0% |
| | 中央値 | +36.1% | +33.4% | +51.7% | −10.8% | +21.5% | +56.2% | +34.8% | +49.3% | +37.7% |
| | 最低値 | −30.9% | −1.3% | −40.4% | −43.4% | +1.2% | −26.5% | −17.8% | −37.9% | −2.9% |
| | 標準偏差 | 58.8% | 15.5% | 101.6% | 35.8% | 17.6% | 94.0% | 21.9% | 73.2% | 26.6% |
| 年率換算 | 最高値 | +23.6% | +13.2% | +38.4% | +15.2% | +11.3% | +34.4% | +13.5% | +31.8% | +16.5% |
| | 平均値 | +8.6% | +6.2% | +12.8% | +0.0% | +4.6% | +12.4% | +6.2% | +11.4% | +7.6% |
| | 中央値 | +6.4% | +5.9% | +8.7% | −2.3% | +4.0% | +9.3% | +6.1% | +8.4% | +6.6% |
| | 最低値 | −7.1% | −0.3% | −9.8% | −10.8% | +0.2% | −6.0% | −3.8% | −9.1% | −0.6% |
| データ数 | | 193 | 193 | 193 | 193 | 193 | 193 | 193 | 193 | 193 |
| マイナス数 | | 52 | 2 | 47 | 123 | 0 | 43 | 9 | 35 | 2 |
| マイナス率 | | 26.9% | 1.0% | 24.4% | 63.7% | 0.0% | 22.3% | 4.7% | 18.1% | 1.0% |

| 10年 | | 世界株 | 世界国債 | 新興国株 | 日本株 | 日本国債 | 米国株 | 米国国債 | 欧州株 | 欧州国債 |
|---|---|---|---|---|---|---|---|---|---|---|
| 原数値 | 最高値 | +227.6% | +143.9% | +458.7% | +41.8% | +102.3% | +536.7% | +161.4% | +420.0% | +180.4% |
| | 平均値 | +121.8% | +83.6% | +106.4% | −11.2% | +56.8% | +223.0% | +93.0% | +176.5% | +98.8% |
| | 中央値 | ⑥+124.0% | ⑦+78.8% | +98.6% | ⑤−18.5% | +56.8% | +209.3% | +93.7% | +171.7% | +101.3% |
| | 最低値 | −22.8% | +30.9% | −2.7% | −47.0% | +13.1% | −33.2% | +30.7% | −16.9% | +30.2% |
| | 標準偏差 | 45.8% | 26.1% | 89.9% | 23.7% | 28.2% | 130.7% | 31.0% | 77.8% | 37.5% |
| 年率換算 | 最高値 | +12.6% | ①+9.3% | +18.8% | ②+3.6% | +7.3% | +20.3% | +10.1% | +17.9% | +10.9% |
| | 平均値 | ① +8.3% | +6.3% | +7.5% | −1.2% | +4.6% | +12.4% | +6.8% | +10.7% | +7.1% |
| | 中央値 | ④+8.4% | +6.0% | +7.1% | ① −2.0% | +4.6% | +12.0% | +6.8% | +10.5% | +7.2% |
| | 最低値 | −2.6% | ③+2.7% | −0.3% | −6.2% | +1.2% | −4.0% | +2.7% | −1.8% | +2.7% |
| データ数 | | 133 | 133 | 133 | 133 | 133 | 133 | 133 | 133 | 133 |
| マイナス数 | | 3 | 0 | 1 | 93 | 0 | 4 | 0 | 2 | 0 |
| マイナス率 | | 2.3% | 0.0% | 0.8% | 69.9% | 0.0% | 3.0% | 0.0% | 1.5% | 0.0% |

| 15年 | | 世界株 | 世界国債 | 新興国株 | 日本株 | 日本国債 | 米国株 | 米国国債 | 欧州株 | 欧州国債 |
|---|---|---|---|---|---|---|---|---|---|---|
| 原数値 | 最高値 | +332.0% | +192.8% | +468.6% | +80.9% | +121.4% | +411.7% | +232.9% | +535.8% | +254.1% |
| | 平均値 | +183.2% | +144.3% | +259.9% | −10.7% | +93.0% | +308.5% | +143.5% | +293.3% | +188.3% |
| | 中央値 | +170.7% | +138.7% | +257.6% | −16.3% | +100.9% | +316.1% | +132.9% | +272.7% | +190.6% |
| | 最低値 | +68.2% | +110.2% | +21.3% | −58.2% | +52.8% | +109.8% | +100.5% | +113.7% | +144.0% |
| | 標準偏差 | 69.6% | 16.5% | 92.9% | 39.1% | 19.9% | 62.9% | 31.6% | 102.4% | 20.4% |
| 年率換算 | 最高値 | +10.2% | +7.4% | +12.3% | +4.0% | +5.4% | +11.5% | +8.3% | +13.1% | +8.8% |
| | 平均値 | +7.2% | +6.1% | +8.9% | −0.8% | +4.5% | +9.8% | +6.1% | +9.6% | +7.3% |
| | 中央値 | +6.9% | +6.0% | +8.9% | −1.2% | +4.8% | +10.0% | +5.8% | +9.2% | +7.4% |
| | 最低値 | +3.5% | +5.1% | +1.3% | −5.7% | +2.9% | +5.1% | +4.7% | +5.2% | +6.1% |
| データ数 | | 73 | 73 | 73 | 73 | 73 | 73 | 73 | 73 | 73 |
| マイナス数 | | 0 | 0 | 0 | 41 | 0 | 0 | 0 | 0 | 0 |
| マイナス率 | | 0.0% | 0.0% | 0.0% | 56.2% | 0.0% | 0.0% | 0.0% | 0.0% | 0.0% |

| 20年 | | 世界株 | 世界国債 | 新興国株 | 日本株 | 日本国債 | 米国株 | 米国国債 | 欧州株 | 欧州国債 |
|---|---|---|---|---|---|---|---|---|---|---|
| 原数値 | 最高値 | +439.8% | +263.0% | +1789.7% | +8.9% | +124.7% | +772.8% | +283.4% | +819.0% | +355.1% |
| | 平均値 | +265.3% | +231.2% | +973.1% | −26.6% | +120.4% | +511.0% | +237.0% | +537.1% | +306.6% |
| | 中央値 | +282.5% | +238.0% | +976.5% | −23.1% | +120.7% | +535.5% | +234.8% | +577.7% | +323.0% |
| | 最低値 | +105.6% | +196.1% | +400.2% | −54.9% | +116.1% | +274.5% | +214.9% | +236.7% | +238.2% |
| | 標準偏差 | 97.2% | 19.6% | 410.2% | 18.6% | 2.9% | 143.0% | 17.0% | 184.2% | 38.8% |
| 年率換算 | 最高値 | +8.8% | +6.7% | +15.8% | +0.4% | +4.1% | +11.4% | +7.0% | +11.7% | +7.9% |
| | 平均値 | +6.7% | +6.2% | +12.6% | −1.5% | +4.0% | +9.5% | +6.3% | +9.7% | +7.3% |
| | 中央値 | +6.9% | +6.3% | +12.6% | −1.3% | +4.0% | +9.7% | +6.2% | +10.0% | +7.5% |
| | 最低値 | +3.7% | +5.6% | +8.4% | −3.9% | +3.9% | +6.8% | +5.9% | +6.3% | +6.3% |
| データ数 | | 13 | 13 | 13 | 13 | 13 | 13 | 13 | 13 | 13 |
| マイナス数 | | 0 | 0 | 0 | 12 | 0 | 0 | 0 | 0 | 0 |
| マイナス率 | | 0.0% | 0.0% | 0.0% | 92.3% | 0.0% | 0.0% | 0.0% | 0.0% | 0.0% |

※データ提供：シティグループ、MSCI（両社のデータを基に著者作成）
※データ期間：1987年12月～2008年12月

もし「日本株のインデックスファンドの中からしか選ばない」というふうに決めていたとしたら、その中のファンドをどれだけ比較し、どれだけの時間と労力をかけて検討しても、選んだファンドのパフォーマンスは、日本株の市場平均パフォーマンスと大差ないものになったはずです。しかし日本株と世界株の差、すなわちアセットクラスごとの差は、それを大きく上回ります。**もちろん、手数料の差より大きな差を生むでしょう。**

今後市場平均に勝つファンドと負けるファンドを見分ける方法は、私にもわかりません。しかし、**「市場平均に勝つファンドと負けるファンドの差」よりも、「ベースとなる市場平均リターンを決めるアセットクラスごとの差」のほうが大きくなることは知っています。**

また、過去数年間市場平均に勝っていたマネージャーが、この後も勝ち続けるかどうかはわかりませんが、長期間にわたる平均気温のデータがある程度の信頼性を持つのと同様に、アセットクラスごとの過去の長期間にわたるデータの特性は、「十分な期間」のもとであれば、ある程度の信頼性を持つと考えています。そして皆さんは、過去のデータを使って、自分が投資するアセットクラスの特性を知り、アセットクラス選びができるはずです。アセットクラス選びは過去データを活用できる分、**ファンド選びよりもずっと簡単で、なおかつパフォーマンスに与える影響も、ファンド選びによる違いよりも大きな効果が期待できます。**

## 時間をかけるのであれば「アセットクラス選び！」と「資産配分」

そう、**時間や労力をかけるのであれば、ファンド選びよりもアセットクラス選びと資産配分**

**●アセットクラス選びとアセット・アロケーション**

本節の内容で言えば、「日本株１００％」と「日本株に10%、世界株に60%、世界債券に40％」では、結果に大きな差がつくことがわかるだろう。

世界株
世界国債
新興国株
米国国債
etc…
どれに何%ずつ配分しようかな？
まずはアセットクラス選びが大事！

**なのです**。まずはアセットクラスを選び、そしてそして各アセットクラスにいくらずつ配分するかというアセット・アロケーションを決め、そしてアセット・アロケーションが決まったら、あとはそれぞれのアセットクラスの中で好きなファンドを選べばよいと思います。手数料が安いファンドを選ぶのも、市場平均以上のリターンに期待してアクティブファンドを選ぶのも、各人の考えと嗜好次第です。その差は、85ページの表のようになると考えればよいだけの話です。

…以上、ここまで「投資金額の考え方」と「資産配分の考え方」についてお話してきました。自分の投資金額について考えることができましたか？　ファンド選びよりもアセットクラス選びと資産配分が大事だということがわかりましたか？　これらを押さえることができれば、ここまではカンペキです。

Column

# 株式投資信託ってなあに？

「株式投資信託」とは、本来「株式を組み入れることが可能なファンド」という意味です（反意語は「公社債投資信託」）。しかし、実際には株式にまったく投資せず、債券のみに投資するタイプのファンドでも、株式投資信託に分類されているのが普通です。

なぜ債券のみに投資する「〇〇債券ファンド」というようなファンドでも、株式投資信託に分類されているのでしょう。

これは、いつでも購入ができる「追加型」の投資信託には、「追加型株式投信」と「追加型公社債投信」の2種類があり、「追加型公社債投信」というのは、「基準価額が1万円を下回っている場合、追加購入を受け入れられない」という不思議なルールがあったことに由来します。

債券のみで運用するファンドも元本割れのリスクはあるわけですから、1万円を下回っている状態でも追加購入を受け入れられるように、そういったルールのない株式投資信託として設計されていたのです。このルールは現在では改正されていますが、実は追加型公社債投信にはもう1つ、「決算時点で、基準価額が元本を上回っている場合、元本を上回っている分は全額分配しなくてはならず、逆に元本を下回っている場合は分配金を出してはいけない」というルールがあり、このルールは未だに残ってしまっています。

こうしたことから、債券のみで運用するファンドでも、使い勝手のいい「追加型株式投信」に分類して設計されることが多く、「追加型公社債投信」に分類されるのは、ほとんどがMMFやMRFです。

よって、「株式投資信託」「株式投信」「株投」と聞いたら、「MRFとかMMF以外のファンドのことだな」と考えておくとよいと思います。

# 第4章

基礎編

# 投資信託ってなあに？

ここからは、いよいよ投資信託の
仕組みについて解説します。
投資信託の仕組みや費用、種類など、
基礎知識をここで一気に学んで下さい。

# 01 投資信託に関わる3つの会社

## 投資信託は3つの会社の契約で構成されている

投資信託というのは「箱」のようなイメージの金融商品。それも、たくさんの人のお金を入れる箱です。みんなのお金を同じ目標の元に集めて箱に入れ、その箱の中のお金から一定の手数料を払い、箱の中のお金の管理人（＝運用のプロ）を雇ってきて、彼らに箱のお金を運用してもらう仕組みです。どういう運用をするかは、箱ごとに異なっていて、投資家は箱のラベルを見て自分に合った箱を選ぶことになります。

皆さんがよく目にする投資信託は「契約型投資信託」と言われるタイプのもの。契約型と対をなすのが「会社型投資信託」で、会社型投資信託の代表はＲＥＩＴです。ＲＥＩＴのみが例外で、それ以外は大体「契約型」だと思っておけば大丈夫です。

なぜ「契約型」と呼ばれるかというと、お金の保管と管理を行う「受託会社」と、実際のファンドの設定と運用を行う「委託会社」の「信託契約」に基づく商品だからです。

そして、信託契約に基づく契約型投資信託を実際に販売しているのが、銀行や証券会社のような「販売会社」です。投資信託に関わる関係会社は、この3つです。

●**ＲＥＩＴ**
→170ページ参照。

4-1 投資信託に関わる3つの会社

| 分　類 | 概　要 | 主な社名 |
| --- | --- | --- |
| 委託会社 | ファンドの設定、運用を行う会社。<br>「運用会社」とも言われる。 | ○○投信<br>△△投信投資顧問<br>□□アセット・マネジメントなど |
| 受託会社 | ファンドのお金の管理・保管・売買の執行を行う会社。<br>「あの銘柄を買ってほしい、売ってほしい」という<br>委託会社の指示のもとに、実際に銘柄の売買を行う。 | ○○信託銀行など |
| 販売会社 | 投資信託の販売や投資家1人1人の口座を管理する会社。<br>投資家の名前や、どのファンドをいくらで買ったかなど、<br>投資家の情報を知っているのは販売会社のみ。 | ○○銀行<br>△△証券など |

この仕組みがわかると、各会社の役割がわかり、ファンドの説明を聞いたときに、それぞれがどういう業務を担当しているかがわかるようになります。

## 委託会社

委託会社は「運用会社」とも呼ばれます。彼らは、まずファンドの設計・企画を行い、「こんな感じの箱を作ろう」とか、「どこそこの株に投資するファンドを作ろう」といったことを考え、それを形にします。

そして「こういう運用をします」というアイデアを、お金の管理を行う「受託会社」との契約にし、それが「信託契約」という形をなすことではじめて実現します。さらに、その契約に基づく投資信託の募集を行うための手続きをとります。通常は販売会社と「販売契約」を交わし、販売会社を通じて、ファンドの販売（募集）を行います。委託会社自らが募集を行うことを「**直販**」と言いますが、直販はあまり多くありません。

●**直販**
委託会社が自ら投資信託の募集を行うこと。ただし直販は多くなく、銀行や証券会社を通じて販売が行われることがほとんど。

## 受託会社

受託会社というのは、ファンドのお金の管理・保管と売買の執行を行う会社です。通常は信託銀行がこの業務を行います。皆さんが販売会社でお金を払い込んで投資信託を購入し、ファンドの箱の中にお金を入れると、そのお金は委託会社に届けられるのではなく、受託会社である信託銀行に届けられ、信託銀行で管理・保管されることになります。**受託会社は「サイフを預かっている人」、委託会社は「サイフを預けている人」というイメージに近いですね。**

委託会社は、受託会社に預けているサイフの中のお金から、「あの銘柄をいくら買ってほしい」「あの銘柄を売って、そのお金をサイフに戻しておいてほしい」という「売買の指示」を行い、受託会社はその売買の執行を行います。また、サイフをしっかりと守っておくのも受託会社の大切な役割です。

## 販売会社

販売会社というのは、いわゆる銀行や証券会社のこと。投資信託の販売や、投資家１人１人の口座を管理する業務を行います。

ファンドの購入を希望する投資家がいたら、販売会社はその人に対して目論見書を交付してファンドの説明を行い、ファンドの購入手続きを行います。また、投資家がファンドを購入した後は、その人がいくらで何口買ったのか、いま何口持っているのかといった、投資家１人１人の情報を記録・管理します。ファンドから分配金が支払われた場合は、投資家１人１人の口座へ入金し、投資家がファンドの換金を希望した場合は、ファンドごとに定められた方法・ル

4-2 委託会社、受託会社、販売会社の関係

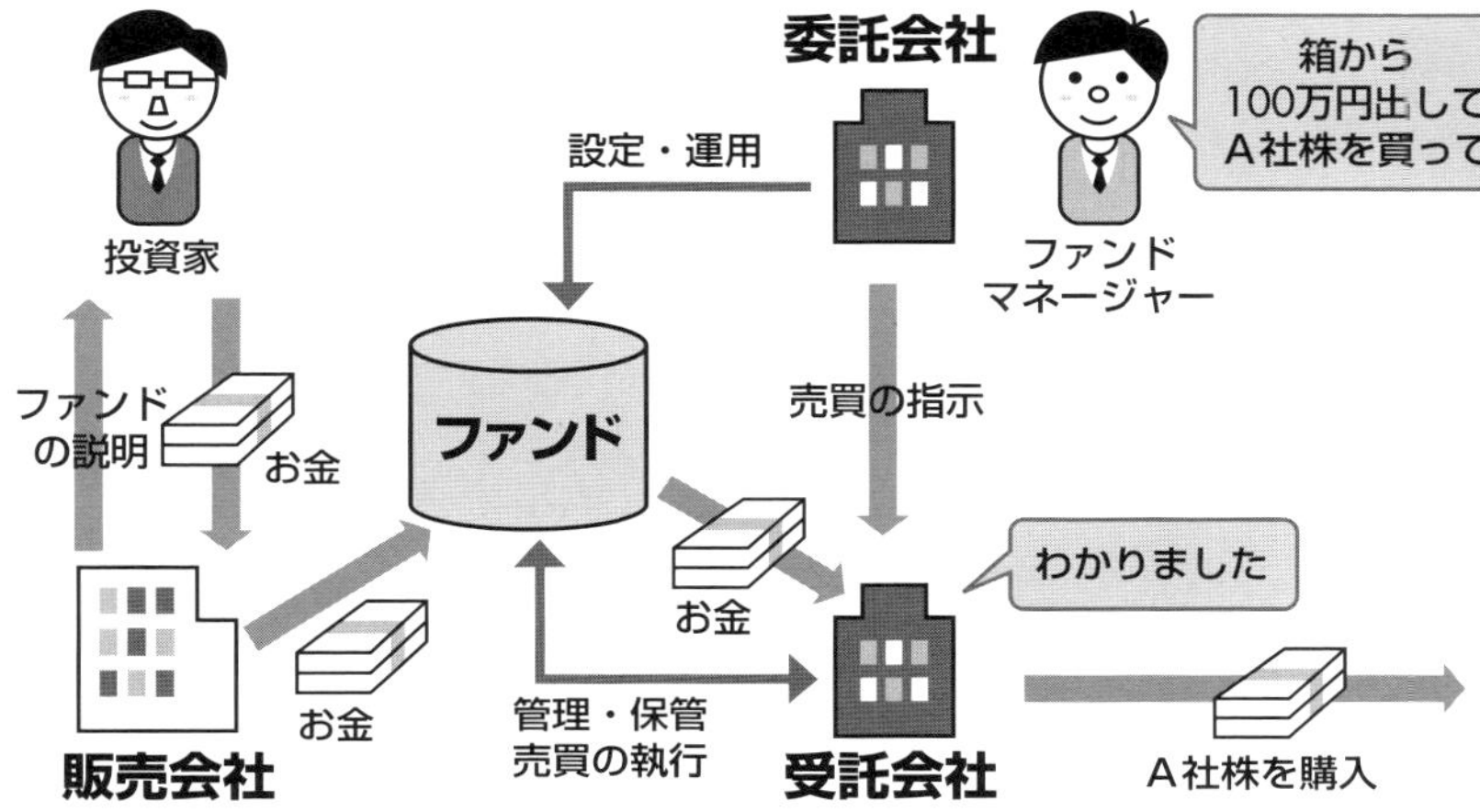


ールに従って換金手続きを受け付け、換金代金を投資家の口座に入金します。

ファンドの購入代金は販売会社ごとにまとめられて、販売会社の名前で受託会社に届けられ、委託会社に通知されます。このため、誰がファンドを購入しているのか、投資家1人1人がそれぞれ基準価額いくらで購入し、何口持っていて、いま儲かっているのか損をしているのか、といった情報を知っているのは販売会社だけです。

基礎編

# 02 投資信託の運営の仕組み

## 購入や換金は「ブラインド方式」で行われる

委託会社は募集を行うための手続きの中で、「こういう運用をします」という内容や、その他ファンドの購入に必要な情報を記載した「**目論見書**」を作成します。この目論見書は販売会社を通じて投資家に交付され、投資家はこの目論見書の内容を読み、販売会社の説明を聞いて、投資判断をすることになります。

また、ファンドの運用期間中、委託会社は、ファンドの運用実績や投資環境、信託財産の内容、売買実績などを記載した「**運用報告書**」を作成し、販売会社を通じてファンドに投資している人（＝**受益者**）に交付します。また、運用報告書を補完し、タイムリーな情報提供を行う目的で、**月報**や**週報**なども委託会社によって作成されています。

委託会社は、箱の中に入っている株や債券などを毎日時価評価して、箱の中身全体の価値を計算し発表しています。このファンド全体の金額、大きさが「**純資産総額**」です。また、箱の中にお金を入れた人（**受益者**）は、入れた金額に応じて、「何口」という形で持ち分を与えられます。この持ち分、すなわち「ファンドの投資家としての地位・権利を表すもの」を「**受益権**」

●**目論見書**
→69ページ参照。

●**月報・週報**
月報や週報は運用会社や販売会社のホームページなどからダウンロードしたり、ファンドを購入している販売会社を通じて入手することができる。

9万円分買います！
今日の基準価額は締め切り後に発表しますね
昨日の基準価額
1万5000円
（前日比
−250円）
僕は換金します！
5万円分！

と言います。また、この持ち分**1口あたり**の単価を「**基準価額**」と言い、純資産総額をファンド全体の口数で割って計算され、委託会社によって毎日発表されます。

発表される基準価額は1日1つだけ。投資信託を購入・換金する際は、この基準価額で取引します。よって、ファンドという箱にお金を入れる人は、「箱に入れる金額÷基準価額」で計算された口数の受益権を得ることになります。また、ファンドからお金を取り出して換金する人は、持っている受益権の中から任意の口数を指定して解約し、「換金する口数×基準価額」で計算された金額を受け取ります。なお、日々の基準価額は、その日の売買が締め切られた後で計算されます。つまり、投資信託を購入したり換金したりする人は、自分が売買する値段を知らない状態で売買をするということ。これを**ブラインド方式**と言います。

**●1口あたり**
ここでは便宜上「1口あたり」と表現しているが、実際には「1万口あたり」で表示されるのが一般的。

基礎編

## 03 基準価額の考え方

### 基準価額は「公平性」を保つためのもの

「ファンドの購入や換金は基準価額で行われる」と言いましたが、なぜ基準価額で取引されるのでしょう。

例えば、ＡさんとＢさんとＣさんがお金を入れて、ファンドを作ったとします。それぞれ５００口、３００口、２００口の受益権を１口あたりの基準価額１万円で購入、合計１０００万円でファンドをスタートさせました（Ｘ）。

この１０００万円の中から９００万円で株を買ったところ、その株が１２００万円に値上がりしました。このときの基準価額はＹのようになります。

３人の受益権の価値は一気に増えましたね。ここでファンドを解散（償還）すれば、ファンド内の純資産総額である１３００万円を、３人でそれぞれの口数に応じて分けて終わりです。

もしここでＣさんだけが「私はここでやめとく」と言った場合、Ｃさんは１口あたりの基準価額１万３０００円で保有している「受益権２００口分のお金」、すなわち２６０万円を取り出すことになります。このとき、**もしＣさんがお金を取り出すときの価格が１万円のままだった**

ら、**Cさんは怒っちゃいますね**。AさんとBさんだけが得をすることになりますから。

また、もしその後Dさんという人が現れて、「私のお金も一緒に入れて！」と言ってきたとして、このときDさんが「みんな1口1万円ではじめたんだよね。だったら私も1口1万円で500口買わせて」と言ったら、3人は「冗談じゃないよ！」と思うはずです。このように、ファンドからお金を取り出すとき、お金を入れるときに「その基準価額で」というのは、**受益者間の公平を保つための措置なのです**。

**X**

| | | | |
|---|---|---|---|
| Aさんの受益権 | 500口 | ① | |
| Bさんの受益権 | 300口 | ② | |
| Cさんの受益権 | 200口 | ③ | |
| **ファンドの受益権の合計** | **1,000口** | ④ | ①+②+③ |

ファンドの純資産総額

| | | | |
|---|---|---|---|
| 現金 | 1,000万円 | ⑤ | |
| 株 | 0円 | ⑥ | |
| **合計** | **1,000万円** | ⑦ | |

| | | | |
|---|---|---|---|
| **ファンドの基準価額** | **1万円** | ⑧ | ⑦÷④ |

受益権の価値

| | | | |
|---|---|---|---|
| Aさんの受益権の価値 | 500万円 | ⑨ | ①×⑧ |
| Bさんの受益権の価値 | 300万円 | ⑩ | ②×⑧ |
| Cさんの受益権の価値 | 200万円 | ⑪ | ③×⑧ |

900万円使って買った株が
1,200万円に値上がり！

**Y**

受益権の内訳

| | | | |
|---|---|---|---|
| Aさんの受益権 | 500口 | ① | |
| Bさんの受益権 | 300口 | ② | |
| Cさんの受益権 | 200口 | ③ | |
| **ファンドの受益権の合計** | **1,000口** | ④ | ①+②+③ |

ファンドの純資産総額

| | | | |
|---|---|---|---|
| 現金 | 100万円 | ⑤ | |
| 株 | 1,200万円 | ⑥ | |
| **合計** | **1,300万円** | ⑦ | |

| | | | |
|---|---|---|---|
| **ファンドの基準価額** | **1万3,000円** | ⑧ | ⑦÷④ |

受益権の価値

| | | | |
|---|---|---|---|
| Aさんの受益権の価値 | 650万円 | ⑨ | ①×⑧ |
| Bさんの受益権の価値 | 390万円 | ⑩ | ②×⑧ |
| Cさんの受益権の価値 | 260万円 | ⑪ | ③×⑧ |

この基準価額で大変多い誤解が「基準価額の高いファンド＝割高」「基準価額が安いファンド＝割安」というものです。これは大きな間違いで、投資判断を誤ることになりかねません。

もしまったく同じ運用をする4本のファンドがあり、そのファンドの基準価額が左ページのXのようになっていたとします。あなたはどのファンドを買いますか？　ファンドAですか？

**実はこれら4本のファンドはどれを買っても同じで、「どれを買ったらお得」ということはありません。** また、この1年前にファンドAを買った人とファンドBを買った人では、どちらの人のほうが儲かっているか？　と言えば、その答えもまったく同じです。

もう1本ファンドを加えて実際に確かめてみましょう。Yを見て下さい。運用をスタートした時期の違う、まったく同じ運用をする5本のファンドがあったとします。どのファンドも基準価額1万円からスタートしていますね。各年の全ファンド共通の運用成績は左から2列目。どのファンドも各年の全ファンド共通の運用成績を反映し、基準価額が動いています。あなたが今、２００2年にいるとしたら、先ほどのXのファンドの基準価額と同じになっていますね。どのファンドを買うのがお得でしょう。

…と言ってもなかなか選べないでしょうから、ファンドAからファンドDまで4本全部を１００万円ずつ買っちゃいましょう。するとこの１００万円はZのように推移していきます。

いかがですか？　**まったく同じですね。すべて同じ運用成果になっています。**

**このように「基準価額が今いくらなのか」「基準価額が今どのくらいの水準にあるのか」というのは、投資判断には何の役にも立ちません。** 基準価額が８０００円だから割安、２万円だから割高ということもありません。現在の基準価額が８０００円であっても、６０００円で買った人は儲かっています。現在の基準価額が２万円であっても、２万５０００円で買った人は損をしています。また、現在の基準価額が８０００円、購入した基準価額が９０００円であっても、これまでに受け取った分配金の合計が２０００円あったなら、その人は利益が出ている状態になります。ここはとても重要なポイントです。何度も読んでしっかり理解して下さい。

**X**

| | ファンドA | ファンドB | ファンドC | ファンドD |
|---|---|---|---|---|
| 基準価額 | 7,028 | 9,371 | 11,025 | 10,000 |

**Y**

| 年 | 成績 | ファンドA | ファンドB | ファンドC | ファンドD | ファンドE |
|---|---|---|---|---|---|---|
| | | 運用スタート | | | | |
| 1998年 | | 10,000 | 運用スタート | | | |
| 1999年 | -25% | 7,500 | 10,000 | 運用スタート | | |
| 2000年 | -15% | 6,375 | 8,500 | 10,000 | | |
| 2001年 | +5% | 6,694 | 8,925 | 10,500 | 運用スタート | |
| 2002年 | +5% | 7,028 | 9,371 | 11,025 | 10,000 | |
| 2003年 | +10% | 7,731 | 10,308 | 12,128 | 11,000 | |
| 2004年 | +15% | 8,891 | 11,855 | 13,947 | 12,650 | |
| 2005年 | -10% | 8,002 | 10,669 | 12,552 | 11,385 | |
| 2006年 | +20% | 9,602 | 12,803 | 15,062 | 13,662 | 運用スタート |
| 2007年 | +10% | 10,562 | 14,083 | 16,569 | 15,028 | 10,000 |
| 2008年 | -5% | 10,034 | 13,379 | 15,740 | 14,277 | 9,500 |

**Z**

2002年にそれぞれ
100万円ずつ投資すると…

| 年 | 成績 | ファンドA | ファンドB | ファンドC | ファンドD |
|---|---|---|---|---|---|
| 1998年 | | | | | |
| 1999年 | -25% | | | | |
| 2000年 | -15% | | | | |
| 2001年 | +5% | | | | |
| 2002年 | +5% | 100 | 100 | 100 | 100 |
| 2003年 | +10% | 110 | 110 | 110 | 110 |
| 2004年 | +15% | 127 | 127 | 127 | 127 |
| 2005年 | -10% | 114 | 114 | 114 | 114 |
| 2006年 | +20% | 137 | 137 | 137 | 137 |
| 2007年 | +10% | 150 | 150 | 150 | 150 |
| 2008年 | -5% | 143 | 143 | 143 | 143 |

まったく同じように推移する!!

# 04 投資信託の5つのメリット

## 少額でも手軽に世界中に投資できる！

ここでは、投資信託の５つのメリットを紹介していきます。

### ①少額でも手軽にはじめられる！

通常、投資をする際はある程度まとまった資金が必要です。また、**デリバティブ**市場や短期金融市場など、大口の機関投資家しか参加できない市場もたくさんあります。しかし投資信託なら、その多くが1万円程度から買うことができ、また1万円の投資資金でも、そうした大口資金専用市場への投資はもちろん、様々な国の様々な資産に手軽に投資することができます。

さらに、原則としていつでも購入・追加購入・解約・一部解約をすることが可能ですし、1万円程度から、毎月自動積み立てのように定時定額購入できるファンドもたくさんあります。

### ②少額でも分散投資ができる！

投資信託は、同じ目的のみんなのお金を1つの箱に集めてまとめて運用するので、少額の投資金額でも、大規模な投資や**分散投資**が可能です。例えば50の銘柄に分散投資する場合、1銘柄あたりの平均額が20万円程度だったら、50銘柄に分散投資をするには、１０００万円もの資

**●デリバティブ**
株や債券、金利、通貨など、様々なものを将来一定の条件で売ったり買ったりする契約のこと。「金融派生商品」とも訳され、リスクを増やしたり減らしたり交換したりするために用いられる。

**●分散投資**
文字通り投資対象を分散させること。例えば、株式ファンドが1銘柄2％ずつ50銘柄の株に分散投資をすれば、もしそのうちの1社が倒産して株が紙くずになってしまっても、投資金額全体への影響は2％で済む。

4-5 たった1万円でも…

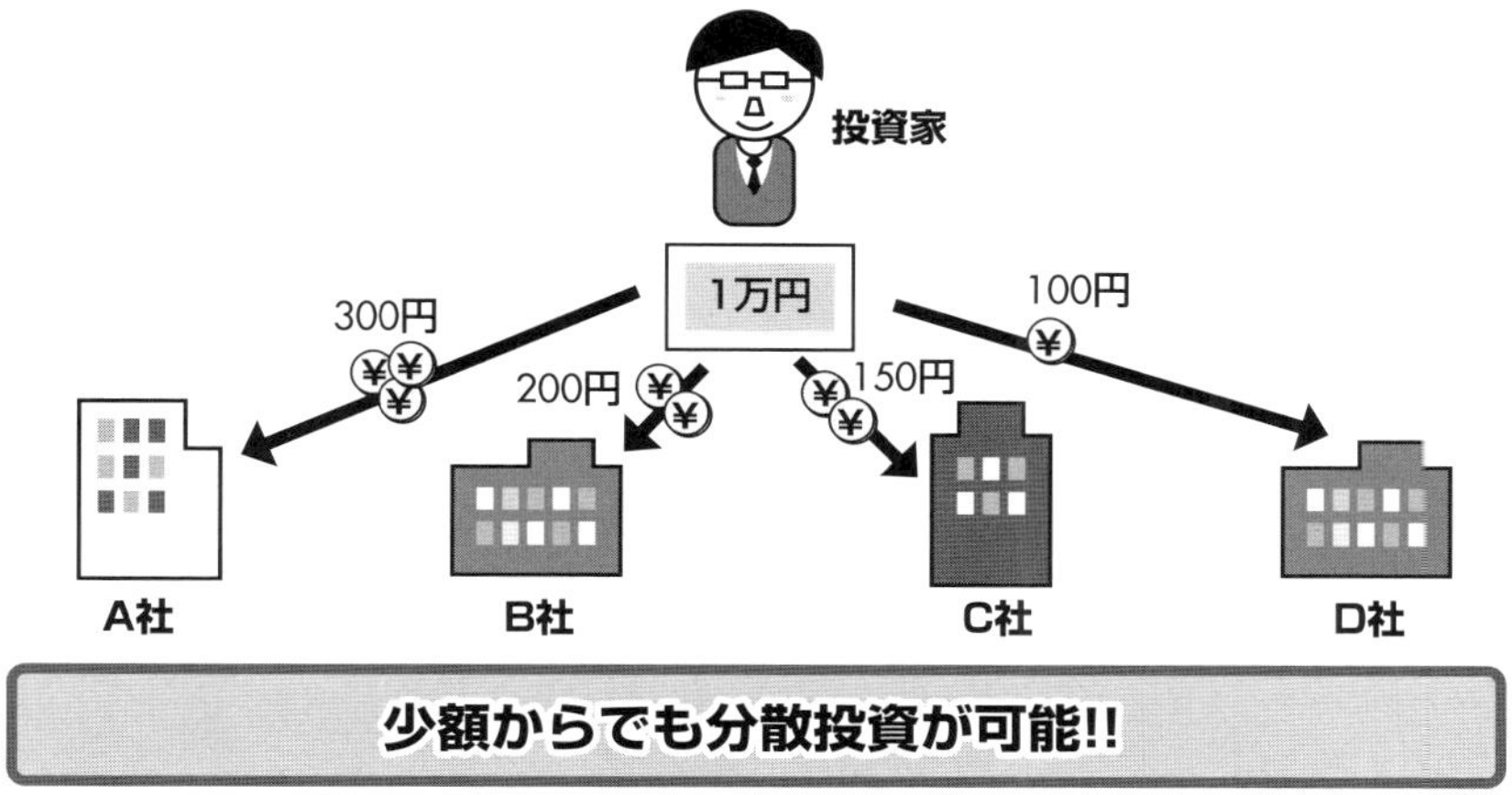


金が必要。しかし、投資信託はみんなのお金をまとめて一緒に運用するので、たとえ1万円であっても、例えば300円はA社の株、200円はB社の株、150円はC社の株というように、1万円の**ポートフォリオ**をたくさんの銘柄に少しずつ分散することが可能です。

### ③個人投資家ではアクセスの難しい市場にも投資できる!

世界には魅力的な株式市場や債券市場がたくさんありますが、現地での口座開設や現地の言語で書かれた資料の分析など、そうした市場への投資を個人レベルで行うことは簡単ではありません。また、外国人からの投資を原則として認めていないような国もあり、このような場合は個人で投資すること自体が不可能です。しかし投資信託を使えば、こうしたアクセスの難しい市場であっても、近所の銀行や証券会社、インターネットなどから簡単に投資できます。

**●ポートフォリオ**
「運用資産全体」を指す言葉。「ポートフォリオの構成」と言った場合は、運用資産がどういう構成になっているかという意味になる。

### ④専門家が運用・管理してくれる！

投資信託を利用すれば、知識や経験がない人でも、専門家の力を使って投資を行うことができます。これは経済分析や企業調査などを行って銘柄選択をする「アクティブ型」の運用だけでなく、市場平均指数に連動させる「インデックス型」の運用でも同様です。

株式の売買にはコストや税金が発生しますし、適切なタイミングでの売買やトラブルへの対処など、個人レベルで市場平均に連動した投資成果を実現するのは大変難しいことです。その点、投資信託を通じて投資をすれば、日々の市場の動向や制度の変更などをモニターしたり、投資対象国の政治・社会情勢や経済動向などを毎日注視し続けたり、投資対象銘柄に発生したトラブルを把握したり、資金や証券などの管理をしたりなど、面倒な運用・管理業務をすべて専門家に委ねることが可能になります。

### ⑤機関投資家の情報を活用できる！

投資情報の中には、広く世の中に向けて開示される情報以外にも、様々な機関から機関投資家向けにのみに配信される情報が数多くあります。投資対象国の現地拠点スタッフによる企業訪問調査や現地状況情報、専門家によるそれらの分析情報なども同様です。このように、個人と機関投資家では、投資に関する情報の質と量に圧倒的な差があるのです。しかし投資信託を通じて投資を行えば、そうした機関投資家の投資情報を活用した投資が可能になります。

友人から「どういう投資をしてるの？」と聞かれ、「中国とかインドとか、世界中の株を買っ

てるよ」と答えると、「すごいねー。中国とかインドとかさっぱりわからないからなー。」みたいなことをよく言われます。これは大きな誤解です。**私は、わからないからこそ投資信託を買っているんです。**

私だって中国やインドの会社なんてろくに知りません。もちろん、インドや中国のよい銘柄を探すことなんてできませんし、ましてや投資したあとに毎日その銘柄の値動きをチェックしたり、現地の情報を逐一追いかけたりもできません。そんなことをやらないで済むように投資信託を使い、それを人任せにするために手数料を払っているんです。せっかく投資信託を買うのであれば、投資信託のメリットを活用したいものですね。

基礎編

# 05 ファンドの種類を知ろう！

## この言葉、どんな意味？

ここからは、投資信託の世界に存在する様々なファンドの種類を紹介していきます。ただし、これから紹介することを全部覚える必要はありません。皆さんが実際にファンドを選ぶ際に、「○○型って書いてあるけどこれってどういう意味なんだろう」「他のとどう違うんだろう」と疑問に思ったら、ここに戻ってきて読み直して下さい。

### 株式投資信託と公社債投資信託

株式投資信託は、本来の定義は「株式を組み入れることが可能なファンド」のこと。ただし、実情はそうとは限らないので、「**MMF**や**MRF**以外のファンド」と考えておくとよいでしょう。一方公社債投資信託は、「株式を一切組み入れることができないファンド」のこと。ＭＭＦやＭＲＦがこれに該当します。

### 追加型（オープン型）と単位型

「追加型（オープン型）」はいつでも購入できるタイプの投資信託。「単位型」は定められた期間しか購入できないタイプの投資信託です。

**●株式投資信託**
→90ページを参照。

**●MMF**
元本の安定性と流動性を重視したファンド。通常、国内の短期金融市場で運用される。また、購入後30日以内に解約すると、信託財産留保額（手数料のようなもの）を引かれることが多い。

**●MRF**
MMFよりもさらに流動性と安全性を高めたファンド。証券会社の決済用口座として使われる。MMFと異なり、通常は30日以内の解約でも信託財産留保額が引かれることはなく、いつでも出し入れが可能。

| | |
|---|---|
| **株式投資信託** | 本来の定義は「株式を組み入れることが可能なファンド」だが、実情はそうとは限らないので、「MMFやMRF以外のファンド」と覚えておくとよい |
| **公社債投資信託** | 株式を一切組み入れることができないファンド。MMFやMRFなどのこと |

| | |
|---|---|
| **追加型（オープン型）** | いつでも購入できるタイプのファンド |
| **単位型** | 定められた期間しか購入できないタイプのファンド |

| | |
|---|---|
| **オープンエンド型** | いつでも解約できるタイプのファンド |
| **クローズドエンド型** | ファンドの中からお金を取り出すことができないファンド<br>REIT(不動産投資信託）がその代表例。<br>取引所などで投資家同士で売買して購入・換金する |

## オープンエンド型とクローズドエンド型

「オープンエンド型」はいつでも解約できるタイプのファンド。１口あたりの解約価額で、ファンドの中からいつでもお金を取り出すことができます。

一方「クローズドエンド型」は、ファンドの中からお金を取り出すことができないタイプのファンド。ＲＥＩＴがその代表例で、通常は証券取引所に売買されているファンドを他の投資家との間で売買することで購入・換金しているため、ファンドの購入価額や売却価額は必ずしもファンドの１口当たりの純資産額である「基準価額」とは一致しません。

なお、**ＥＴＦ**は大口のみがオープンエンド型、小口がクローズドエンド型となっており、機関投資家以外の個人投資家にとってはクローズドエンド型のファンドと言えます。

**●ＥＴＦ**
Exchange Traded Fundの略。「イーティーエフ」と読む。詳しくは１１０ページを参照。

## 国内投信と外国投信

「国内投信」は日本の法律に基づいて作られた日本籍のファンドのこと。一方「外国投信」は外国の法律に基づいて作られた外国籍のファンドのことです。外国投信の国内販売にあたっては、国内投信同様に様々な規則や条件があり、それらをクリアしたものが販売されます。

## 通貨建て

投資信託を購入・解約する通貨、基準価額が表示される通貨のことです。国内投信は通常円建て、外国投信は円の他、様々な通貨で設定されます。米ドル建てのファンドであれば、基準価額は米ドルで表示され、購入する際は米ドルを用意して購入し、換金時には米ドルで解約代金を受け取ることになります。

## ファンド・オブ・ファンズ

株や債券に直接投資するのではなく別の投資信託に投資し、その投資信託を通じて株や債券に投資するタイプのファンドのこと。国内投信では実現するのが難しい、または日本からの投資が難しい国への投資を行う際などに用いられる手法です。また、外国の受託会社を活用したり、海外の制度を活用したり、海外で実績のある外国投信を部分的に活用したり、それらを日本の投資家が国内投信の形で購入できるようにするなどの目的で使われることが多いです。

投資家が直接購入するファンド・オブ・ファンズの費用のほかに、間接的に投資する投資先ファンドの費用がかかります。

「手数料を二重取りされるファンド・オブ・ファンズを買ってはいけない」という批判も多い

4-7 ファンドの種類②

| | |
|---|---|
| 国内投信 | 日本の法律に基づいて作られた日本籍のファンド |
| 外国投信 | 外国の法律に基づいて作られた外国籍のファンド |

| | |
|---|---|
| 通貨建て | 投資信託を購入する通貨、基準価額が表示される通貨を指す<br>国内投信は通常円建て、外国投信は円の他、様々な通貨で設定される |

| | |
|---|---|
| ファンド・オブ・ファンズ | 株や債券に直接投資するのではなく別の投資信託に投資し、<br>その投資信託を通じて株や債券に投資するタイプのファンド |

ですが、ファンド・オブ・ファンズ向けに提供される投資対象ファンドは、**通常のものより手数料を安く設定してあることが多いです。**

また、ファンド・オブ・ファンズを設計する運用会社は、「投資対象ファンドの手数料」と「ファンド・オブ・ファンズの手数料」を合計したトータルコストについて、国内競合ファンドのコストと比較しながら設計することが多いため、一概に「二重取りだから手数料負担が多い」とは言えません（通常の直接投資型のファンドのほうが高くなる場合もある）。

よって、同種の運用を行うファンド・オブ・ファンズ型のファンドと直接投資型のファンドがあった場合、ファンド・オブ・ファンズの投資先ファンドのコストも合計した実質的な信託報酬合計と、直接投資型のファンドの信託報酬を比較して考えればよいと思います。

**●ファンド・オブ・ファンズの手数料**
ファンド・オブ・ファンズが投資対象ファンドを購入する場合、「販売手数料」は通常かからない。ファンド・オブ・ファンズの投資家が間接的に負担するのは、おもに保有期間中にかかる信託報酬や成功報酬などの費用になる。

基礎編

# 06 ETFってなあに？

## 株と同じように取引される「ETF」

投資信託の中には、アクティブファンドやインデックスファンドのような、いわゆる普通の運用を行うファンドの他に、「**ETF**」と呼ばれるファンドがあります。ここでは、そのＥＴＦについて紹介していきます。

「ＥＴＦ」とは、**株のように証券取引所で売買される投資信託のことです**。ＥＴＦにおいて、通常の投資信託のような**設定**や**解約**をできるのは機関投資家のみ。一般投資家は、取引所で他の人から買って購入し、他の人に売って換金することになります。よって、売買価格は「基準価額」とは限りません。「売買時に成立した価格」での取引です。

投資信託の取引価額である基準価額は１日に１つだけですが、ＥＴＦの取引価格は取引の都度決定されるため、日中の市場の動きも反映します。また当該市場が閉まっているときにも、人々の思惑や予想を反映して、任意の価格で取引されます。

取引所で他の投資家と売買をして購入・換金をするため、取引量の小さいＥＴＦの場合、任意のタイミングや価格で購入できない場合や、上場廃止・償還になる場合もありますので、そ

●**設定**
ファンドにお金を入れること。

●**解約**
ファンドからお金を取り出すこと。換金すること。

の点は注意が必要です。また、株と同様に**指値注文・成行注文**も可能ではありますが、取引量の少ないETFを成行で注文すると、とんでもない価格で買い付けたり、とんでもない価格で売ることになったりしてしまうケースもあります。

**●指値注文（さしねちゅうもん）**
自分の好きな値段、任意の値段で売買する注文方法。その価格で売買する人がいなければ成立しない。

**●成行注文（なりゆきちゅうもん）**
「いくらでもいいから買う」「いくらでもいいから売る」という注文方法。指値注文より売買が成立しやすい。

4-8 ETFと普通のファンドの違い

| | ETF | 普通のファンド |
| --- | --- | --- |
| 運　用 | 基本的に指数連動型の運用を行う（速動率が低いETFもある） | インデックスファンドは指数に連動することを目指し、アクティブファンドは指数を上回る投資成果を目指す |
| 個人投資家の取引方法 | 株と同じ（外国で上場しているETFなら、外国の証券取引所に上場している個別株を買うのと同じ） | 株とは異なる |
| 買えるところ | 基本的に証券会社のみ | 証券会社、銀行、ゆうちょ銀行など |
| 買い方 | 証券会社を通じて証券取引所にアクセスし、証券取引所で他の誰かが売ってくれる受益権を買う<br>つまりあなたが買ってもファンド全体の受益権の口数は増えない | 販売会社を通じてファンドにお金を入れ、入れたお金に見合った受益権を持つ<br>つまりあなたが買うと、ファンド全体の受益権の口数は増える |
| 取引価格の決まり方 | 売る人と買う人の合意価格で取引される<br>基準価額とは別。株と同様に指値注文も成行注文も可能 | 1口あたりの純資産で計算された基準価額で取引される |
| 基準価額の位置付け | 1口あたりの純資産価値ではあるが、取引価格とは別。基準価額で売買するわけではない | 1口あたりの純資産価値であり、取引価格でもある。購入する人も解約する人も原則としてこの価格で取引する |
| 取引価格の値動き | 取引時間中変動する | 取引価格は1日1つ |
| 取引価格の決定方法とタイミング | 指値注文も成行注文も可能<br>成立した時点で取引価格がわかる<br>取引時間中、リアルタイムで取引できる | ブラインド方式であり、注文時点で自分の売買価格はわからない。価格は当日もしくは翌日の夕方決定される |
| 最低投資金額 | 銘柄によってまちまち | 通常は1万円から |
| 通貨 | 外国上場ETFなら外国通貨<br>例えばアメリカ上場のETFならドル建て、香港上場なら香港ドル建て。決済代金は自分で外貨に変えて払い込む<br>基準価額もその通貨で表示される | 国内投信なら基本的に円建て<br>円で買い、基準価額も円で表示される |
| ファンドの資産の出し入れをする人 | 基本的に機関投資家だけ | 誰でも可。ファンドを買う人はファンドの中にお金を入れ、ファンドはそのお金で株などを買う。解約も同様 |
| 信用取引 | 可 | 不可 |
| 信託報酬 | 一般的に普通のファンドよりも安いことが多い | 一般的にETFよりも高いことが多い |
| 信託財産留保額 | 売買する一般投資家は払わない | かかるファンドもある |
| 購入時・換金時の手数料 | 基本的に株と同様。買うとき、売るとき、どちらも手数料がかかる。証券会社や取引方法、注文方法などによって手数料は異なる | ファンドごと、取扱販売会社ごとに異なる<br>ノーロードと呼ばれる販売手数料なしのファンドもある。解約手数料を取られるファンドは稀 |

基礎編

# 07 投資対象や運用スタイルの違いを知ろう①

## どこに着目する？　どう運用する？

ここでは、投資対象の運用スタイルの違いについて、株と債券にわけて解説していきます。以前言ったとおり、ここで紹介することを一生懸命覚える必要はありません。投資信託をはじめたときの「手引き」として活用して下さい。

### 株①　グロースとバリューとインカム

「グロース」とは、株の銘柄選択の際に、「成長性」に注目した銘柄選択を行う投資スタイルのこと。たとえ割高であっても「成長性がある」と考えれば投資をするスタイルです。一方「バリュー」とは、「割安度」に注目した銘柄選択を行うスタイルのこと。たとえ成長が見込めなくとも、割安であれば投資をするスタイルです。最後の「インカム」は、「配当利回り」に注目した銘柄選択を行うスタイルを指します。

### 株②　大型株と小型株

「大型株」とは、時価総額の大きな株のこと。小型株に比べると値動きが安定していることが多いです。信用リスクや流動性リスクは、小型株に比べて相対的に小さい傾向があります。

**●グロース／バリュー／インカム**
グロースとバリューの双方に注目した銘柄選択を行うタイプのファンドや、割安で配当利回りの高い銘柄に注目した銘柄選択を行うなど、それぞれを組み合わせたタイプのファンドもある。

4-9 投資対象や運用スタイルの違い（株）

| | |
|---|---|
| グロース | 株の銘柄選択の際に、「成長性」に注目した選択を行うこと |
| バリュー | 株の銘柄選択の際に、「割安度」に注目した選択を行うこと |
| インカム | 株の銘柄選択の際に、「配当利回り」に注目した選択を行うこと |

| | |
|---|---|
| 大型株 | 時価総額の大きな株。小型株に比べると値動きが安定しており、市場平均に近い動きをすることが多い |
| 小型株 | 時価総額の小さな株。大型株に比べると値動きが大きく、市場平均と違う動きをすることも多い |

一方「小型株」は、時価総額の小さな株のこと。大型株に比べると値動きが大きく、市場平均と違う動きをすることも多いです。信用リスクや流動性リスクは、大型株に比べて相対的に大きい傾向があります。大雑把に言って、大型株よりも小型株のほうがハイリスク・ハイリターンだと考えておけばいいと思います。

### 債券① 国債と社債

国債は国が発行する債券で、国の借金。社債は会社が発行する債券で、会社の借金です。国債のみに投資するのか、社債などにも投資するのかで、リスクが異なります。

一般的に社債は国債に比べてリスクが大きいため、そのリスクに応じた高いリターンが期待されます。

### 債券② デュレーション

「デュレーション」とは、金利変化に対する債券価格変化の感応度を表す指標のこと。債券価格は金利が上がると下がり、金利が下がると上がるもの。デュレーションが長い債券ほど、この変化の幅が大きくなります。こうしたデュレーションを長めに保つのか、短めに保つのか、機動的に変更するのかで、運用スタイルは異なります。

### 債券③ イールド

「イールド」とは、債券の利回りのこと。短期間のローンより長期間のローンのほうが金利が高いのと同様に、通常は期間の短い債券ほど利回りが低く、期間の長い債券ほど利回りが高くなります。この通常状態のことを「**順イールド**」の状態といい、期間の短い債券のほうが利回りが高くなる状態のことを「**逆イールド**」と言います。こうしたイールドの違いをどう生かすかによって、運用スタイルが異なってきます。

### 債券④ 格付（信用リスク）

債券にはＡＡＡ（トリプルエー）やＡ－（シングルエーマイナス）、ＢＢ＋（ダブルビープラス）のように、格付会社による格付が付与されることが多いです。こうした格付は債券の信用度合い、つまり「借金の利払いが予定通りに行われる見込み」や、「債券の満期時に元本がきちんと償還される可能性（貸したお金が返ってくる可能性）」を表しており、債券ファンドがこうした信用リスクをどの程度まで取るのかを知る目安になります。

ハイリスク・ハイリターン、ローリスク・ローリターンの原則通り、信用リスクの高いハイ

4-10 投資対象や運用スタイルの違い（債券）

| | |
|---|---|
| 国債 | 国が発行する債券。一般的に社債に比べてリスクが小さい |
| 社債 | 会社が発行する債券。一般的に、国債に比べてリスクが大きい |
| デュレーション | 金利変化に対する債券価格変化の感応度を表す指標のこと<br>デュレーションが長い債券ほど、金利の変化による<br>価格変化が大きくなる |
| イールド | 債券の利回りのこと。通常の順イールドの状態では、<br>期間の短い債券ほど利回りが低く、<br>期間の長い債券ほど利回りが高くなる |
| 格付（信用リスク） | 格付会社による信用力評価のこと。格付の低いハイリスクな債券ほど高いリターンが期待される。ちなみにスタンダード＆プアーズの格付では、信用度が高い順に、AAA、AA＋、AA、AA－、A＋、A、A－、BBB＋、BBB、BBB－……CCC、CCC－、CCとなっている |

リスクな債券ほど高いリターンが期待されますが、この信用リスクをどこまで取るかは重要な課題です。ＡＡＡの債券にしか投資しないのか、「投資適格債券」とされるＢＢＢ－以上のみに投資するのか、「投資不適格」「投機的格付」と呼ばれるＢＢ＋以下の債券にも投資をするのかは、ファンドによって異なります。自分が取りたいリスク、取れるリスクに合ったものを選べばよいと思います。

以上、運用のスタイルの違いについて説明しました。３章で紹介したアセットクラスの違いほどではありませんが、各ファンドの運用方法やスタイルの違いは、投資成果に差を生む要素となりえます。自分に最も合った運用スタイルを確立するようにして下さい。

「ハイ・イールド債」といった場合には、通常、ＢＢ+以下の投機的格付けの債券を中心に運用することを指す。

# 08 投資対象や運用スタイルの違いを知ろう②

## まだまだあるぞ！　その他のファンドやスタイル

ここでは、その他のファンドの種類や運用方法をざっと紹介しておきます。

### 元本確保型ファンドとリスク限定型ファンド

元本確保型のファンドというのは、満期償還時に「元本を確保できるように設計された」ファンドのこと（元本保証ではない）。ファンドによって種類は異なりますが、リターンの見返りに必ず何らかのリスクを取っており、そのリスクが顕在化した場合には、満期時にも元本が確保されない可能性があります。また、途中換金時には元本は確保されず、時価での解約となりますが、一般的には元本割れとなる場合が多いです。

一方リスク限定型ファンドというのは「一定の条件のもとでリスクが抑えられるように設計された」ファンドのこと。こちらも「リスクがないファンド」ではなく、元本確保型ファンドと同様に、元本割れの可能性もリスクもありますから注意が必要です。

### レバレッジ

ファンドで借り入れを行ったりして、ファンドの資産規模以上の投資を行うこと。当然、ハ

**●元本確保、リスク限定**
「満期時の元本確保」「限定されたリスク」という、投資に似合わない不自然なものを提供するためには、それ相応のリスクを取っていると考えるべき。これらを「ローリスク／ハイリターン」「リスクのほとんどない商品」「まず元本割れはしない商品」などと考えるのは適切ではない。

4-11 投資対象や運用スタイルの違い（その他）

| | |
|---|---|
| 元本確保型ファンド | 「元本を確保できるように設計された」ファンドのこと。<br>元本保証ではないので注意 |
| リスク限定型ファンド | 「リスクを抑えられるように設計された」ファンドのこと。<br>リスクがないファンドではないので注意 |
| レバレッジ | 借入や信用取引を活用したりして、<br>ファンドの資産規模以上の投資を行うこと |
| ショート | 空売りをすること。対義語は「ロング」 |
| ブル型／ベア型 | ロングとショートを選ぶタイプのファンド。<br>「ブル型」はロング、「ベア型」はショート |
| オルタナティブ投資 | 株や債券のロングではなく、それ以外の手法で投資すること |

イリスク・ハイリターンになります。

**ショート**

空売りをすること。空売りをするため、投資対象が値上がりすれば損失となり、値下がりすれば利益となります。対義語は「ロング」で、こちらは「買い持ち」の状態のこと。

**ブル型／ベア型**

ロングとショートを選ぶタイプのファンド。ブル型はロング、ベア型はショートになっており、市場が上がると思えばブル型を買い、市場が下がると思えばベア型を買うことになります。レバレッジがかかっているファンドが多いです。

**オルタナティブ投資**

株や債券のロングではなく、それ以外の手法で投資をすることです。

**●元本確保型**
確定拠出型年金、いわゆる日本版４０１ｋの中で目にする「元本確保型商品」とはまったく意味が異なるので注意。確定拠出型年金の「元本確保型商品」は、元本が法律などで保証されているもので、預金保険がついた銀行の預金を指す。

**●オルタナティブ投資**
一時的にゆがんだ市場価格が将来的に適正価格に戻ることに賭ける裁定取引(アービトラージ取引)やディストレスト（ジャンク債と呼ばれる信用力の低い企業の社債への投資）など、様々な種類の投資戦略がある。「ヘッジファンド」の特徴のひとつに、こうしたオルタナティブ投資を行う点が挙げられる。

# 09 投資信託にかかる費用

## 投資信託に必要な諸費用

ここでは投資信託にかかる費用を、費用発生のタイミング別に紹介します。

投資信託のコストというのは「未来のことはわからない」投資の世界において、例外的とも言える「確実に発生するもの」です。

同じ内容のファンドなら、費用が安いに越したことはありません。また、費用に差がある2本のファンドのうち「費用が高いほうのファンド」を選ぶなら、**「その差を払う分の価値があるのか」「費用分の差があるのか」という視点で考えてみることも大切だと思います。**

費用は安いほうが当然よいわけですが、「安ければそれでよい」というものでもありません。高い費用がかかっても、そのコストに見合うリターンを得られるならまったく問題ありませんし、逆に費用がどんなに安くても、リターンを得られないならただの払い損です。

費用の詳細は次ページの表を参照して下さい。なお、ここで紹介したものの他、（設定しているファンドの数は多くありませんが）解約時に「解約手数料」がかかるファンドや、ファンドの運用実績に応じて「成功報酬」がかかるファンドもあります。

4-12 投資信託にかかる費用（タイミング別）

| 名称 | 費用発生のタイミング | 概要 |
| --- | --- | --- |
| 販売手数料 | 購入時 | ・ファンドの購入金額に手数料率を乗じた金額で、ファンドの購入時に販売会社に支払うもの。なお、購入金額によって手数料率が変わる場合や、ファンドによっては販売手数料のかからないファンド（ノーロードファンド）もある<br>・同じファンドでも、購入する販売会社によって手数料率が異なる場合があるので要注意 |
| 信託報酬 | 保有期間中 | ・純資産総額に信託報酬率を乗じて計算され、1日分が日々徴収される。なお、基準価額は信託報酬を差し引いた後の純資産に基づいて計算されるため、信託報酬差し引き後の数字となる<br>・運用期間中ずっと負担する費用である |
| その他の費用 | 保有期間中 | ・有価証券や為替の取引手数料<br>・監査報酬・保管費用・税金<br>・ファンド・オブ・ファンズの投資対象ファンドの費用<br>（これらは直接負担ではなく、発生の都度実額が信託財産から差し引かれて、間接的に負担する） |
| 信託財産留保額 | 購入時・換金時 | ・ファンドの購入時／換金時に発生する有価証券や為替の取引手数料、税金を充当するためのお金（委託会社や販売会社や受託会社が得るものではない）。<br>・信託財産留保額の有無に関わらず発生する有価証券や為替の取引手数料、税金の負担方法を定めるもの（有の場合はこれらの手数料、税金は購入・換金をした人が自分で負担、無の場合はこれらをファンド保有者全員で負担）<br>・一般的に、ファンドを長期保有するなら有のほうが有利 |

基礎編

# 10 関係会社が破綻したらどうなるの？

## ファンドの信託期間と繰上償還

ここでは、ファンドの信託期間と繰上償還、そして関係会社が破綻した場合の措置について解説していきます。

ファンドの信託期間というのはファンドが償還され、運用を終了し、信託財産を投資家に返金するまでの期間のことです（「無期限」に設定されているファンドもある）。

あらかじめ定められた信託期間の前に償還されることを「繰上償還」といいます。繰上償還は、ファンドの規模が小さくなりすぎてしまったときなどに取られる措置。「ファンドのサイズが○億口を下回った場合は運用に支障が出ますので償還します」といったようなことが信託約款に書いてありますので、目論見書などで確認して下さい。

**ファンドの繰上償還の可能性を推測するには、「純資産総額のサイズ」が1つの目安となります。**設定されたばかりのファンドは別として、ファンドの設定後何年も経っているのに、ファンドのサイズが小さいままの場合、「繰上償還をされる可能性があるな」と考えておいたほうがいいと思います。「どのくらいのサイズだと小さいと考えるか」ですが、**10億円ないし30億円く**

**●すべての関係会社が破綻したら？**
投資信託に元本保証はないが、関係会社がすべて潰れた場合でも、受益者の資産はそのときの「時価」できちんと守られる仕組みになっている。

4-13 関係会社が破綻したら…

| | |
|---|---|
| **販売会社が破綻した場合** | 販売会社は「自己の固有財産」と「投資家から預かっている信託受益権」を「分別管理」することが義務付けられているので、受益権は守られる。また、「投資信託振替制度」という制度があり、投資しているファンドを他の販売会社に安全に移管することが可能なので、移管可能な販売会社がある場合には、ファンドを移管してそのまま保有し続けることができる |
| **委託会社が破綻した場合** | 委託会社は運用の指図は行うが、実際の資金は受託会社（信託銀行）が管理しているため、お金はきちんと守られる。この場合、他の委託会社に運用が引き継がれるか繰上償還されることになるが、他の委託会社に運用が引き継がれた場合は、そのまま保有し続けることができる |
| **受託会社が破綻した場合** | 販売会社と同様、「信託契約」に基づいて投資家から預かった資金を分別管理することが義務付けられている。よって、受益権はきちんと守られる。この場合、他の信託銀行に受託業務がそのまま移されるか、繰上償還されることになるが、他の信託銀行に引き継がれた場合には、そのまま保有し続けることができる |

**らいをひとつの目処にするとよいのではないでしょうか。**

「上場しているETFは繰上償還がないから安心。長く保有できます」などと説明している本もありますが、これは間違い。**ETFには繰上償還も上場廃止もありえます。**小さいETFや商いの薄いETFは、上場廃止・繰上償還のリスクがあると考えたほうがよいでしょう。このためETFの場合は、ファンドの純資産総額に加えて、日々の出来高（売買高）もチェックする必要があります。

ETF以外の通常の投資信託で、販売会社や委託会社、受託会社などが万が一破綻してしまった場合でも、投資信託財産は制度的に守られていますが、繰上償還となることはありえます。どの会社が破綻したらどうなるかは、表を参考にして下さい。

**●ETFの上場廃止**
日本のETFは歴史も浅く、本数もあまり多くないが、すでに何本かのETFが上場廃止・繰上償還されている。「受益者数が100人未満」という上場廃止基準に該当してしまうのが主な上場廃止の理由。

**●ETFのリスク**
特に出来高が少ないETFを成行注文で発注したりすると、とんでもない値段で買い付けてしまうケースがある。また日々の取引が少ないファンドの場合は、いざ売ろうと思っても、買い手がいなくて売れないというケースもあるので要注意。

基礎編

# 11 為替リスクと為替ヘッジってなあに？

## 株価が上がったのに損した…なぜ？

海外の株や債券に投資する場合には、**為替変動のリスク**を取ることになります。例えば１ドル＝１００円で、１万円を使って１００ドルの株を買ったとします。もしこの株の値段が１１０ドルに上がったら、円換算で１万１０００円になるはず。…というのは、１ドル＝１００円のままだった場合だけです。もし１ドル＝80円になっていたら、株価が値上がりしたにもかかわらず、円に戻すと８８００円に値下がりしてしまいますよね。これが為替変動リスクです。

海外に投資するファンドの場合、ファンドによっては「為替ヘッジありコース」と「為替ヘッジなしコース」を選択できる場合があります。

為替ヘッジというのは、**こういう為替レートの変動による基準価額の動きをなくそうとするもの**で、保険料を払って保険みたいなものを買っておいて、買ったときと同じ値段で円に戻せるようにしておく措置のこと。例えば、１ドル＝１００円でドルを買ったときに、「１ドル＝１００円でドルを円に戻す権利」を保険として買っておいて、もし円高になって１ドル＝80円なんてことになっても、買っておいた保険で１ドル＝１００円で円に戻そう、という具合です。

**●基準価額と為替**
投資した先の国の通貨に対して円高になれば、円に換算して時価評価した基準価額は下がることになり、逆に円安になれば基準価額は上昇する。つまり円高＝基準価額の下落、円安＝基準価額の上昇となる。

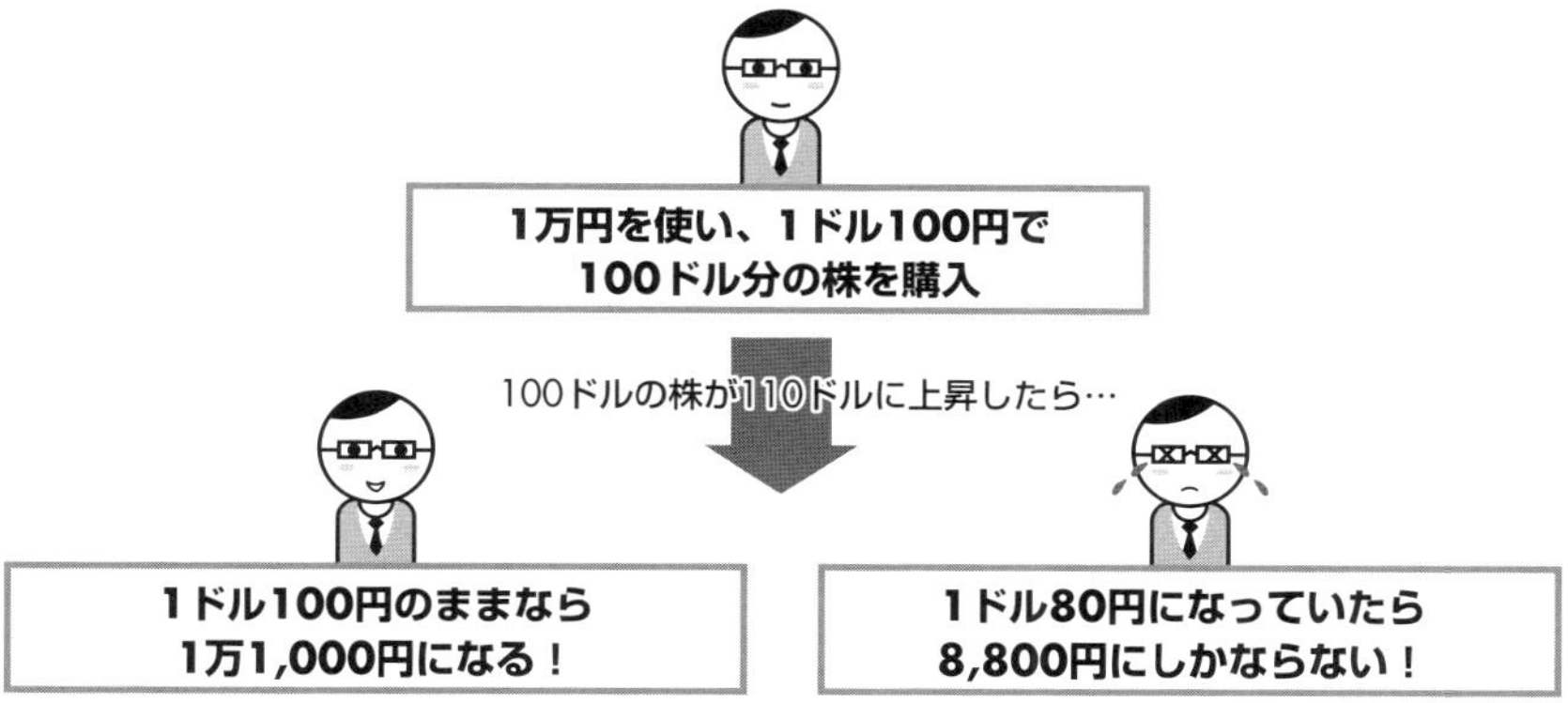
1万円を使い、1ドル100円で
100ドル分の株を購入
100ドルの株が110ドルに上昇したら…
1ドル100円のままなら
1万1,000円になる！
1ドル80円になっていたら
8,800円にしかならない！

「それは便利！　だったらみんな為替ヘッジかければいいのに」と思いますよね。でも、世の中にそんなにうまい話はなくて、ヘッジには「ヘッジコスト」という手数料がかかります。そしてこのヘッジコストというのは**一般的には金利差分に相当するんです。**

例えば金利が０・５％の日本の債券ではつまらないので、金利が５％もあるオーストラリアの債券に投資するとしましょう。このときの豪ドルのレートが1豪ドル＝１００円だったとして、1万円を使って１００豪ドル分の債券を買いました。また円高になってしまうといけないので、将来1豪ドル＝１００円で円に戻す保険を買い、為替ヘッジをかけておいたとします。

すると１００豪ドル分買った債券は、1年後に５％のクーポンが入ってきて１０５豪ドルに。実はその間、世の中では1豪ドル＝70円の円高になっていましたが、為替ヘッジをかけておいたおかげで、1豪ドル＝１００円で円に戻すことができます。

為替ヘッジをかけておいたおかげで、1年後に1万円が1万500円になりました。めでたしめでたし…**というわけにはいきません。**実はここで、為替ヘッジのための手数料、「ヘッジコスト」が差し引かれるんです。ヘッジコストというのは「金利差分」ですから、オーストラリアの金利5%から日本円の金利0・5%を引いた「4・5%」がヘッジコストということになります。

100豪ドル分のヘッジコストですから4・5豪ドル。もちろん投資する時点でヘッジをかけますから、4・5豪ドル×100円で、450円がヘッジコストです。すると1万500円から450円が引かれて、残るのは1万50円。**つまり、金利0・5%の日本で運用していたのと変わらない結果になってしまいました。**

これはよく考えてみれば当たり前のこと。リターンというのは必ずリスクに応じて得られるものですから、リスクを放棄すればリターンも放棄することになるんです。

この場合、為替ヘッジをかけることで「為替リスクを取らない」ようにしたわけですから、海外の5%もの金利の国に投資し、「為替リスクを取ることで得られたリターン」も放棄することになります。

**リスクというのは、投資の世界ではリターンの源泉です。**この場合も、円高になれば損をしてしまいますが、円安になれば儲けが出ます。

ですから、「為替ヘッジのあり・なし」で迷ったら、投資先の国の通貨が今後上がっていくと考える（＝円安）なら「ヘッジなし」を、投資先の国の通貨が今後下落すると考える（＝円高）なら「ヘッジあり」を選択すればよいと思います。

基礎編

# 12 毎月分配型ファンドは損なの？ 得なの？

## 「分配金」は「一部解約」と同じ！

「毎月分配型」と呼ばれる毎月分配金が支払われるタイプのファンドや、隔月あるいは四半期に一度分配金が支払われる「**多分配型**」と呼ばれるファンドが人気を集めています。

しかし、分配金の多寡ばかりが注目されたり、「分配金が多いファンド＝パフォーマンスがいいファンド」のように誤解されたりしている傾向が見られ、これは大きな問題だと思います。

投資信託の分配金というのは、**基本的に一部解約と同じです**。例えば、１００万円分の投資信託を持っていたとして、この１００万円とは別に「毎月5万円もらえる」という類のものではなく、１００万円の中から5万円が支払われ、投資信託95万円分と5万円分の現金になるというだけの話です。**ありがたいものでも、嬉しいものでもありません**。もちろん、投資成果やパフォーマンスを示すものでもありません。多分配型のファンドというのは、「しょっちゅう自動的に一時解約をするファンド」なのだと考えればよいと思います。

投資信託というのは一部解約が可能ですから、保有している投資信託の一部を解約して現金化できますよね。解約と分配の差は、好きなときに好きな分だけ自分で解約手続きをとって解

**●多分配型ファンド**
「隔月分配型／年６回分配型」「四半期分配型／３ヶ月分配型」などのファンドがある。

**●分配金と分配型ファンド**
「投信の分配金＝自動一部解約」「毎月分配型ファンド＝毎月自動一部解約ファンド」と理解しておくとよい。

約するか（＝解約）、決算日に運用会社が決めた分配金額を受け取るか（＝分配）だけの違いです。良し悪しや損得のレベルの話ではありません。毎月少しずつ解約する・しないは自由ですし、毎月少しずつ解約していたら、資産が増えていくペースが遅くなるだけの話です。

また、分配金の受け取りには「**分配金受取コース**」と「**分配金再投資コース**」というものがありますが、これも考え方は同じ。「分配金」という名目で解約した現金を受け取ってしまうか、支払われた分配金の**税額控除後**の金額を再投資して、同じ投資信託を買い付けるかの違いです。

ではここで、年1回しか分配がないファンドと、毎月分配型のファンドのそれぞれに、100万円を「分配金再投資コース」で投資した場合の投資成果の違いを比べてみましょう。

## 「増やしたい」か「目減りさせたくないか」で考える！

毎月分配型の場合、毎月のリターンを分配金として支払うことで利益が実現してしまい、その利益に対して毎回税金がかかります。このため、税金を引かれた後の金額を無手数料で再投資しても、分配を行わなかった場合に比べて、税金のロス分だけ資産が増えるペースが遅くなります。**年1回の分配のほうが、明らかに資産増加のペースが速いです。**

このように、資産を毎月取り崩して使う必要がなく、資産をどんどん増やしていきたいという人にとっては、分配回数や分配金額の少ないファンドを選んだほうが、税金のロスが少ない分メリットが大きいと言えます。ただしそうでない人、つまり「お金を増やしたい」のではなく、「いざ使うときにお金の価値を目減りさせたくない人」「保存しながら少しずつ取り出して

**●分配金受取コースと分配金再投資コース**
この両者の取り扱いは、同じファンドでも購入する販売会社によって異なる。両方選べる販売会社も片方しか選べない会社もあるので、購入する販売会社で確認すること。

**●投資信託の税金**
分配でも解約でも、現金化して受け取った部分が利益だった場合、利益に対しては税金がかかる。よって利益を現金化した場合、受け取るのも再投資するのも、税金を差し引かれた後のお金となる。所得区分は、分配金は「配当所得」、換金は「譲渡所得」。

4-15 年1回の分配と毎月分配の資産増加

| | ファンドA | ファンドB | ファンドA | ファンドB |
|---|---|---|---|---|
| 月次リターン | 0.4% | | | |
| 決算・分配 | 年1回 | 毎月 | 年1回 | 毎月 |
| 決算時分配率 | 1% | 0.4% | 1% | 0.4% |
| 税率 | 10% | | 20% | |
| 1年後 | 105万円 | 104万円 | 105万円 | 104万円 |
| 5年後 | 127万円 | 125万円 | 126万円 | 122万円 |
| 10年後 | 161万円 | 155万円 | 160万円 | 148万円 |
| 15年後 | 205万円 | 193万円 | 202万円 | 180万円 |
| 20年後 | 260万円 | 241万円 | 255万円 | 219万円 |

※ファンドAは月次リターン0.4%（年率5%相当）で、年1回決算型のファンド
※ファンドBは月次リターン0.4%（年率5%相当）で、毎月分配型のファンド

| | ファンドC | ファンドD | ファンドC | ファンドD |
|---|---|---|---|---|
| 月次リターン | 0.8% | | | |
| 決算・分配 | 年1回 | 毎月 | 年1回 | 毎月 |
| 決算時分配率 | 1% | 0.8% | 1% | 0.8% |
| 税率 | 10% | | 20% | |
| 1年後 | 110万円 | 109万円 | 110万円 | 108万円 |
| 5年後 | 160万円 | 154万円 | 160万円 | 147万円 |
| 10年後 | 257万円 | 236万円 | 255万円 | 215万円 |
| 15年後 | 412万円 | 363万円 | 407万円 | 315万円 |
| 20年後 | 659万円 | 559万円 | 650万円 | 461万円 |

※ファンドCは月次リターン0.8%（年率10%相当）で、年1回決算型のファンド
※ファンドDは月次リターン0.8%（年率10%相当）で、毎月分配型のファンド

使っていきたい人」であれば、冷蔵庫に味噌を保存しておいて、少しずつ取り出して使っていくようなものですから、「分配」であれ「換金」であれ、取り出すこと自体は別に悪いことでも何でもありませんし、損でも得でもありません。よくも悪くもない「自動一部解約機能付のファンド」ということになると思います。

## 正しい理解が大切！

毎月分配型のファンドというのは、とかく賞賛・批判されがちですが、一概によい・悪いは言えません。**一番よくないのは「分配」を誤解した状態で、本来の自分のニーズに合っていないファンドを選んでしまうことです。**投資信託の分配金がどういうものなのかを理解し、ニーズに合ったファンドを選ぶようにして下さい。

# 13 投資信託の税金はどうなるの？

## 税金は「利益」のみにかかる！

ここでは、投資信託にかかる税金について解説します。**投資信託の税金は「利益」に対してのみかかります**。分配でも換金でも同じです。現金化して受け取った部分が利益だった場合、利益が実現したことになりますので、実現した利益に対して税金がかかることになります。

逆に、利益でない部分の現金化は、ただの元本取り崩しですから、税金はかかりません。こういう利益ではない分配金、儲かっていない分配金を「**特別分配金**」と言います。一方、税金のかかる「儲け」の実現部分の分配金を「**普通分配金**」と言います。

例えば、1万円で買ったものが2万円になっていて、このうちの１０００円を換金したら、これは「儲け」を現金化したことになりますね。この場合はもちろん税金がかかります。また、1万円で買ったものが2万円になっている状態で、１０００円の分配金が出た場合も、１０００円の現金と1万９０００円の投資信託に分けたことになり、１０００円部分は儲けを現金化したことになりますから、実現した利益の１０００円に対して税金がかかります。

では1万円で買ったものが1万１０００円になっていて、このうちの３０００円を分配金と

4-16 投資信託の税金（目安）

| | |
|---|---|
| **特別分配金** | 元本の取り崩しのように、「儲け」でない部分の分配金のこと |
| **普通分配金** | 「儲け」の実現部分の分配金のこと |
| **個別元本** | ファンドを保有する受益者ごとの取得元本のこと。<br>一部解約をしたり特別分配金が出るたびに修正される |

して受け取った場合はどうなるでしょう。この場合、１０００円は利益の実現ですから税金がかかりますが、残りの２０００円分は、元本の一部取り崩し部分ですから特別分配金になり、税金はかかりません。

　なお、特別分配金を受け取った後は、購入した価格（**個別元本**という）が、「受け取った特別分配金の金額」分下がります。

　つまりこの場合、１万円（当初買った最初の個別元本）から２０００円（受け取った特別分配金）を引いた８０００円が、修正後の「個別元本」ということになります。よって、８０００円のここから９０００円に上昇したとして、このときに５００円の分配金を受け取った場合は、８０００円が個別元本、つまり購入した価格ということになっていますから、この５００円の分配金は利益の実現ということになり、税金がかかります。

**●個別元本**
「儲かっているか損をしているか」の判断に使われる指標。この個別元本を上回った部分が「利益」として認識され、課税される。一部解約をしたり特別分配金が出るたびに修正される。

Column

# インデックスってなあに？

私の少年時代、聞いてもまったくイメージのわかない言葉ナンバー1は「ダウ」でした。大人になって、「ダウは日経平均株価の親戚みたいなものだ」と聞いて拍子抜けしたものです。しかも、「ダウ・ジョーンズ社」という会社名から来ていると知ったときは、「そんなもんだったのか」と、何とも言えない物足りなさすら感じました。

さて、そんな日経平均株価やダウ平均株価というのは、「株価指数」とか「インデックス」と呼ばれています。インデックスは日本語で「指数」のこと。指数というのは、「捉えにくいものの動きを捉えるための数字」だと考えるとわかりやすいと思います。

例えば、ある国の株式市場でたくさんの銘柄が取引されていて、それぞれがバラバラな値動きをしていたとします。この市場が1年前と比べて、「全体としてどう変化したのか」を知るにはどうしたらいいか？「市場全体の今の状態」を数値化し、同じ方法で数値化した「1年前の数字」と比べてみればよいのです。こうすることで、小さいことは置いておいて、「全体としてざっくりと捉えたらどうか」という比較が可能になります。指数というのは、こういう「捉えにくいもの」を数値化し、比較するために用いられます。消費者物価「指数」なんていうのもそうですね。世の中には値上がりするものも値下がりするものもあるけど、「世の中全体としてモノの値段はどうなったのか」というのが、消費者物価指数を比べればわかります。

日経平均やＴＯＰＩＸというのは、「様々な株が取引される日本の株式市場全体を数値化したもの」。ダウ平均株価というのは「アメリカの株式市場を数値化したもの」です。インデックスって、イメージはわきにくいですけど便利ですね。

第5章

基礎編

# 株と債券の違い

運用の柱は何と言っても「株」と「債券」。
株と債券の特徴をしっかり理解していれば、
たとえ他の資産のことを知らなくても十分運用できるほどです。
ここで、株と債券の基本をきちんと理解しましょう。

01

基礎編

# 株と債券の根本的な違いって？

## 債券は借金の証書、株はオーナーの証書

「債券」とは、簡単に言うと「自由に売買できる借金の証書」のこと。一方の「株」は、「株主（会社のオーナー）としての立場を示す証券」のことです。

**企業の債券を買う＝企業にお金を貸してあげること**

**企業の株式を買う＝企業のオーナーになること**

これが株と債券の違いで、大変重要なポイントとなります。

債券というのは「借金」ですから、**商売の状況に関係なく、約束の返済日が来たら、企業はきちんと返済しなければなりません。**例えば年率３％、償還日が3年後の社債を１０００万円分買ったとすると、借金の金利として毎年30万円ずつのクーポンが支払われ、3年後に１０００万円が返済されて、１０９０万円になるはずです。もちろん、会社が倒産したりしたらお金が返ってこないこともありえますが、それでも株式に比べると、債券はお金を回収できる可能性がずっと高くなります。

では、株はどうか。株式を買って株主になるということは、「会社のオーナーになる」という

**●債券**
債券には「国債」と「社債」があるが、国のオーナーになることはできないので、「国が発行する株式」はない。

**●企業の利益**
売上から様々なコストや借金の金利も引いたあとの残りが会社の利益。よって、株の配当金より債券のクーポンや借金の金利の支払いが優先される。

5-1 株と債券の違い

| 債　券 | 株　式 |
|---|---|
| ・債券は借金<br>・債券のリターンの基本はクーポン（借りたお金で商売がうまくいっても、決められた金利以上払う必要はない）<br>・償還日の前に売却する場合は時価となるが、株ほど価格の上下動はない<br>・リターンにはある程度の上限がある（クーポン+売却時の値上がり益）<br>・元本は基本的に元本のまま返ってくる<br>・万一の場合、株主のお金より優先的に返ってくる<br>・通常の借金同様、金利を払ってもらえなかったり、お金が返ってこない可能性もある | ・オーナーとしての権利、会社の利益を受け取る権利を表すもの<br>・リターンに上限はない（償還もないのでずっと配当をもらう権利があり、配当金も株価もいくらでも上がる可能性がある）<br>・借金ではないので、期限が来たら返してもらえるというものではない<br>・万一の場合は、借金を返して「残った分」のみが株主の分となる（最悪の場合はゼロにもなりうる）<br>・以上の特徴から、株価の値動きは債券の値動きに比べてずっと大きくなる |

ことであり、「会社にお金を貸す」わけではありませんから、**期限が来たら返してもらえるというものではありません**。

一方、会社が人を雇って給料を払い、お金を借りて金利を払ったあとの「儲け（=利益）」は、オーナーである株主のものです。

お金を返してもらう約束はありませんが、稼いだ儲けの一部を「配当金」としてもらい続ける権利と、会社を清算したときに、借金を返したあとの残り資産から持分をもらえる権利があるというのが「株式」です。会社の利益が増えれば、「配当金」も、「株主としての権利を譲る際の価格（株価）」も、いくらでも上がる可能性があります。**このような特徴から、株式は債券に比べて「ハイリスク・ハイリターン」になるのです。**

# 02 株と債券のリターンとリスク

## 実際のパフォーマンスを見てみよう！

株への投資と債券への投資で、実際にどのくらいの差があるのかを見てみましょう。

例えば皆さんが、「アメリカに投資しよう」と考えたとします。投資信託ではまず「アセットクラス選び」が大切ですから、最初に考えるべきは「アメリカの債券」に投資するか、「アメリカの株式」に投資するかということになりますね。ここで、次ページの折れ線グラフを見て下さい。**グラフの動きを見てみるだけでも、債券は株に比べてローリスク・ローリターン、株は債券に比べてハイリスク・ハイリターンとなっているということがわかると思います。**

米国債はあまり上下に大きく変動せず、途中じわじわと動きながら、１９８５年から２００８年までの約24年をかけて6・5倍ほどになりましたが、米国株は途中大小の様々な波があり、大きく上下している時期もありますが、同期間で9倍ほどに達しています。

また、投資の「リスク」を示す「リターンのバラつきの大きさ」ですが、バラつきの大きさを示す「標準偏差」を見比べても、米国債より米国株のほうが数値が大きい（バラつきが大きい）、すなわちハイリスクであることがわかると思います。

**●アメリカの債券**
アメリカの債券に投資する場合、アメリカ政府が発行する国債のみに投資するのか、企業が発行する社債にも投資するのかで異なる。ただし、債券運用の基本になるのはやはり国債での運用なので、ここでは国債で考えることにする。

**●表についての注意点**
表は現地通貨のドルベースで見ている（円で表示してしまうと、株と債券の特徴が見えにくくなってしまうため）。円から投資する場合には、円と米ドルの為替変動リスクがあるため、ここで示したデータよりもリスクが高くなる。

## 5-2 1985年1月を「100」とした場合の米国債と米国株のパフォーマンス（米ドルベース）

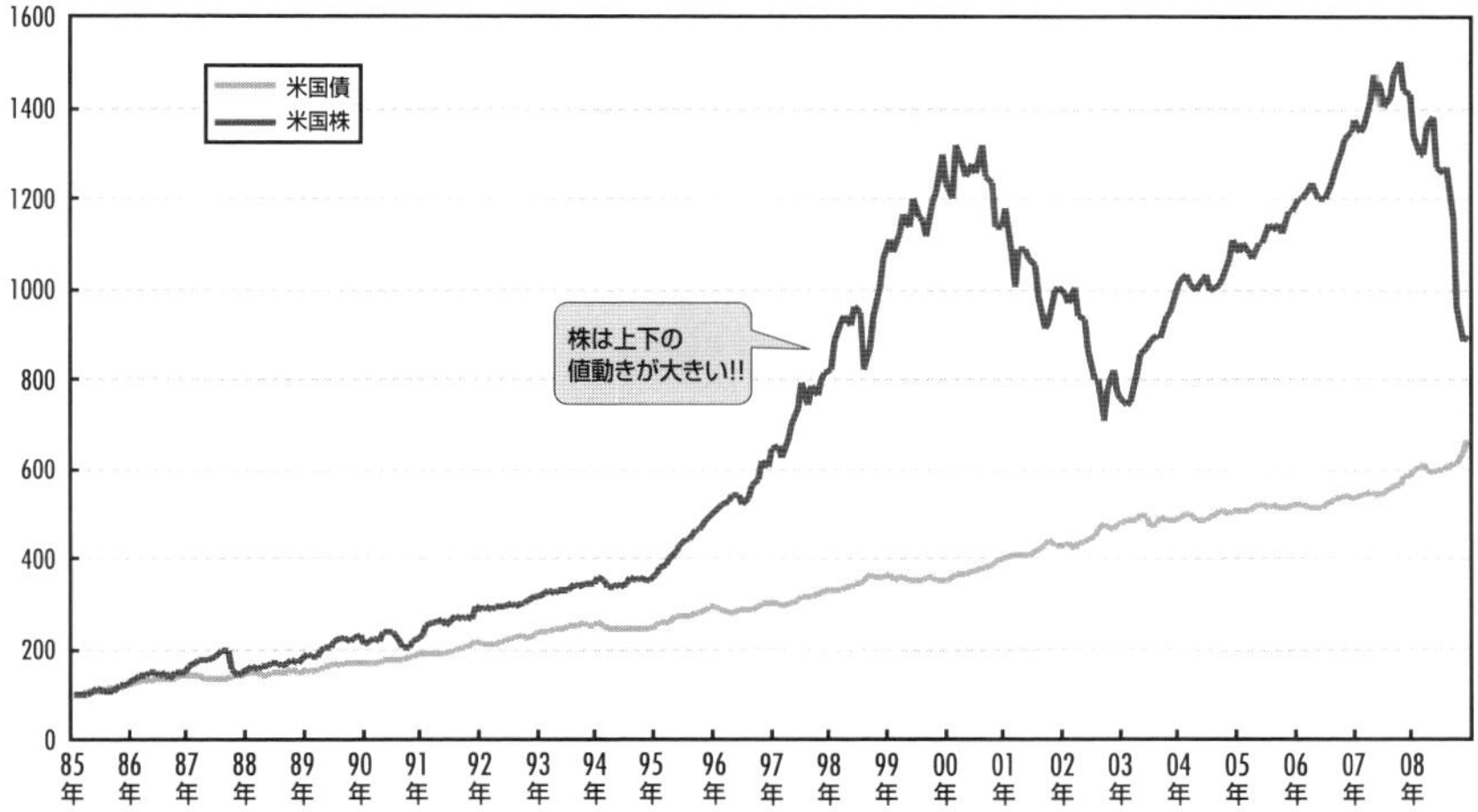


※データ提供：シティグループ、MSCI（両社のデータを基に著者作成）

## 5-3 米国債の投資期間別のパフォーマンス（1985.1～2008.12 米ドルベース）

| 米国債 | 1ヶ月 | 6ヶ月 | 1年 | 3年 | 5年 | 7年 | 10年 | 12年 | 15年 | 17年 | 20年 |
|---|---|---|---|---|---|---|---|---|---|---|---|
| 最高値 | 5.4% | 17.5% | 29.7% | 49.0% | 75.3% | 116.0% | 160.9% | 205.2% | 264.9% | 341.0% | 412.6% |
| 平均値 | 0.7% | 4.0% | 8.0% | 24.3% | 44.3% | 67.9% | 107.5% | 140.3% | 198.5% | 249.7% | 324.1% |
| 中央値 | 0.7% | 3.9% | 7.6% | 23.1% | 43.0% | 67.8% | 106.5% | 150.6% | 204.4% | 247.9% | 312.5% |
| 最低値 | −4.4% | −4.4% | −4.4% | 2.6% | 18.2% | 37.9% | 68.6% | 97.1% | 137.3% | 196.3% | 284.4% |
| 標準偏差 | 1.4% | 3.8% | 5.7% | 9.1% | 12.8% | 17.3% | 22.9% | 27.6% | 36.4% | 36.9% | 35.8% |
| 年率換算 | | | | | | | | | | | |
| 最高値 | 88.1% | 38.2% | 29.7% | 14.2% | 11.9% | 11.6% | 10.1% | 9.7% | 9.0% | 9.1% | 8.5% |
| 平均値 | 8.4% | 8.1% | 8.0% | 7.5% | 7.6% | 7.7% | 7.6% | 7.6% | 7.6% | 7.6% | 7.5% |
| 中央値 | 8.3% | 7.9% | 7.6% | 7.2% | 7.4% | 7.7% | 7.5% | 8.0% | 7.7% | 7.6% | 7.3% |
| 最低値 | −41.6% | −8.6% | −4.4% | 0.9% | 3.4% | 4.7% | 5.4% | 5.8% | 5.9% | 6.6% | 7.0% |
| データ数 | 287 | 282 | 276 | 252 | 228 | 204 | 168 | 144 | 108 | 84 | 48 |
| マイナス数 | 83 | 49 | 20 | 0 | 0 | 0 | 0 | 0 | 0 | 0 | 0 |
| マイナス率 | 29% | 17% | 7% | 0% | 0% | 0% | 0% | 0% | 0% | 0% | 0% |

※データ提供：シティグループ、MSCI（両社のデータを基に著者作成）

## 5-4 米国株の投資期間別のパフォーマンス（1985.1～2008.12 米ドルベース）

| 米国株 | 1ヶ月 | 6ヶ月 | 1年 | 3年 | 5年 | 7年 | 10年 | 12年 | 15年 | 17年 | 20年 |
|---|---|---|---|---|---|---|---|---|---|---|---|
| 最高値 | 13.3% | 34.4% | 53.0% | 138.9% | 267.8% | 312.8% | 514.1% | 768.2% | 1202.9% | 889.1% | [illegible]93.1% |
| 平均値 | 0.9% | 5.7% | 12.4% | 43.7% | 84.3% | 132.2% | 254.0% | 365.5% | 482.5% | 530.3% | [illegible]73.9% |
| 中央値 | 1.3% | 6.3% | 13.5% | 42.3% | 83.8% | 137.0% | 239.2% | 264.1% | 405.6% | 530.9% | [illegible]63.6% |
| 最低値 | −21.3% | −35.8% | −38.3% | −43.2% | −19.1% | −10.8% | −15.5% | 43.5% | 158.9% | 206.1% | 416.8% |
| 標準偏差 | 4.4% | 11.2% | 17.1% | 40.2% | 69.2% | 95.0% | 139.2% | 179.4% | 232.6% | 120.1% | [illegible]41.7% |
| 年率換算 | | | | | | | | | | | |
| 最高値 | 346.4% | 80.6% | 53.0% | 33.7% | 29.8% | 22.5% | 19.9% | 19.7% | 18.7% | 14.4% | 12.7% |
| 平均値 | 10.9% | 11.7% | 12.4% | 12.8% | 13.0% | 12.8% | 13.5% | 13.7% | 12.5% | 11.4% | 11.4% |
| 中央値 | 16.2% | 13.0% | 13.5% | 12.5% | 13.0% | 13.1% | 13.0% | 11.4% | 11.4% | 11.4% | 11.4% |
| 最低値 | −94.3% | −58.8% | −38.3% | −17.2% | −4.2% | −1.6% | −1.7% | 3.1% | 6.5% | 6.8% | 8.6% |
| データ数 | 287 | 282 | 276 | 252 | 228 | 204 | 168 | 144 | 108 | 84 | 48 |
| マイナス数 | 104 | 75 | 58 | 36 | 35 | 2 | 2 | 0 | 0 | 0 | 0 |
| マイナス率 | 36% | 27% | 21% | 14% | 15% | 1% | 1% | 0% | 0% | 0% | 0% |

※データ提供：シティグループ、MSCI（両社のデータを基に著者作成）

03

基礎編

# キャピタルゲインとインカムゲイン

## 投資期間中の利益と終了時の利益

投資のリターンというのは「キャピタルゲイン」と「インカムゲイン」に分けることができます。**「インカムゲイン」は投資期間中に得られる現金収入のことで、株やＲＥＩＴの配当収入、債券のクーポン収入、不動産の賃料収入などが含まれます。**

一方**「キャピタルゲイン」は、投資や投機の終了時に得られる差金収入のことで、投資資産を買ったときより高い価格で売却できた場合に得られる収入です。**また、海外に投資する投資信託であれば、これらキャピタルゲインとインカムゲインに「為替差損益」が加わります。これは株でも債券でも、その他の投資資産でも同様です。

例えば次ページのケースでは、株式と債券のいずれにも「キャピタルゲイン」と「インカムゲイン」の両方が発生し、当初の２００ドルが２５０ドルにまで増えています。この状態で、当初１ドル＝１００円だった為替レートが１ドル＝１２０円の「円安・ドル高」になっていた場合は為替差益が発生し、２５０ドル＝２万５０００円だったものが、３万円にまで増えることになります。ただし、反対に１ドル＝７０円の「円高・ドル安」になってしまうと、２５０ドル

**●キャピタルゲイン**
実際に投資資産を売却していない場合でも、資産を時価評価する際に、値上がり部分を「評価益（キャピタルゲイン）」と捉えて、インカムゲインと区別することがある。また、資産の時価評価が値下がりすると、評価損（キャピタルロス）が発生することになる。

5-5 キャピタルゲインとインカムゲインと為替差損益

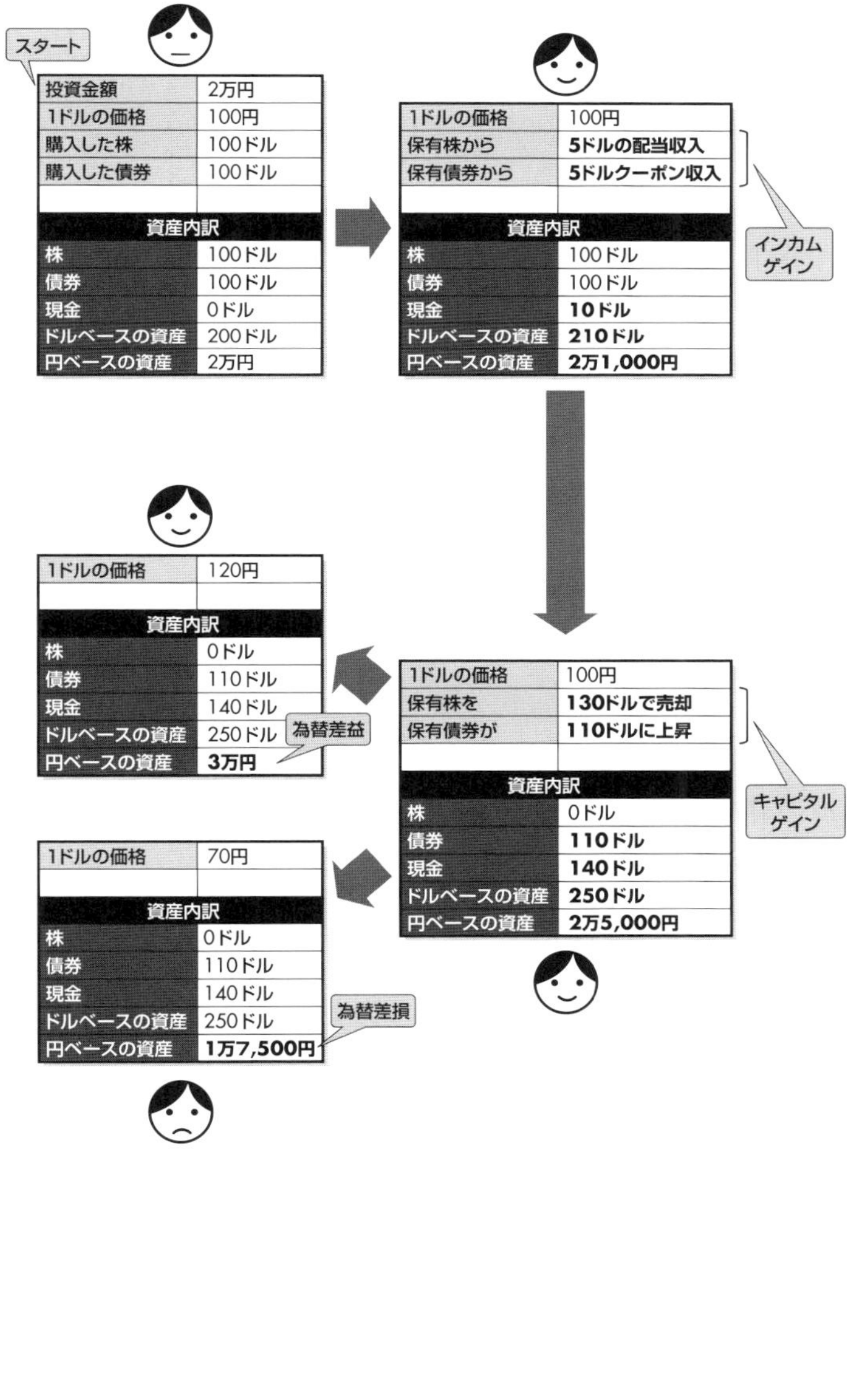

スタート
投資金額 2万円
1ドルの価格 100円
購入した株 100ドル
購入した債券 100ドル
資産内訳
株 100ドル
債券 100ドル
現金 0ドル
ドルベースの資産 200ドル
円ベースの資産 2万円
1ドルの価格 100円
保有株から 5ドルの配当収入
保有債券から 5ドルクーポン収入
資産内訳
株 100ドル
債券 100ドル
現金 10ドル
ドルベースの資産 210ドル
円ベースの資産 2万1,000円
インカムゲイン
1ドルの価格 100円
保有株を 130ドルで売却
保有債券が 110ドルに上昇
資産内訳
株 0ドル
債券 110ドル
現金 140ドル
ドルベースの資産 250ドル
円ベースの資産 2万5,000円
キャピタルゲイン
1ドルの価格 120円
資産内訳
株 0ドル
債券 110ドル
現金 140ドル
ドルベースの資産 250ドル
円ベースの資産 3万円
為替差益
1ドルの価格 70円
資産内訳
株 0ドル
債券 110ドル
現金 140ドル
ドルベースの資産 250ドル
円ベースの資産 1万7,500円
為替差損

は１万７５００円となってしまいます。こうなると、ドルベースではキャピタルゲインとインカムゲインで２００ドル→２５０ドルに増えたにも関わらず、円ベースでは２万円が１万７５００円となってしまい、時価評価では元本割れを起こしている状態ということになります。

基礎編

# 04 株や債券の価格はどうやって決まる？

## 価格は「需給バランス」で決まる！

株も債券も「絶対的な価格」というのはなく、その価格は取引される市場の需給バランスなどで決まります。買いたい人（＝需要）が増えれば価格は上がりますし、売りたい人（＝供給）が増えれば価格は下がります。これが需給バランスです。

また、株と債券は「対」で考えられることも多く、不景気のとき、悪いニュースが出たときは、人々はリスク資産を減らそうとして、株式市場から債券市場へ資金が流れる傾向が見受けられます。好景気のときやよいニュースが出たときはその逆で、人々がリスク資産を増やそうとして、債券市場から株式市場へ投資資金が流れる傾向があります。

さらに、債券の場合には償還があります。償還時に返ってくるお金というのは「借金の元本」であり、金額はわかっていますが、問題はその償還の「確かさ」です。この「確かさ」と、その確かさに応じた「リターンの妥当さ」が、償還前の債券の売買時に、その価格を決定する大きな要素となります。そして「リターンの妥当さ」という点から、**通常は、金利が上昇すると債券価格は下落し、逆に金利が下落すると上昇する傾向があります。**

5-6 金利と債券価格の関係

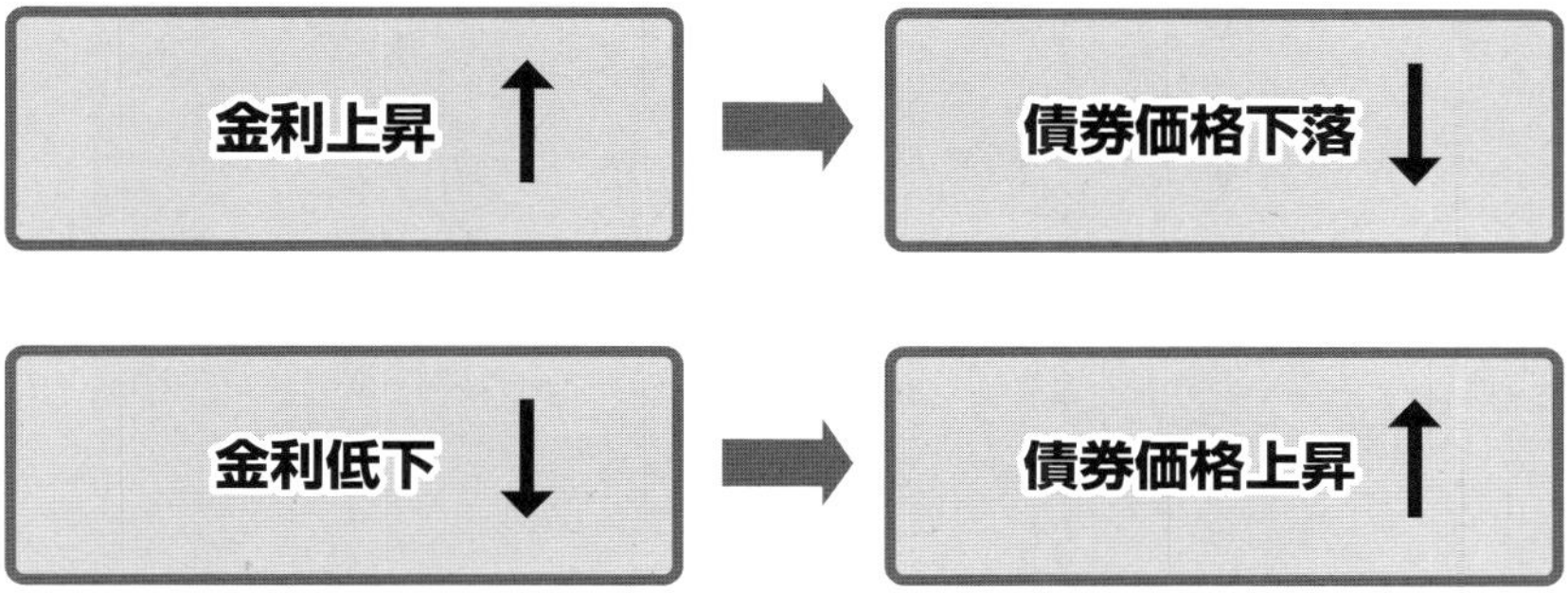


## なぜ金利と債券がリンクするのか？

例えばＡ社から、５年後に１００円で償還される、クーポン年２％の債券が発行されたとします。私がこの債券を10万円分買ったとすると、私が買った債券に対して、Ａ社からクーポン２％の２０００円が毎年支払われることになりますね。

このとき世の中の金利が１％だったら、銀行に10万円預金しても金利は毎年１０００円にしかなりませんから、２０００円というのはなかなか魅力的です。Ａ社が５年間潰れなければ、債券を買ってＡ社に貸した10万円も、５年後にはちゃんと返ってきますしね。しかし1年後、世の中の金利が１％から２％に上昇したらどうなるでしょう。

そうなると、Ａ社のリスクを取らなくても、銀行に預けておくだけで２％の金利がもらえます。早速私は、Ａ社の債券10万円分を誰かに売って、銀行に預け換えることにしました。しかし、「毎年２０００円のクーポンがもらえるＡ社の社債10万円分、誰か買ってくれませんか―」と叫んでも、誰も買ってくれません。当たり前です。銀行に10万円預金するだけで２０００円もらえるのに、わざわざリスクのある債券を10万円で買ってくれる人なんかいません。

よって、誰かに買ってもらうためには、「銀行預金より高い利回り」を設定しなければなりません。そして、もし「２０００円」という金額を２・５％という利回りにするためには、

**2000円÷2・5％＝8万円**

…ということになりますから、私は10万円で買った債券を８万円で売らなくてはなりません。３％で売るなら、６万６６６７円で売ることになってしまいます。これが、金利が上昇すると債券価格が下がる仕組みです。

## 株価に「適正価格」はない！

一方、株には「償還」という概念がありませんから、債券のようにはいきません。「ある株をいくらで買うべきか」ということは、実に様々な角度からの見方があり、様々な考え方があります。もちろん誰も正解を知りませんし、絶対的な適正株価などは存在しません。

「じゃあ株価の高い・安いはどう判断すればいいんだ」という話ですが、実は株の価値を測るために、多くの人が使っている指標があります。次節から、その指標について解説します。

05

基礎編

# 株価の高い・安いを判断する指標① 1株あたり利益とPER

## 1株あたりの利益はいくら？

株価を考えるうえで最も重要な指標の1つが、「**1株あたり利益**」と「**PER**」です。

「1株あたり利益」というのは、読んで字のごとく、1株あたりの利益の額のこと。株を発行している企業が、1株あたりどれだけの利益を稼いでいるのかを表します。計算方法は次のとおりです。

**1株あたり利益＝当期純利益額÷発行済み株式数**

例えば、当期純利益が1億円のA社とB社があったとします。発行済み株式数はA社が100万株、B社が500万株だったとすると、両社の1株あたり利益は次のようになります。

**A社：1億円÷100万株＝100円**

**B社：1億円÷500万株＝20円**

どちらかの株を1株もらえるとしたら、当然A社を選びますよね。仮に最終利益の20％が配当金になると期待した場合、A社の株は1株あたり20円もらえるのに対して、B社の株は4円しかもらえません。もらった株を誰かに売るにしても、当然B社の株よりA社の株のほうが高

●**1株あたり利益**
EPS（Earnings Per Share）とも言われる。

●**PER**
Price Earnings Ratioの略。「株価収益率」とも言われる。

く売れるでしょう。このように1株あたり利益というのは、企業と株価を結ぶ重要な要素の1つなのです。

## その株価、「1株あたり利益」の何倍？

一方のPERは、「**株価が1株あたり利益の何倍か**」を示す数字です。つまり、**倍数が高いほど株価は割高、倍数が低いほど割安**ということになります。「何倍」を「何年分」と置き換えると、もっとわかりやすくなるかもしれませんね。計算式は次のとおりです。

**PER＝株価÷1株あたり利益**

もし、先ほどのA社の株を1株1000円、B社の株を1株400円で売ってもらえるとしたら、どちらを選びますか？　価格だけを見ると、400円のほうが得なような気もします。

しかし、PERを計算してみると、次のようになります。

**A社：1000円÷100円＝10倍**

**B社：400円÷20円＝20倍**

つまり、A社のほうが割安なわけですね。A社は1株あたり利益の10年分の値段で買うことができますが、B社は1株あたり20年分の値段で買わなければなりませんから。

「何倍くらいが基準か」というのは難しいですが、**通常、先進国の株式市場の平均は15倍〜20倍くらいです。30倍を超えるとかなり割高感が強まってきます。**

ただし、企業の利益が成長すると、PERは下がります。例えば、5-7の①のような状態の

**●ITバブル時代のPER**

ITバブルのころのIT関連企業のPERは100倍以上というのもザラだった（その後のIT企業の凋落は周知のとおりだが）。

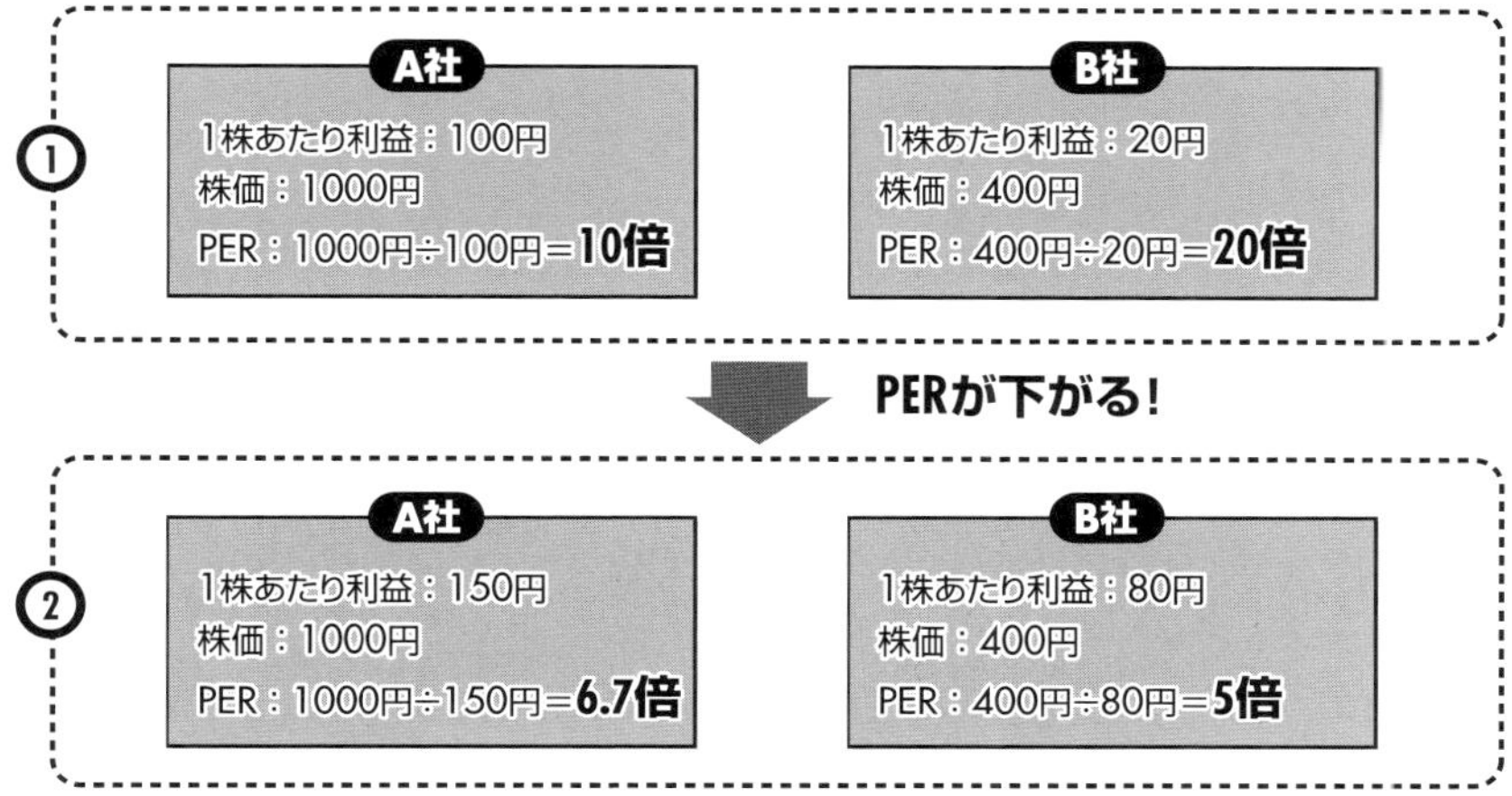


2社があったとします。ここで、A社の1株あたり利益が150円に、B社の1株あたり利益が80円に上がって、両社の株価がそのままだったとすると、②のように**PERは一気に下がります。**

企業の成長が期待され、1株あたり利益が今後大きく伸びると期待されれば、PERが多少割高でも買う人が出てきます。

利益が倍になれば、PERは半分になります。つまり、たとえ現在のPERが40倍でも、「来年この会社の1株あたり利益は倍になる」と信じている人にとっては、「PERは実質20倍」ととらえることができてしまうのです。

PERが高いときは、**その企業の今後の利益成長に非常に強気である**ということ、PERが低いということは**今後の成長の見通しが弱気である**ということを示すと言ってよいでしょう。

**●利益とPER**
逆に利益が減少するとPERは高くなる。PER10倍で買った株が、株価はまったく変わっていないのに、利益が3分の1になったためにいきなり30倍になるということもありえる。

06

基礎編

# 株価の高い・安いを判断する指標②　1株あたり純資産とPBR

## 1株あたりの純資産はいくら？

「**1株あたり純資産**」とは、文字どおり1株あたりの純資産額のこと。「純資産」とは、企業の持ち物・財産の総額である「総資産」から企業の借金である「負債」を差し引いた「差し引き正味自分のもの」のことです。仮に今、会社を清算するとしたら、持っている資産（＝総資産）を全部現金化して、借金（＝負債）を全部返して、残った分（＝純資産）を、会社のオーナーである株主の人たちに配ることになりますよね。この純資産が「1株あたりいくらになるか」を示すのが「1株あたり純資産」で、次の計算式で求めることができます。

**1株あたり純資産＝純資産÷発行済み株式数**

例えば総資産が5億円、総負債が2億円、純資産が3億円の会社が2つあったとします。発行済み株式数はC社が100万株、D社が300万株だったとすると、C社とD社の1株あたり純資産は次のようになります。

**C社：3億円÷100万株＝300円**
**D社：3億円÷300万株＝100円**

つまり、会社を清算するとしたら、C社の株主には1株あたり３００円、D社の株主には1株あたり１００円が配られることになります。C社のほうがお得な株ということになりますね。

## その株価、「1株あたり純資産」の何倍？

「株価がこの1株あたり純資産の何倍に当たるか」を示すのが「**PBR**」です。PBRもPERと同じように、**倍数が高いほど割高、倍数が低いほど割安**です。計算式は次のとおり。

**PBR＝株価÷1株当たり純資産**

あなたがもし、先ほどのC社を３００円、D社の株を２００円で売ってもらえるとしたら、どちらを選びますか？　PBRを計算してみると、次のようになります。

**C社：３００円÷３００円＝1倍**
**D社：２００円÷１００円＝2倍**

C社のようにPBRが1倍だと、もし今すぐ会社を清算する場合、株を買うために支払った額と同じ金額が戻ってくることになります。**損もしていないが得もしていない**ことになりますね。一方D社の場合は、株を買うために支払ったお金の半分しか返ってきません。つまり、損をしたことになるわけです。なお、もしPBRが1倍を下回っている会社であれば、支払った額より多い額が返ってくることになります。

このように、うまく会社が成長して利益が純資産として貯まっていれば、1株あたり純資産が増え、株の価値が高まることになるわけです。

**●1株あたり純資産**
「BPS(Book-value Per Share)」とも言われる。また、会社を清算したときの価値を示すことから、「解散価値」「清算価値」とも呼ばれる。

**●PBR**
Price Book-value Ratioの略。「株価純資産倍率」とも言われる。

基礎編

# 07 株価の高い・安いを判断する指標③ 1株あたり配当金と配当利回り

## 1株あたりの配当金はいくら？

「1株あたりいくらの配当金がもらえるのか」を示すのが「1株あたり配当金」です。また、「利益の○%が配当金として株主に還元される」という比率を「配当性向（はいとうせいこう）」と言います。両者は次のような関係にあります。

**1株あたり配当金＝1株あたり利益×配当性向**

また、1株あたりの配当金を株価で割ったものが「配当利回り」です。

**配当利回り＝1株あたり配当金÷株価**

配当利回りというのは、「株価に対して何%の配当金がもらえるか」という指標です。

なお、企業の利益の行き先というのは、主に次の3つに分類されます。

**①配当金として株主に還元する**
**②役員にボーナスとして支給する**
**③社内に貯める、事業拡大・設備投資の資金にする**

また、「それぞれに何%ずつ分けるのか」ということは、株主総会で決定されます。

**●企業の利益の行き先**
ここでは説明を簡易にするためこのように分類した。償却目的の自社株購入も、「株主への還元」という点で①に分類される。

5-8 配当利回りとグロース／バリュー／インカム

**A社**

1株あたり利益500円、配当性向50%、株価が1万円だった場合・・・

PER：1万円÷500円=20倍
配当金：500円×50%=250円
配当利回り：250円÷1万円=2.5%

| | |
|---|---|
| グロース | 「成長性」を重視。1株あたり利益の増え方や売上・利益の増加率、今後の利益見通しに注目する |
| バリュー | 「割安度」を重視。PERやPBRが低い銘柄、株価キャッシュフロー倍率が低い銘柄などを選ぶ |
| インカム | 「配当利回り」を重視。配当利回りや配当性向が高い銘柄、配当が増えていく見通しの高い銘柄などを選ぶ |

例えば配当性向が20％だった場合、10億円の利益が出ていれば、20％の2億円を株主に配当として支払い、残りの80％が役員のボーナスになったり、社内に留保されたりすることになりますね。配当性向が高い会社ほど、稼いだ利益の多くを株主に還元していると言えます。

また、配当性向が高ければ、より多くの投資家に株主になってもらうためのアピールになりますし、いったん株主になってくれた投資家に対しても、長期の安定株主になってもらいやすくなります。

113ページで「グロース」「バリュー」「インカム」の話をしましたが、それぞれのスタイルにおいて、ここまで紹介した指標がよく使われています（5-8）。

**●株価キャッシュフロー倍率**
「株価÷1株あたりキャッシュフロー」で算出する。「企業が稼ぎ出す現金収入・キャッシュフローを産み出す力」と「株価」を比べ、割安・割高を判断する指標。数値が高いほど割高、低いほど割安。PCFR（Price Cash Flow Ratio）とも言う。

基礎編

# 08 株&債券はインフレに強い？ 弱い？

## 株と債券の特徴をもう一度整理しよう！

株と債券の特徴をまとめると、次ページの表のようになります。

①と②はいいですね。価格変動の大きさ＝価格のブレ幅の大きさ＝リスクの大きさ＝期待リターンの高さです。

③と④ついては、注意が必要。１３８ページで解説したように、一般的には金利が上昇すると債券価格が「下がる傾向」があります。そしてこれと対をなすように、金利上昇時には株価は「上がる傾向」があると言われています。

金利の上昇と株価の上昇がリンクする理由としては、「**金利が上がるときは好景気であり、当然企業の株価も上がるわけだから、金利上昇＝株価上昇**」という具合に説明されていることが多く、それはそれでもっともなのですが、「必ずそうなる」というわけではありません。

多くの企業は、多寡の差こそあれ借金をしていますよね。そう考えれば、金利上昇は企業にとって「支払い利息の増加」であり、「**利益を減少させる要因**」になりますから、金利上昇時に株価が下落するということもよくあります。一方の債券も、金利上昇時には「私が持っている、

5-9 株と債券の特徴

| | | 株 | 債 券 |
|---|---|---|---|
| ① | 価格変動 | 大 | 小 |
| ② | 期待リターン | 大 | 小 |
| ③ | 金利上昇時 | 価格上昇傾向 | 価格下落傾向 |
| ④ | 金利低下時 | 価格下落傾向 | 価格上昇傾向 |
| ⑤ | 好景気時 | 価格上昇傾向 | 価格下落傾向 |
| ⑥ | 不景気時 | 価格下落傾向 | 価格上昇傾向 |
| ⑦ | 対インフレ抵抗力 | 強い | 弱い |
| ⑧ | 保有者 | 株主/オーナー | 債権者 |
| ⑨ | 性格 | オーナーシップ | 借金 |
| ⑩ | 満期の有無 | なし | あり |
| ⑪ | 返還義務 | 返還義務なし | 満期に償還 |
| ⑫ | インカムゲイン | 配当金 | クーポン |
| ⑬ | インカムゲインの位置づけ | 利益の株主への還元 | 借金の利息 |
| ⑭ | 長期リターンのメイン | キャピタルゲイン | インカムゲイン |

既に発行されている債券」の価格は下落しますが、金利上昇による企業業績の悪化を懸念して、株式市場から債券市場に流れたり、金利が上昇することで債券投資の魅力が増して、債券市場に資金が流入したりして、市場全体で見ると債券価格がプラスになる場合もあります。

何度も言っているとおり、投資の世界に「絶対」はありませんし、「必ずこうなる」というメカニズムや法則もありません。「金利が上昇したら、必ず債券価格が下がって株価が上がる」という具合にはいきませんので、その点は注意して下さい。**あくまで、「こういう特徴がある・こういう傾向がある」というだけの話です。**⑤と⑥に関しても同様で、好景気・不景気による価格の上下動も、表のような「傾向が見られる」だけで、「絶対」ではありません。

## 株はインフレに強く、債券は弱い理由

そして、⑦は非常に重要なポイントです。**株はインフレに強く、債券はインフレに弱いのです**。では、なぜ株がインフレに強いのでしょう。

例えば、１本１００円のジュースを、年間1億本売る会社があったとします。この会社の１株あたり利益は１０００円、ＰＥＲは10倍、株価は1万円で取引されているとしましょう。

ここで極端なインフレになり、すべてのモノの値段が１００倍になったとしたらどうなるか。次ページの表を見て下さい。この会社の商売の利益率も、ＰＥＲもまったく変わっていませんが、すべてのモノの値段が１００倍になるのに合わせて、株価も１００倍になっています。

株価は長期的には「利益額」を反映する傾向があるため、売上も１００倍、コストも１００倍、利益率は増えも減りもしないので、利益額も１００倍。となれば、同じＰＥＲで計算される株価も１００倍になります。

一方、債券はそういうものではありません。１００円の債券は、満期になったら１００円で償還されます。たとえ１００円だったジュースが1万円になってもそれは変わりません。**なぜなら、債券は「借金」だからです**。額面通りの借金額を返し、利息を払えばそれで終わりです。しかも、インフレが進む過程で金利が上がれば、債券価格自体も下がってしまいます（もちろん途中売却せずに満期まで保有すれば額面で償還されますが）。

これは銀行の預金でも同じことが言えます。債券が国や企業の借金であるように、銀行預金

5-10 インフレと株価の関係

| | | | | |
|---|---|---|---|---|
| | A | ジュース1本 | 100円 | 1万円 |
| | B | 年間売上数 | 1億本 | 1億本 |
| A×B | C | 売上高 | 100億円 | 10,000億円 |
| | D | 原材料費 | 50億円 | 5,000億円 |
| | E | 人件費 | 30億円 | 3,000億円 |
| | F | その他費用 | 10億円 | 1,000億円 |
| C−D−E−F | G | **利益** | **10億円** | **1,000億円** |
| G÷C | H | **売上高利益率** | **10%** | **10%** |
| | I | 発行株式数 | 100万株 | 100万株 |
| G÷I | J | 1株あたり利益 | 1,000円 | 10万円 |
| | K | **PER** | **10倍** | **10倍** |
| J×K | L | **株価** | **1万円** | **100万円** |

物価が100倍になると…

すべて100倍になる

売上もコストも100倍なので利益率は同じ

同じPERで計算される株価も100倍になる!

というのは銀行の借金です。借金ですから、借りた金額と利息を払えばそれで終わりです。たとえ物価が上がって１００万円の価値が１万円に減じてしまっていても、１００万円を借りたら、１００万円＋利息を払えばそれで終わりです。

　このように債券や銀行預金はその本質が「借金」であるために、インフレに弱いのです。

基礎編

# 09 ポートフォリオは「株式100%」が基本

## なぜ「株式100%」が基本になるのか？

運用の目標が最低でも「インフレ率以上のリターン」であることを考えれば、当然ポートフォリオは「インフレに強い株式の力をどう取り入れ、どう活用するか」がポイントになってきます。そして私は、長期間の投資を行う人にとって**基本となるポートフォリオは、「株式100%」**だと考えています。そしてそこに自分のリスク許容度に応じて、債券やその他の資産を足していってマイルドにしていく、というのがいいと思います。

なぜ株式１００％が基本になるのか。それはごく簡単なことで、「**A・株式はインフレに強く**」「**B・期待リターンが債券よりも高く**」「**C・ブレ幅という意味でのリスクは短期的には大きくても、期間を長期にすることで緩和できるため**」です。

株というのは債券よりも高いリターンが期待できますが、ハイリスク・ハイリターンの原則通り、リスクも高くなりますよね。しかし、こうしたリスクは、**期間を長期にすることで緩和が可能なのです**。長期にすればするほどリスクは抑えられます。

基本となる世界株と世界国債の過去のパフォーマンスを比べてみましょう＊。

＊ 為替レートの変化による影響を除いて、株と債券の特徴を見えやすくするため、いずれもドルベースにしている。

## 5-11 世界国債の過去の投資期間別パフォーマンス（1985.1～2008.12 米ドルベース）

| 世界国債 | 1ヶ月 | 6ヶ月 | 1年 | 3年 | 5年 | 7年 | 10年 | 12年 | 15年 | 17年 | 20年 |
|---|---|---|---|---|---|---|---|---|---|---|---|
| 最高値 | 7.1% | 22.9% | 42.3% | 90.5% | 100.9% | 161.9% | 249.3% | 290.9% | 335.1% | 344.3% | 573.8% |
| 平均値 | 0.8% | 4.5% | 9.1% | 26.6% | 47.2% | 71.0% | 108.9% | 137.9% | 197.6% | 257.6% | 358.1% |
| 中央値 | 0.8% | 3.4% | 8.3% | 24.4% | 45.6% | 65.0% | 91.7% | 130.1% | 190.6% | 248.4% | 323.1% |
| 最低値 | −4.3% | −7.2% | −6.9% | −4.6% | 11.3% | 21.7% | 60.6% | 75.2% | 133.3% | 197.6% | 278.7% |
| 標準偏差 | 2.1% | 5.8% | 8.3% | 15.7% | 19.1% | 29.0% | 43.0% | 43.8% | 42.0% | 36.3% | 78.6% |
| **年率換算** | | | | | | | | | | | |
| 最高値 | 128.1% | 51.0% | ① 42.3% | 24.0% | 15.0% | ⑤ 14.7% | 13.3% | 12.0% | 10.3% | 9.2% | 10.0% |
| 平均値 | 9.4% | 9.2% | 9.1% | 8.2% | 8.0% | 8.0% | 7.6% | 7.5% | 7.5% | 7.8% | 7.9% |
| 中央値 | 9.9% | 6.9% | 8.3% | 7.6% | 7.8% | 7.4% | 6.7% | 7.2% | 7.4% | 7.6% | 7.5% |
| 最低値 | −40.9% | −13.8% | ① −6.9% | −1.6% | 2.2% | ⑤ 2.9% | 4.9% | 4.8% | 5.8% | 6.6% | 6.9% |
| データ数 | 287 | 282 | 276 | 252 | 228 | 204 | 168 | 144 | 108 | 84 | 48 |
| マイナス数 | 110 | 62 | ③ 29 | 4 | 0 | ⑦ 0 | 0 | 0 | 0 | 0 | 0 |
| マイナス率 | 38% | 22% | 11% | 2% | 0% | 0% | 0% | 0% | 0% | 0% | 0% |

※データ提供：シティグループ、MSCI（両社のデータを基に著者作成）

## 5-12 世界株の過去の投資期間別パフォーマンス（1985.1～2008.12 米ドルベース）

| 世界株 | 1ヶ月 | 6ヶ月 | 1年 | 3年 | 5年 | 7年 | 10年 | 12年 | 15年 | 17年 | 20年 |
|---|---|---|---|---|---|---|---|---|---|---|---|
| 最高値 | 11.8% | 41.7% | 67.4% | 144.5% | 210.0% | 226.8% | 319.3% | 491.2% | 880.0% | 609.2% | 812.6% |
| 平均値 | 0.8% | 5.4% | 11.9% | 37.1% | 60.9% | 84.9% | 150.8% | 210.7% | 292.9% | 310.1% | 512.7% |
| 中央値 | 1.2% | 6.3% | 13.7% | 38.9% | 59.5% | 74.5% | 128.0% | 178.4% | 251.4% | 280.7% | 507.1% |
| 最低値 | −18.9% | −40.7% | −42.9% | −45.0% | −24.0% | 4.9% | −1.9% | 35.6% | 106.3% | 143.9% | 177.5% |
| 標準偏差 | 4.4% | 11.7% | 18.5% | 36.8% | 49.1% | 55.5% | 65.8% | 99.9% | 181.6% | 95.0% | 157.8% |
| **年率換算** | | | | | | | | | | | |
| 最高値 | 281.9% | 100.7% | ② 67.4% | 34.7% | 25.4% | ⑥ 18.4% | 15.4% | 16.0% | 16.4% | 12.2% | 11.7% |
| 平均値 | 10.3% | 11.2% | 11.9% | 11.1% | 10.0% | 9.2% | 9.6% | 9.9% | 9.6% | 8.7% | 9.5% |
| 中央値 | 15.8% | 13.0% | 13.7% | 11.6% | 9.8% | 8.3% | 8.6% | 8.9% | 8.7% | 8.2% | 9.4% |
| 最低値 | −91.9% | −64.9% | ② −42.9% | −18.1% | −5.3% | ⑥ 0.7% | −0.2% | 2.6% | 4.9% | 5.4% | 5.2% |
| データ数 | 287 | 282 | 276 | 252 | 228 | 204 | 168 | 144 | 108 | 84 | 48 |
| マイナス数 | 107 | 81 | ④ 65 | 41 | 34 | ⑦ 0 | 2 | 0 | 0 | 0 | 0 |
| マイナス率 | 37% | 29% | 24% | 16% | 15% | 0% | 1% | 0% | 0% | 0% | 0% |

※データ提供：シティグループ、MSCI（両社のデータを基に著者作成）

「1年だけの投資」であれば、株と債券の差は非常に大きくなります。1985年1月から2008年12月までのどこか1年間だけを選んで投資をした場合、

**世界国債：最高値＋42・3％、最低値－6・9％**（①）

**世界株：最高値＋67・4％、最低値－42・9％**（②）

となっており、世界株はよいときと悪いときの差が大きく、「ブレ幅」という意味でのリスクが債券に比べて高いことがわかります。また、マイナスのリターンとなってしまったケースの割合も、世界国債が276データ中29だったのに対し（③）、世界株は276データ中の65と高くなっていますね（④）。

しかし、1985年から2008年12月までの「どこか7年間」を選んで投資をした場合、

**世界国債：最高値＋14・7％、最低値＋2・9％**（⑤）

**世界株：最高値＋18・4％、最低値＋0・7％**（⑥）

となっており、世界株のよいときと悪いときの差は小さくなり、リスクがかなりマイルドになっています。また、このくらいの期間になってくると、世界株も世界国債もリスクの差が小さくなっているのがわかりますね。さらに、マイナスのリターンとなってしまったケースも、世界国債、世界株ともに、204データ中一度もありませんでした（⑦）。

このように、株のリスクは投資期間を長期にすることでマイルドにでき、一方で期間を長期にすれば、「債券は弱い」とされるインフレの脅威は増すわけですから、私は長期間運用をする投資家にとっての基本ポジションは、「株式100％」になるだろうと考えているわけです。

基礎編

# 10 分散投資をしよう！

## 基本は「世界全体の株」に分散投資

前節で「株式１００％が基本の形」というお話をしました。さらに付け加えるなら、同じ株式１００％でも、ある国の株に絞るのではなく、「世界中の企業の株」に分散するのが望ましいと考えます。**つまり、「世界株１００％」が、私の考える投資の基本ポジションです。**

「卵は１つのカゴに入れるな」の原則どおり、分散投資というのは投資の基本中の基本です。

例えば、日本企業Ａ社の株式にすべての金額を投資した場合、Ａ社に万が一のことがあったら、投資金額すべてが消えてしまう可能性があります。また、日本企業10社に分散投資しても、日本全体が不景気になれば、10社すべての業績が悪くなることもありえます。その点、世界10ヶ国にそれぞれ10％ずつ分散投資すれば、たとえ日本経済が悪くなっても、ダメージを受けるのは全体の10％で済みますね。さらに、それぞれの国に分けた10％を、さらに各国の10社の株に分散投資すれば、世界10ヶ国の１００社に１％ずつ分散投資をすることが可能になります。

このように、世界中の株式に分散投資をすることで、投資のリスクを抑えることが可能になるのです。

例えば「世界全体の株に分散投資する」というときによく使われる「ＭＳＣＩーワールド指数」であれば、世界の先進国23カ国、約１７００銘柄に分散されている。時価総額も16～17兆ドルと巨大である。

## 分散投資で「リスク」を減らす！

投資の世界には2つのリスクがあり、1つは「望まないことが起こる可能性」、もう1つが「リターンのバラつきの大きさ」だと紹介しました。

**分散投資というのは、この両方に対して効果的です。** 1つ目のリスクについては、先ほど説明したとおり。1つの銘柄ではなく多くの銘柄に分散投資をすることで、1つのリスクが顕在化したときに、ポートフォリオ全体が受けるダメージを減らすことができます。

2つ目のリスク、「リターンや価格変動のバラつきの大きさ」については、「互いに異なる動きをするもの同士」を組み合わせて分散投資をすることで、リスクを抑えることができます。例えば、ある国の株と債券がまったく逆の動きをすると仮定します。この株と債券の動きが5-13のようになっていたとしましょう。

株はジグザグに動いて、「１００」だったものが、最終的には「１１０」になりました。

一方、債券は株とは真逆にジグザグに動いて、最終的には「90」になりました。もし株と債券に半分ずつ投資をしていた場合の「リターン」はと言えば、真ん中の太い線。つまり「平均」の「１００」になっていたということになります。

「バラつきの大きさ」という意味で言えば、変動幅は株も債券も「90～１１０」の間で変動し、この変動幅の20がリスクですよね。ところが、株と債券に半分ずつ投資していた場合の値動きは真ん中の黒い線ですから、変動幅がなくなっています。**つまり、リスクが減ったのです。**

5-13 真逆の動きをする株と債券を組み合わせたとすると・・・

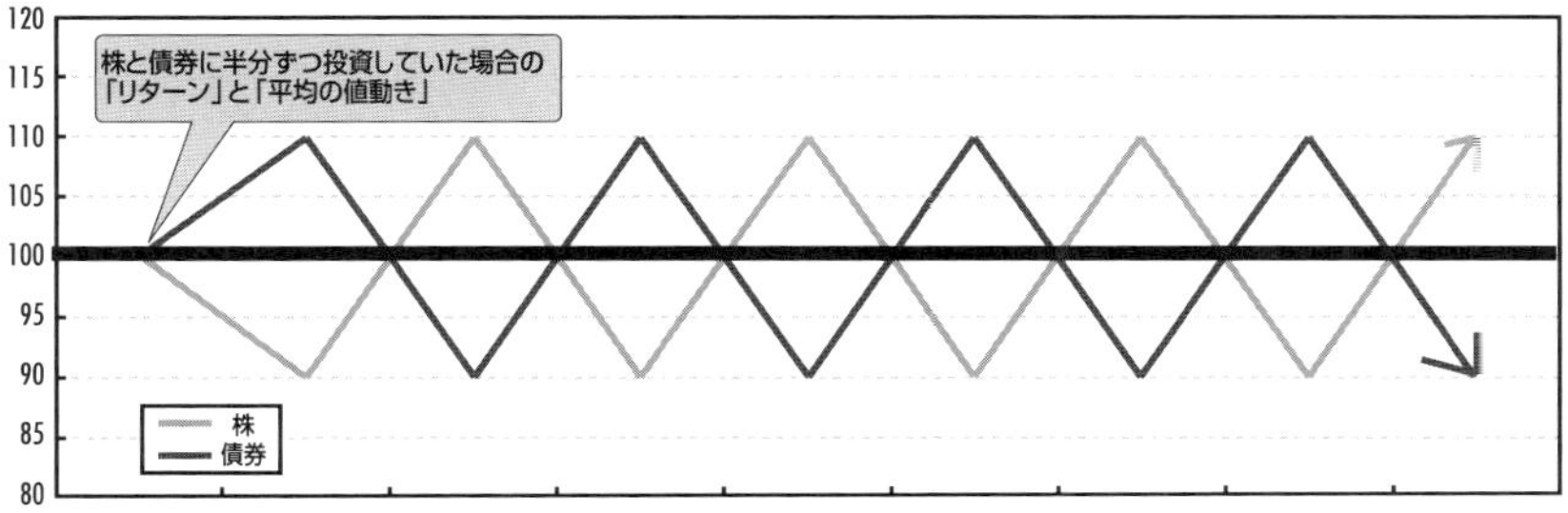


もちろん、実際の投資では、こんなふうに完璧にリスクを取り除くことはできません。しかし、互いに異なる動きをするものを組み合わせることで、あたかも「逆方向の波同士」がぶつかりあって波を打ち消し合うように、リスクを小さくできることがわかると思います。値動きの異なるもの同士を組み合わせて分散投資をすることで、**「リターンは平均」**に、**「リスクは打ち消し合ってそれぞれよりも小さく」**なるのです。

## 分散投資で効果を上げる!

分散投資の効果はこれだけではありません。例えば、159ページの①のような値動きをする3つの銘柄があったとします。

AとBを組み合わせるなら、BとCどちらがいいでしょうか? BとCの平均リターンは同じでAよりも高く、「バラつきの大きさ」を表す「標準偏差」も同じでＡよりも低く、１００からスタートした到達点も１６２で同じになっています。

まず、ＡとＢを組み合わせてみましょう（②）。ＡとＢに半分ずつ投資した「Ａ50Ｂ50」の平均リターンは、見事にＡとＢのリターンの平均０・７％になっていますね。到達点もほぼＡとＢの中間地点あたり。ところが、リスクである標準偏差はＡとＢの中間地点ではなく、低いほうのＢよりもさらに低い６・１％まで下がっています。

今度はＡとＣを組み合わせてみましょう（③）。ＡとＣに半分ずつ投資した「Ａ50Ｃ50」の平均リターンは、先ほどと同様、ＡとＣのリターンの平均である０・７％になっています。到達点は**…なんと到達点が高かったＣよりもさらに高くなっています。しかも、リスクである標準偏差は大きく減少していますね**。では、なぜこんなことが起こるのか。最初の①のグラフで、ＡとＢとＣの値動きを比べてみて下さい。ＢはＡとほぼ同じ方向に動いていますが、ＣはＡと反対方向に動くことが多くなっていることがわかると思います。そう、分散投資においては、**「反対方向に動くもの同士」を組み合わせることで、より大きな効果が出るのです。**

## 「世界株＋世界国債」がポートフォリオの基本

私は、世界株１００％に加えてマイルドにしていく場合の基本は、「世界国債」になると思います。「株」と「債券」という分散に加え、さらにそれぞれが世界中の国々に分散されているためです。

**ですから、「世界株と世界国債の組み合わせ」というのが、ポートフォリオ構築の基本になると考えています。**

例えば「世界全体の国債に分散投資する」というときによく使われる「シティグループ世界国債インデックス」であれば、世界の先進国23カ国、約700銘柄に分散されている。時価総額も13兆ドルと巨大である

5-14 A、B、Cの値動き

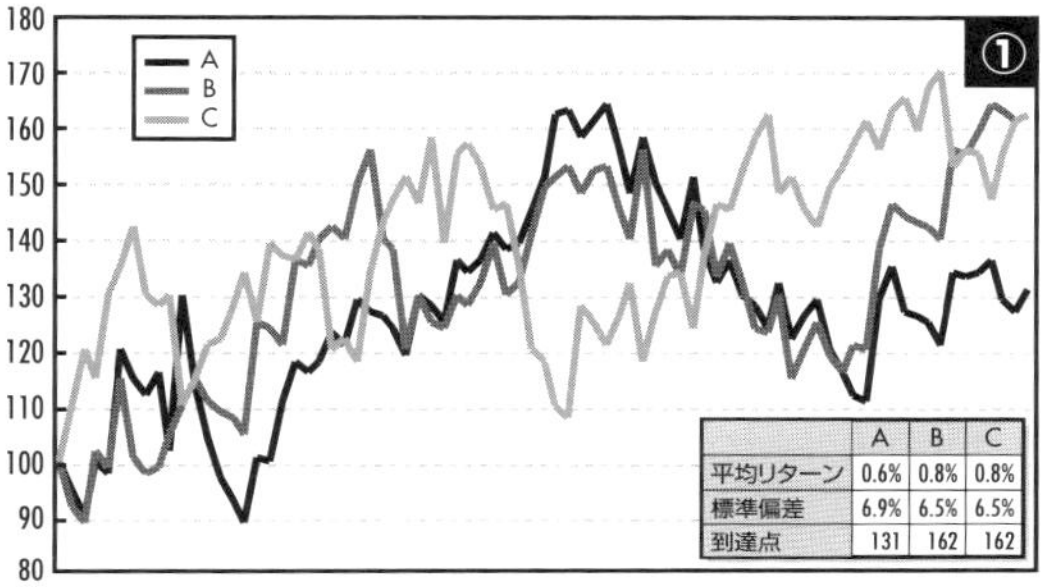


| | A | B | C |
|---|---|---|---|
| 平均リターン | 0.6% | 0.8% | 0.8% |
| 標準偏差 | 6.9% | 6.5% | 6.5% |
| 到達点 | 131 | 162 | 162 |

5-15 A、B、A50B50の値動き

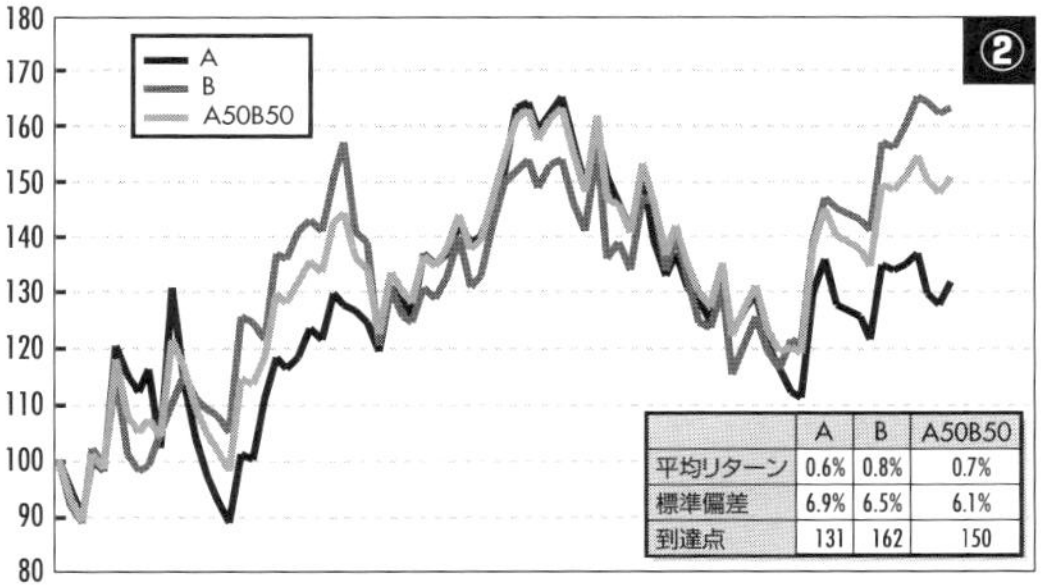


| | A | B | A50B50 |
|---|---|---|---|
| 平均リターン | 0.6% | 0.8% | 0.7% |
| 標準偏差 | 6.9% | 6.5% | 6.1% |
| 到達点 | 131 | 162 | 150 |

5-16 A、C、A50C50の値動き

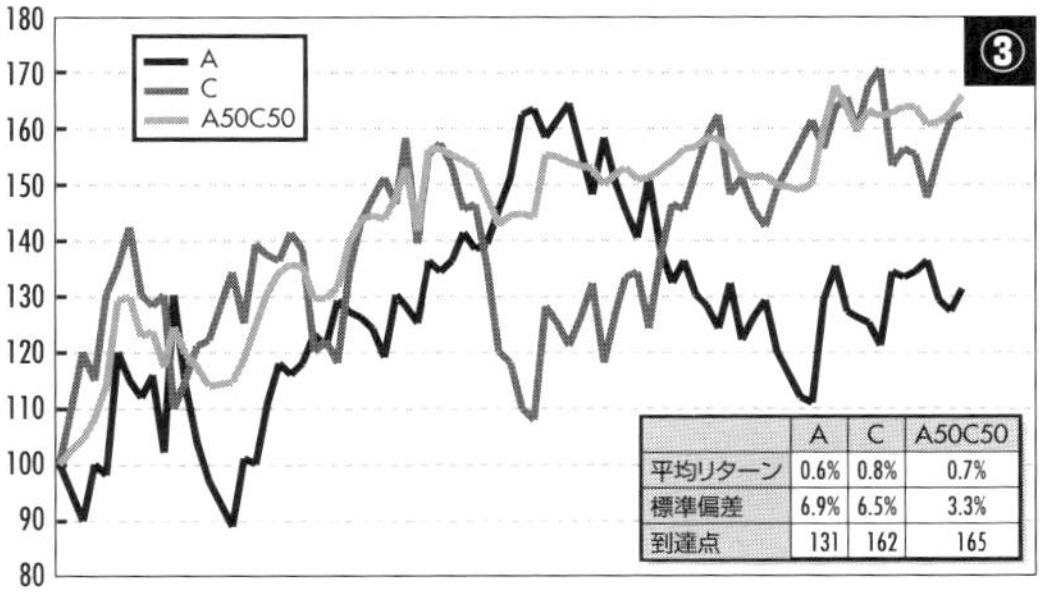


| | A | C | A50C50 |
|---|---|---|---|
| 平均リターン | 0.6% | 0.8% | 0.7% |
| 標準偏差 | 6.9% | 6.5% | 3.3% |
| 到達点 | 131 | 162 | 165 |

# 11 分散投資の効果と相関係数

## 実際の世界株と世界国債の値動きは？

過去に実際に「世界株」「世界国債」そして「世界株と世界国債に半分ずつ」のそれぞれに分散投資していた場合、どうなっていたのでしょう。１９８５年1月を「１００」としたドルベースのパフォーマンスは次ページのようになっています。

リターンは株が最も高かったのですが、株は１９９９年から２００２年にかけて大きく下落しています。一方の債券はあまり大きく下げることもなくジワジワと上がっていますね。そして株と債券を半分ずつ混ぜることで、**株の大きな下落を債券がマイルドにしつつ、債券よりも高いリターンを実現しています。**

ところで、「２つのものが同じ方向に動く割合」を示す指標に「**相関係数**」というものがあります。相関係数では、２つのものが同じ方向に動く割合を「＋１～－１」で表します。＋１に数値が近いほど、片方の数字が変化したときにもう一方が「同じ方向」に動き、－１に数値が近いほど、片方の数字が変化したときにもう一方が「逆方向」に動くことが多くなります。

では、この場合の世界株と世界国債の相関係数はどのくらいなのでしょうか。実は、このグ

5-17 「世界株」「世界国債」「両者に分散投資した場合」のパフォーマンス（米ドルベース）

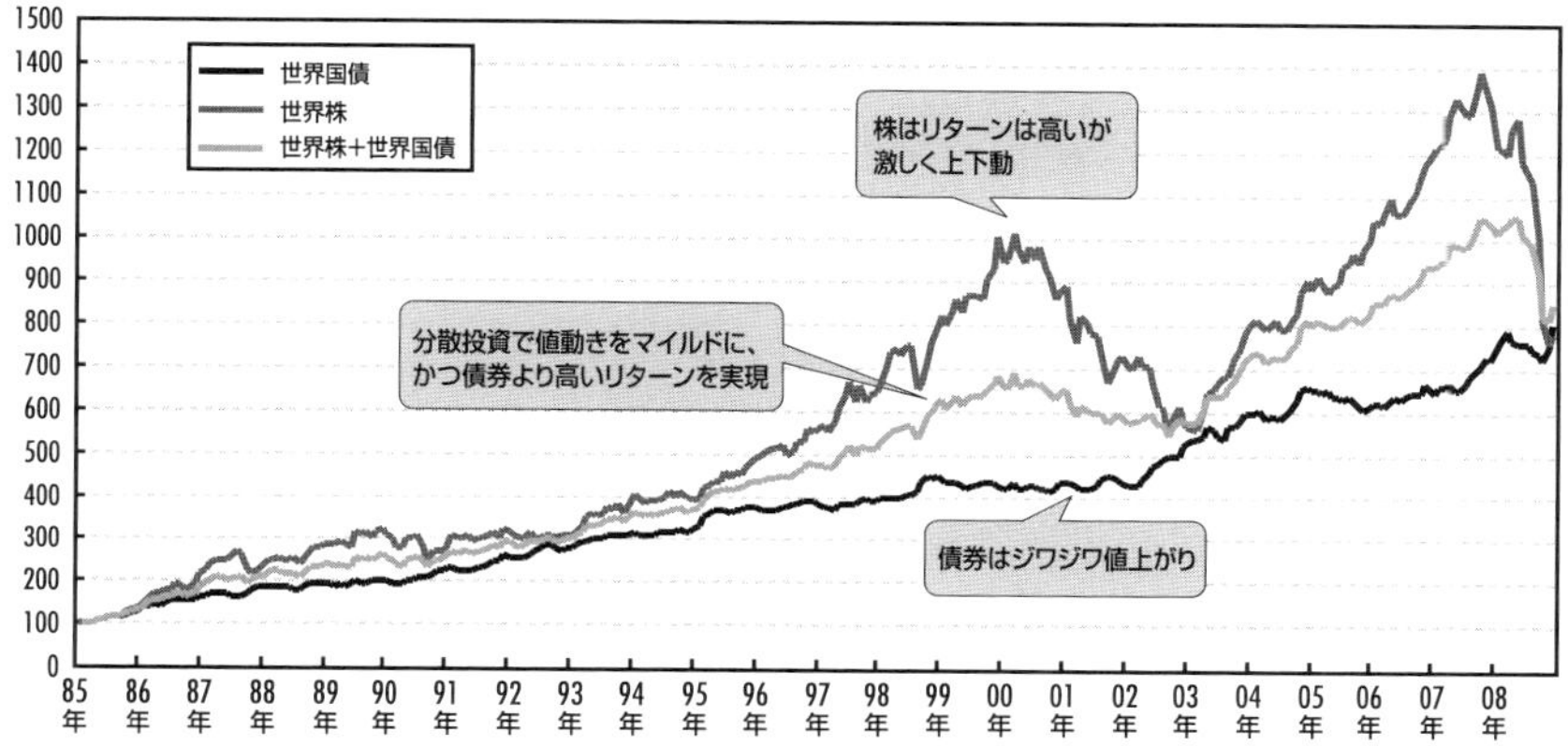


※データ提供：シティグループ、MSCI（両社のデータを基に著者作成）
※データ期間：1985年1月～2008年12月

ラフの期間の相関係数は、なんと0・93もあります。つまり、株と債券はほとんど「同じ方向に動いてきた」ということになりますよね。

株と債券は、基本的にはバラバラの値動きをするはずなのに、一体なぜ？　これは、長期的に見れば「株も債券も結局はどちらも右肩上がりに上がってきた」ということに起因します。

しかし、これを「ある月までの1年間の値動きの相関係数」「その前の月までの1年間の値動きの相関係数」…という具合にスライドさせ、「1年間の値動きの相関係数の平均」を取ってみると、その数値は0・33となり、1年という短期間で見ると、株と債券がちゃんとバラバラの動きをしていることがわかります（5-18）。この期間を2年、

5-18 世界株と世界国債の期間別平均相関係数（米ドルベース1985.1〜2008.12）

| | 1年 | 2年 | 3年 | 4年 | 5年 | 6年 | 7年 | 8年 | 9年 | 10年 |
|---|---|---|---|---|---|---|---|---|---|---|
| 移動平均相関 | 0.33 | 0.41 | 0.50 | 0.56 | 0.60 | 0.61 | 0.63 | 0.66 | 0.70 | 0.73 |

3年と長くしていくとどんどん相関係数は上がっていき、10年になると0・73とかなり高い相関を示し、ほぼ同じように動いています。

**つまり、短期と長期ではまったく事情が異なるわけですね**。では、「長期投資の場合は分散投資する意味がないのか」と言えば、もちろんそんなことはありません。投資のリスクは「値動きやリターンのバラつきの大きさ」だけでなく、「望まないことが起こる可能性」もありました。

分散投資をすれば、このリスクを軽減できますよね。また、「バラつきの大きさ」についても、分散投資による効果は「ある程度」は出ます。ただし、期間が長くなると、「**短期の場合ほど大きくは出ない**」というだけの話です。

基礎編

# 12 株と債券の組み合わせ比率は？

## 過去のデータを見てみよう！

世界株と世界国債は、どのくらいの比率で組み合わせたらよいのでしょう。もちろん正解はないのですが、過去のデータからある程度の目安を知ることはできると思います（ただし、あくまでも過去のデータですので、将来もこれと同じになるというものではありません）。

次ページに、世界株と世界国債の組み合わせ比率を10％ずつ変えていった場合の投資リターン（米ドルベース）を投資期間ごとに集計したものを示します。

期間が短いうちは、債券を混ぜるとどんどんマイルドになっていくのがわかると思います。期間が長くなっていくと、次第に「株式１００％でもいいんじゃないかな」と思えるくらいになっていきます。**投資期間を長くすることで、株の弱点である「短期間での荒い値動き」をマイルドにすることができます**。また、長期間になるほどインフレによる債券のダメージが深刻化していきますし、さらに株と債券のリターンの差が拡大していくことを考えると、私はやはり「世界株１００％」というのが基本ポジションになるのではないかなと思うのです。

もちろんそこに、世界国債を足していって自分好みのところまでマイルドにしたり、日本株

### 5-19 世界株と世界国債の組み合わせ比率別、投資期間別リターン（米ドルベース）

| 1ヶ月 | 世界株 | 100% | 90% | 80% | 70% | 60% | 50% | 40% | 30% | 20% | 10% | 0% |
|---|---|---|---|---|---|---|---|---|---|---|---|---|
| | 世界国債 | 0% | 10% | 20% | 30% | 40% | 50% | 60% | 70% | 80% | 90% | 100% |
| 原数値 | 最高値 | 12% | 11% | 10% | 9% | 9% | 8% | 7% | 7% | 7% | 7% | 7% |
| | 平均値 | 0.8% | 0.8% | 0.8% | 0.8% | 0.8% | 0.8% | 0.8% | 0.8% | 0.8% | 0.8% | 0.8% |
| | 中央値 | 1.2% | 1.2% | 1.1% | 1.0% | 0.9% | 0.9% | 0.8% | 0.8% | 0.8% | 0.8% | 0.8% |
| | 最低値 | −19% | −17% | −16% | −14% | −12% | −10% | −9% | −7% | −5% | −4% | −4% |
| | 標準偏差 | 4.4% | 4.0% | 3.6% | 3.2% | 2.9% | 2.6% | 2.4% | 2.2% | 2.0% | 2.0% | 2.1% |
| 年率換算 | 最高値 | 282% | 247% | 216% | 189% | 168% | 149% | 134% | 126% | 119% | 118% | 128% |
| | 平均値 | 10% | 10% | 10% | 10% | 10% | 10% | 10% | 10% | 10% | 9% | 9% |
| | 中央値 | 16% | 15% | 14% | 13% | 11% | 11% | 10% | 10% | 10% | 10% | 10% |
| | 最低値 | −92% | −90% | −87% | −83% | −79% | −74% | −67% | −59% | −49% | −39% | −41% |
| | データ数 | 287 | 287 | 287 | 287 | 287 | 287 | 287 | 287 | 287 | 287 | 287 |
| | マイナス数 | 107 | 108 | 103 | 103 | 100 | 96 | 100 | 95 | 97 | 104 | 110 |
| | マイナス率 | 37% | 38% | 36% | 36% | 35% | 33% | 35% | 33% | 34% | 36% | 38% |

| 1年 | 世界株 | 100% | 90% | 80% | 70% | 60% | 50% | 40% | 30% | 20% | 10% | 0% |
|---|---|---|---|---|---|---|---|---|---|---|---|---|
| | 世界国債 | 0% | 10% | 20% | 30% | 40% | 50% | 60% | 70% | 80% | 90% | 100% |
| 原数値 | 最高値 | 67% | 64% | 61% | 58% | 54% | 52% | 50% | 48% | 46% | 44% | 42% |
| | 平均値 | 12% | 12% | 11% | 11% | 11% | 10% | 10% | 10% | 9.6% | 9.3% | 9.1% |
| | 中央値 | 14% | 13% | 12% | 11% | 11% | 10% | 9.5% | 9.1% | 8.7% | 8.2% | 8.3% |
| | 最低値 | −43% | −39% | −35% | −31% | −27% | −22% | −18% | −13% | −8% | −5% | −7% |
| | 標準偏差 | 19% | 17% | 15% | 14% | 13% | 11% | 10% | 9.2% | 8.5% | 8.2% | 8.3% |
| 年率換算 | 最高値 | 67% | 64% | 61% | 58% | 54% | 52% | 50% | 48% | 46% | 44% | 42% |
| | 平均値 | 12% | 12% | 11% | 11% | 11% | 10% | 10% | 10% | 10% | 9% | 9% |
| | 中央値 | 14% | 13% | 12% | 11% | 11% | 10% | 9% | 9% | 9% | 8% | 8% |
| | 最低値 | −43% | −39% | −35% | −31% | −27% | −22% | −18% | −13% | −8% | −5% | −7% |
| | データ数 | 276 | 276 | 276 | 276 | 276 | 276 | 276 | 276 | 276 | 276 | 276 |
| | マイナス数 | 65 | 57 | 54 | 49 | 45 | 39 | 31 | 27 | 26 | 25 | 29 |
| | マイナス率 | 24% | 21% | 20% | 18% | 16% | 14% | 11% | 10% | 9% | 9% | 11% |

を足して日本株の比率を高めたり、新興国株やＲＥＩＴ、コモディティなど、自分の好きなアセットクラスを追加して味付けを変えることも可能です。ただ、まず大事なことは「骨格をしっかりと組むこと」。運用の骨格は、**「世界株と世界国債の組み合わせで決めるのがよい」**と私は考えます。

このデータを参考に、自分に合った世界株と世界国債の比率を決めてみて下さい。これらは「気候データ」みたいなものなので、今後暮らす場所を考えるのにある程度参考にできます。

円ベースで比較した数値は２４８ページ参照。

| 5年 | | | | | | | | | | | | |
|---|---|---|---|---|---|---|---|---|---|---|---|---|
| | 世界株 | 100% | 90% | 80% | 70% | 60% | 50% | 40% | 30% | 20% | 10% | 0% |
| | 世界国債 | 0% | 10% | 20% | 30% | 40% | 50% | 60% | 70% | 80% | 90% | 100% |
| 原数値 | 最高値 | 210% | 198% | 186% | 174% | 163% | 151% | 140% | 129% | 119% | 110% | 101% |
| | 平均値 | 61% | 60% | 58% | 57% | 55% | 54% | 53% | 51% | 50% | 49% | 47% |
| | 中央値 | 60% | 61% | 61% | 60% | 58% | 56% | 55% | 55% | 52% | 48% | 46% |
| | 最低値 | −24% | −19% | −13% | −8% | −2% | 4% | 9% | 14% | 16% | 14% | 11% |
| | 標準偏差 | 49% | 44% | 40% | 35% | 31% | 27% | 24% | 22% | 20% | 19% | 19% |
| 年率換算 | 最高値 | 25% | 24% | 23% | 22% | 21% | 20% | 19% | 18% | 17% | 16% | 15% |
| | 平均値 | 10% | 10% | 10% | 9% | 9% | 9% | 9% | 9% | 8% | 8% | 8% |
| | 中央値 | 10% | 10% | 10% | 10% | 10% | 9% | 9% | 9% | 9% | 8% | 8% |
| | 最低値 | −5% | −4% | −3% | −2% | 0% | 1% | 2% | 3% | 3% | 3% | 2% |
| | データ数 | 228 | 228 | 228 | 228 | 228 | 228 | 228 | 228 | 228 | 228 | 228 |
| | マイナス数 | 34 | 24 | 11 | 4 | 1 | 0 | 0 | 0 | 0 | 0 | 0 |
| | マイナス率 | 15% | 11% | 5% | 2% | 0% | 0% | 0% | 0% | 0% | 0% | 0% |

| 10年 | | | | | | | | | | | | |
|---|---|---|---|---|---|---|---|---|---|---|---|---|
| | 世界株 | 100% | 90% | 80% | 70% | 60% | 50% | 40% | 30% | 20% | 10% | 0% |
| | 世界国債 | 0% | 10% | 20% | 30% | 40% | 50% | 60% | 70% | 80% | 90% | 100% |
| 原数値 | 最高値 | 319% | 315% | 311% | 305% | 299% | 292% | 285% | 276% | 268% | 259% | 249% |
| | 平均値 | 151% | 148% | 145% | 142% | 138% | 134% | 130% | 125% | 120% | 114% | 109% |
| | 中央値 | 128% | 128% | 126% | 124% | 120% | 116% | 112% | 109% | 104% | 98% | 92% |
| | 最低値 | −2% | 5% | 13% | 20% | 27% | 35% | 42% | 49% | 53% | 57% | 61% |
| | 標準偏差 | 66% | 63% | 60% | 57% | 54% | 52% | 50% | 48% | 46% | 44% | 43% |
| 年率換算 | 最高値 | 15% | 15% | 15% | 15% | 15% | 15% | 14% | 14% | 14% | 14% | 13% |
| | 平均値 | 10% | 10% | 9% | 9% | 9% | 9% | 9% | 8% | 8% | 8% | 8% |
| | 中央値 | 9% | 9% | 8% | 8% | 8% | 8% | 8% | 8% | 7% | 7% | 7% |
| | 最低値 | 0% | 1% | 1% | 2% | 2% | 3% | 4% | 4% | 4% | 5% | 5% |
| | データ数 | 168 | 168 | 168 | 168 | 168 | 168 | 168 | 168 | 168 | 168 | 168 |
| | マイナス数 | 2 | 0 | 0 | 0 | 0 | 0 | 0 | 0 | 0 | 0 | 0 |
| | マイナス率 | 1% | 0% | 0% | 0% | 0% | 0% | 0% | 0% | 0% | 0% | 0% |

| 15年 | | | | | | | | | | | | |
|---|---|---|---|---|---|---|---|---|---|---|---|---|
| | 世界株 | 100% | 90% | 80% | 70% | 60% | 50% | 40% | 30% | 20% | 10% | 0% |
| | 世界国債 | 0% | 10% | 20% | 30% | 40% | 50% | 60% | 70% | 80% | 90% | 100% |
| 原数値 | 最高値 | 880% | 815% | 751% | 689% | 630% | 573% | 518% | 467% | 421% | 377% | 335% |
| | 平均値 | 293% | 286% | 278% | 269% | 260% | 251% | 241% | 230% | 220% | 209% | 198% |
| | 中央値 | 251% | 248% | 244% | 238% | 232% | 224% | 218% | 211% | 201% | 196% | 191% |
| | 最低値 | 106% | 116% | 123% | 128% | 131% | 133% | 135% | 136% | 136% | 135% | 133% |
| | 標準偏差 | 182% | 163% | 145% | 128% | 111% | 96% | 82% | 69% | 58% | 49% | 42% |
| 年率換算 | 最高値 | 16% | 16% | 15% | 15% | 14% | 14% | 13% | 12% | 12% | 11% | 10% |
| | 平均値 | 10% | 9% | 9% | 9% | 9% | 9% | 9% | 8% | 8% | 8% | 8% |
| | 中央値 | 9% | 9% | 9% | 8% | 8% | 8% | 8% | 8% | 8% | 8% | 7% |
| | 最低値 | 5% | 5% | 6% | 6% | 6% | 6% | 6% | 6% | 6% | 6% | 6% |
| | データ数 | 108 | 108 | 108 | 108 | 108 | 108 | 108 | 108 | 108 | 108 | 108 |
| | マイナス数 | 0 | 0 | 0 | 0 | 0 | 0 | 0 | 0 | 0 | 0 | 0 |
| | マイナス率 | 0% | 0% | 0% | 0% | 0% | 0% | 0% | 0% | 0% | 0% | 0% |

| 20年 | | | | | | | | | | | | |
|---|---|---|---|---|---|---|---|---|---|---|---|---|
| | 世界株 | 100% | 90% | 80% | 70% | 60% | 50% | 40% | 30% | 20% | 10% | 0% |
| | 世界国債 | 0% | 10% | 20% | 30% | 40% | 50% | 60% | 70% | 80% | 90% | 100% |
| 原数値 | 最高値 | 813% | 803% | 790% | 773% | 752% | 729% | 702% | 673% | 641% | 608% | 574% |
| | 平均値 | 513% | 506% | 498% | 486% | 473% | 457% | 440% | 421% | 401% | 380% | 358% |
| | 中央値 | 507% | 498% | 486% | 471% | 454% | 434% | 412% | 388% | 366% | 344% | 323% |
| | 最低値 | 177% | 193% | 208% | 222% | 235% | 247% | 258% | 267% | 275% | 278% | 279% |
| | 標準偏差 | 158% | 151% | 143% | 135% | 126% | 118% | 109% | 101% | 93% | 86% | 79% |
| 年率換算 | 最高値 | 12% | 12% | 12% | 11% | 11% | 11% | 11% | 11% | 11% | 10% | 10% |
| | 平均値 | 9% | 9% | 9% | 9% | 9% | 9% | 9% | 9% | 8% | 8% | 8% |
| | 中央値 | 9% | 9% | 9% | 9% | 9% | 9% | 9% | 8% | 8% | 8% | 7% |
| | 最低値 | 5% | 6% | 6% | 6% | 6% | 6% | 7% | 7% | 7% | 7% | 7% |
| | データ数 | 48 | 48 | 48 | 48 | 48 | 48 | 48 | 48 | 48 | 48 | 48 |
| | マイナス数 | 0 | 0 | 0 | 0 | 0 | 0 | 0 | 0 | 0 | 0 | 0 |
| | マイナス率 | 0% | 0% | 0% | 0% | 0% | 0% | 0% | 0% | 0% | 0% | 0% |

※データ提供：シティグループ、MSCI（両社のデータを基に著者作成）

※データ期間：1985年1月〜2008年12月

基礎編

# 13 株と債券が一緒に下がる理由

## 分散投資したのに、効果がなかった？

既に投資信託を購入している人の中には、「ちゃんと株と債券に分散投資したはずなのにどちらも一緒に下落してしまった」「株と債券に分散投資するバランスファンドを買ったのに下落してしまった」という経験のある人もいるかもしれません。

「株と債券どちらも一緒に下がった」というのは、ほとんどの場合、短期間で発生しているはずです。前節で紹介したとおり、短期ほど相関係数が低い、つまり、短期になるほど株と債券はバラバラな動きになるはずなのに、なぜこのようなことが起こるのでしょう。

その原因となっているのが「**為替**」です。海外の資産に投資した場合、当然ですが、投資した株や債券の値動きに加えて、**投資先の通貨と円の間の為替の値動きも関わってきます。**

株のリターンというのは、短期間でもそれなりに大きく、為替でマイナスになってもそうそう吹っ飛ばされないくらいの力があります。しかし、債券のリターンは株ほど大きくなく、特に短期間だと、為替の変動よりも小さくなってしまうことがあるのです。本来なら、株が下落したときは、債券が株と逆の動きをして株のマイナスを補わなくてはなりません。しかしその

5-20 せっかく分散投資したのに…

| | 株 | 債 券 | 株+債券 | 為替 1ドル= | 円換算 |
|---|---|---|---|---|---|
| | 100ドル | 100ドル | 200ドル | 100円 | 2万円 |
| ① | 95ドル −5.0% | 102ドル +2.0% | 197ドル | 97円 −3.0% | 1万9,109円 −4.5% |
| ② | 95ドル −5.0% | 102ドル +2.0% | 197ドル | 103円 +3.0% | 2万291円 +1.5% |
| ③ | 95ドル −5.0% | 98ドル −2.0% | 193ドル | 97円 −3.0% | 1万8,721円 −6.4% |
| ④ | 95ドル −5.0% | 98ドル −2.0% | 193ドル | 103円 +3.0% | 1万9,879円 −0.6% |
| ⑤ | 105ドル +5.0% | 102ドル +2.0% | 207ドル | 97円 −3.0% | 2万79円 +0.4% |
| ⑥ | 105ドル +5.0% | 102ドル +2.0% | 207ドル | 103円 +3.0% | 2万1,321円 +6.6% |
| ⑦ | 105ドル +5.0% | 98ドル −2.0% | 203ドル | 97円 −3.0% | 1万9,691円 −1.5% |
| ⑧ | 105ドル +5.0% | 98ドル −2.0% | 203ドル | 103円 +3.0% | 2万909円 +4.5% |

株と債券が逆に動いたのにマイナス

株と債券が逆に動いたのにマイナス

債券のリターンが「為替変動」で打ち消されてしまうということが、「短期間」だと発生しやすいわけですね。

債券の変動幅を±２％、為替の変動幅を±３％、株の変動幅を±５％として、円換算のパフォーマンスを考えてみましょう。２万円を１ドル１００円で２００ドルに換えて、１００ドルずつ株と債券を買ったとします。株と債券が逆の動きをしたのは①、②、⑦、⑧。そして①と⑦は、**せっかく株と債券が逆の動きをしているのに、為替変動のせいで円換算したリターンがマイナスになってしまっていますね**。

実際の世界株と世界国債、さらにドルと円の為替レートを見ても、短い期間で見れば、債券のリターンよりも為替の変動幅のほうが大きくなっていることが少なくありません。

ただし一方で、期間が長くなっていくと、債

**短期の場合：債券＜為替＜株**

**長期の場合：為替＜債券＜株**

券のリターンが為替の変動幅を上回っていく傾向が見られます。

投資期間別で見た債券・為替・株の価格変動の大きさをまとめると、上のようになります。つまりここでも、長期と短期ではまったく事情が異なるわけですね。

確かに短期的に見れば、株と債券を組み合わせて分散投資をしても、為替変動の影響で効果が出にくい局面があるかもしれません。しかし投資期間を長期にすれば、為替の存在感は小さくなっていきます。**代わりに、株や債券のリターンが為替変動を上回っていくようになり、組み合わせた資産本来のリターンを期待できるようになります。**

基礎編

# 14 その他のアセットクラス 新興国株・REIT・コモディティ

## 株と債券以外のアセットクラスは?

ここでは、株と債券以外のアセットクラス、「新興国株」「ＲＥＩＴ」「コモディティ」について紹介しておきます。ただし、運用の柱は「株」と「債券」であり、まずはベースとなる世界株と世界国債の比率を決めることが第一です。ここで紹介するアセットクラスというのは、そのベースの上に補完的に使うもの、スパイスとして使うものと理解して下さい。

### 新興国株

読んで字のごとく、新興国の株式に投資するものです。「**エマージング株**」とも言われます。「新興国」と聞くと「高い成長性と高いリターン」というイメージが浮かぶかもしれませんが、新興国は「先進国ではないすべての国」のことを指し、成長力が低い国や、政治・経済などが混乱している国、ハイパーインフレや貧困に苦しむ国なども含まれることに注意して下さい。

もちろん、新興国の中には、先進国では到底期待できないような高いリターンを実現する国もありますし、**成長力のある国に投資すれば、それを反映した高いリターンを期待できます。**

ただ、新興国株はとかく高いリターンや成長力ばかりが強調されがちですが、投資の大原則

「ハイリスク・ハイリターン」は、当然ここにも当てはまります。**「新興国株ファンドは儲かるらしい」などと一括りにせず、リスクとリターンを注意深く吟味するようにして下さい。**また、先進国よりも高いリスクが伴う新興国株投資では、より一層、分散投資・長期投資の重要性と効果が高まります。中身をよく確認しながら、分散投資・長期投資を心がけて下さい。

## REIT

ＲＥＩＴは株や債券などの有価証券ではなく、オフィスビルや商業施設、マンションなどの不動産を組み入れた投資信託のこと。中に組み入れている不動産は賃貸されていて、ファンドには債券のクーポンや株式の配当金のように「賃料収入」というインカムゲインがあり、組み入れている不動産の値上がりによるキャピタルゲインも期待できます。

日本国内の不動産が組み入れられた日本のＲＥＩＴは東京証券取引所で売買されていますので、株を購入するのと同様に、証券会社を通じて購入することが可能です。また、ファンド・オブ・ファンズ形式で、複数のＲＥＩＴをまとめた投資信託も設定されています。

なお、**REITには、株や債券とは異なる独特のリスクがあります。**それは天災や不動産価格の下落、空室率上昇・家賃相場下落などによる賃料収入の減少、あるいはそのファイナンスなどのリスクです。実際に資金繰りが原因で破綻した国内のＲＥＩＴもありますし、大きな借入をして不動産を購入していたり、その資金調達方法が「短期間の借り換え」を前提にしていて、金融市場の混乱などによって資金繰りに問題が生じる、というようなケースもあります。

**よって、ここでもやはり分散投資が重要になってくると思います。**ＲＥＩＴ間の分散はもち

**●REITのリスク**
地震などの自然災害による建物の崩壊もREITのリスクだが、これについては再投資リスク（次の投資対象がすぐに見つからないリスク）があるとはいえ、損害金は保険でカバーされることが多い。

5-22 その他のアセットクラス

| | |
|---|---|
| **新興国株** | 新興国の株式に投資するもの。「エマージング株」とも言われる。<br>ハイリスクではあるが、その分高いリターンが期待できる<br>国によって、リスクの種類や大きさが大きく異なるので要注意 |
| **REIT** | オフィスビルや商業施設、マンション、などの不動産を組み入れた投資信託のこと。<br>「賃料収入」というインカムゲインと、「不動産の値上がり」による<br>キャピタルゲインを期待できる |
| **コモディティ** | 商品取引市場で売買される商品のこと。<br>原油や天然ガス、金や銅、小麦や大豆などが含まれる。<br>原則としてインカムゲインはなく、キャピタルゲインが収益源 |

ろん、国も分散することで、不動産市場のリスクを分散することができます。ＲＥＩＴに投資するのであれば、まずは世界中の様々な国のＲＥＩＴに分散するタイプのものがよいと思います。

### コモディティ

「コモディティ」というのは商品取引市場で売買される商品のことで、原油や天然ガスなどのエネルギーや、金や銅などの金属、小麦や大豆などの農産物などが含まれます。**原則としてインカムゲインはなく、キャピタルゲインが収益源となります。**

インフレに強いとされていますが、価格変動が激しく、ハイリスク・ハイリターンのアセットクラスです。また、市場規模があまり大きくないため、投機資金の流入・流出によって短期的に大きく変動する場合があるので注意が必要です。

基礎編

# 15 その他のアセットクラスに投資するときは…

## 「マネートレイン」に要注意！

新興国市場やコモディティへの投資など、小さな市場に投資する場合に注意してほしいのは、「**市場の規模**」と「**流動性**」です。「市場の規模」は文字どおり、市場の大きさのこと。「時価総額」という、「対象銘柄すべてを現在の時価で評価したらどのくらいの金額になるのか」という数字で表されることが多いです。

一方の「流動性」というのは、「成立する取引の大きさ」や「どの程度スムーズに売買できるか」といったことを表します。先進国市場で取引される大型株であれば、売りたいと思ったらいつでも売ることができますが、**市場規模が小さく、あまり取引が活発でない市場の、さらに取引の少ない銘柄となるとそうはいきません**。買いたいという人が現れずに何日も売却することができなかったり、とんでもない値段でしか買いが入らず、とても現金化できない、というようなケースも珍しくありません。このように、新興国への投資、特に市場規模の小さな国への投資や、小さな証券市場に集中投資するようなケース、投資対象国を絞っているようなケースでは、市場規模と流動性のリスクがあるということを認識しておいたほうがいいと思います。

5-23 市場の規模と流動性

| | |
|---|---|
| **市場の規模** | 市場の大きさのこと。対象銘柄すべてを現在の時価で評価したらどのくらいの金額になるのか（＝時価総額）で表されることが多い。市場規模の小さい市場は、流動性のリスクがあり、また投機資金に振り回されやすい |
| **流動性** | 「成立する取引の大きさ」や、「どの程度スムーズに売買できるか」といったことを表す。大型株と違い、「市場規模が小さく、あまり取引が活発でない市場の取引の少ない銘柄」は流動性が低く、何日も売却することができなかったり、とんでもない値段でしか買いが入らず、現金化できなかったりすることがある |

また、市場規模の小さな市場というのは、流動性のリスクだけではなく、「**投機資金に振り回されやすい**」という点にも注意が必要です。

私はよく「マネートレイン」と表現するのですが、金融市場のグローバル化が進み、インターネットなどを通じて誰もが高度な情報を大量に得ることができるようになった現在、「**様々な国の様々な資金が一斉に動く**」ということが多くなってきています。

こうした資金が流れ込んだ先、つまり「マネートレインが停車した駅」には大量の資金がもたらされ、市場の需給バランスが崩されて価格がかさ上げされ、価格がどんどん上昇していきます。さらに、上昇し続ける価格がさらに人を呼び寄せ、資金を集め、マネートレインの次便が次々にやってきます。人々はマネートレインの停車駅を目指し、乗り遅れまいと必死です。ある人々は、「マネートレインの次の停車駅はどこだ?」と目を血走らせます。

例えば、世界の株式市場の時価総額は31兆ドル（約３０００兆円）と言われていますが、その中のわずか０・１％が「今アツい！」と言われている市場に流れ込んだらどうなるでしょう。その資金は３１０億ドル、日本円で３兆円もの資金となってその市場に流れ込みますね。ちなみにフィリピンの株式市場の時価総額は５２３億ドル、ヨルダンは３４９億ドル、ニュージーランドは２２８億ドル、ハンガリーは１８０億ドルしかありません。当然、マネートレインがこうした市場に停車したら、その市場で取引されるものは爆発的に高騰するでしょう。

しかし、その熱気は必ず冷める日がきます。「やや過熱気味だったかもしれない」「バブル状態だったかもしれない」と不安に思った人たちが、「これはヤバい」とばかりに一斉に逃げ始め、少しでも早く売り逃げたい人が売値をどんどん切り下げ、価格は急速に下がっていくでしょう。**最終的には、結局「本来あるべき水準」「元々その市場にふさわしい価格」に戻っていくしかありません。**マネートレインが去ってしまった後の駅は、それまでの賑やかさがウソのように閑散とします。このような歴史が、世界のあちこちで何度も繰り返されてきました。

## 世界株や世界国債はマネートレインに振り回されにくい

では、マネートレインに振り回されないためにはどうすればよいか。**その判断材料になってくれるのが、ＰＥＲやＰＢＲ、配当利回りなどです。**値段がかさ上げされてしまっているときは、ＰＥＲやＰＢＲが極端に割高になったり、配当利回りがすごく低くなったりするものです。

そういうときでも、熱狂の中にある人たちは、いろいろ説明や解釈をつけて「そんなのはバ

**●ＰＥＲ**
→１４１ページ参照。

**●ＰＢＲ**
→１４５ページ参照。

**●配当利回り**
→１４６ページ参照

カげている。こんなに絶好調の株式市場なのに」「その数字ではこの魅力的な投資対象を説明できない」「今回のケースだけは違う」などと、口々に言ったりするでしょう。**そういうセリフを聞くようになったら、要注意なのかもしれませんね。**

時価総額の大きさというのは、それだけ市場が大きく、「マネートレインに振り回されにくい」ということも示してくれます。「基本ポジションは世界株と世界国債」と言いましたが、その理由のひとつは、この「マネートレイン対策」でもあるわけです。

世界株も世界国債も、どちらも１０００兆円を超える巨大市場ですし、ちょっとしたマネートレインなら飲み込んでしまえるくらいの懐の深い市場です。もちろん、流動性も申し分ありません。

Column

# マネートレインが停車したベトナム

主な国の株式市場の時価総額は下の表のとおりです。投資先を考える際の目安にしてみて下さい。

少し前にかなりの人気を博したベトナム株が出ていませんが、ベトナム株は数年前まで数十億ドル程度だった時価総額が、ほんの数年の間に２００億ドルを上回り、年に１００％以上の株価上昇を記録していました。

ＰＥＲは50倍超えが当たり前、中には１００倍を超えるＰＥＲで取引されている銘柄もありました。たった数十億ドルしかない株式市場に大量の資金が流れ込み、まさにマネートレインが停車した状態。

世界中から注目が集まり、日本でもベトナム株ファンドが設定され、発売されればすぐに売り切れ。

マネー雑誌も週刊誌もビジネス誌もこぞって「これからはベトナムの時代だ！」とはやしたて、大騒ぎをしていました。

あれから1～2年しか経っていませんが、今はベトナムの特集をする雑誌などありません。

マネートレインは、次の駅へ向けて出発してしまったのでしょうか。

| | | | | | |
|---|---|---|---|---|---|
| アメリカ | 11,593 | イタリア | 487 | オーストラリア | 634 |
| カナダ | 1,057 | オーストリア | 71 | ニュージーランド | 23 |
| ブラジル | 591 | ルクセンブルグ | 61 | 中国・香港 | 3,041 |
| アルゼンチン | 40 | スウェーデン+フィンランド | 531 | 韓国 | 405 |
| コロンビア | 83 | ノルウェー | 125 | 台湾 | 341 |
| ペルー | 42 | アイルランド | 48 | インド | 1,093 |
| メキシコ | 225 | ギリシャ | 88 | マレーシア | 177 |
| チリ | 129 | ハンガリー | 18 | インドネシア | 83 |
| イギリス | 1,892 | ポーランド | 89 | フィリピン | 52 |
| ドイツ | 983 | イスラエル | 132 | シンガポール | 245 |
| ユーロネクスト | 1,939 | ヨルダン | 35 | タイ | 90 |
| スペイン | 866 | イラン | 51 | 南アフリカ | 436 |
| スイス | 789 | 日本 | 3,100 | エジプト | 84 |
| | | | | トルコ | 112 |

単位：10億ドル（08年11月時点）
※THE WORLD FEDERATION OF EXCHANGESに登録している証券取引所の中から集計、重複上場分含む

第6章

実践編

# 分散投資と長期投資

ここでは、投資の最も大切な部分である
「長期投資」と「分散投資」について、
より実践的なお話をしていきます。
この2つが投資の基本となりますから、
しっかり理解して下さい。

実践編

01

# 分散投資と長期投資の関係

## 基本は「分散投資」と「長期投資」

投資の基本は「分散投資」と「長期投資」。分散投資と長期投資は、「望まないことが起こる可能性」「リターンのバラつき」という投資の２つのリスクに対して効果的です。

次ページのグラフを見て下さい。これは、英国株、欧州株、世界株の１９７０年1月から２００８年12月までの各月末までの1年リターンを並べたものです。例えば「英国株のみに１年間だけ投資をした場合」のリターンは、英国株というグラフに並んだ縦棒の中の「どれか１つ」ということになりますね。**これは、ずらっと並んだ上下に長さの違う棒の中から1本のくじを引くようなものです。**

しかし、イギリスにだけ投資していたのを「ヨーロッパ」に広げるだけで、上下のギザギザはかなりマイルドになり、さらに「世界全体」に分散投資をした場合は、さらにマイルドになっています。また、マイナスの棒を選んでしまう確率も減りますね。それぞれのグラフには１９７０年から２００８年までの約38年、４５６本の縦棒が並んでいますが、そのうちマイナスのリターンの棒の本数は、英国株が１２２本、欧州株が１０９本、世界株が95本です。

6-1 英国株の１年リターン

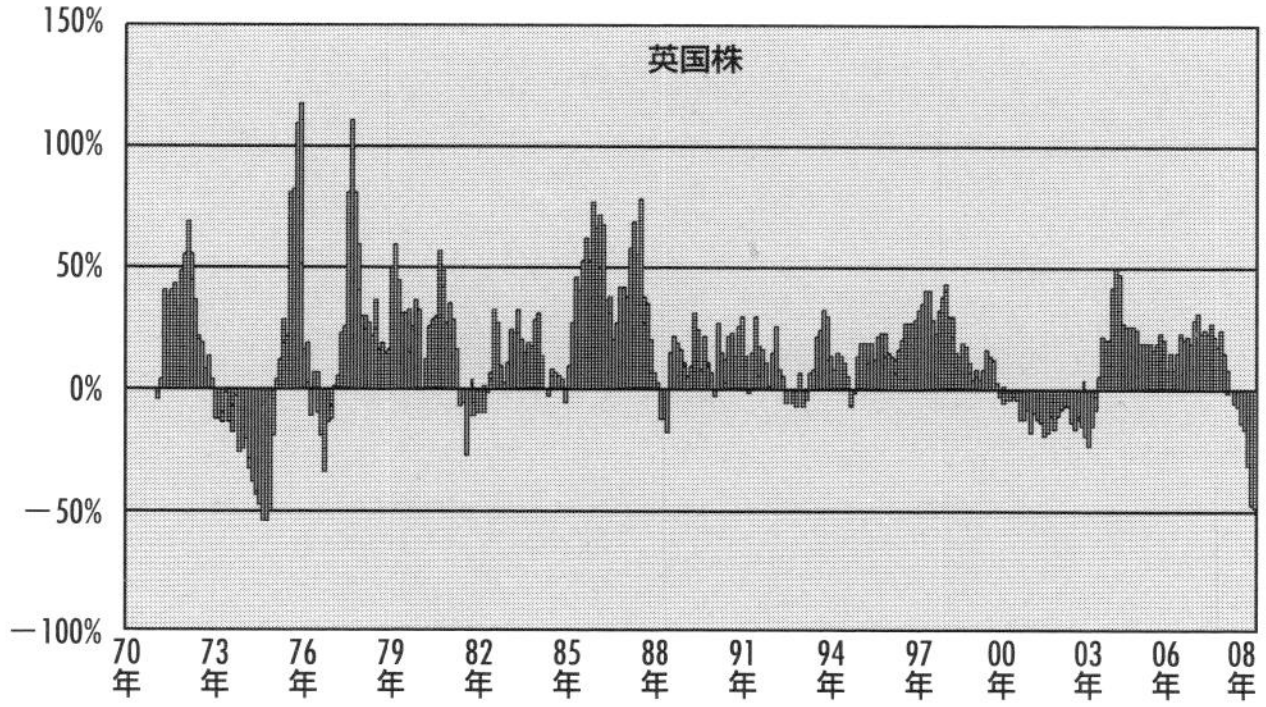


6-2 欧州株の１年リターン

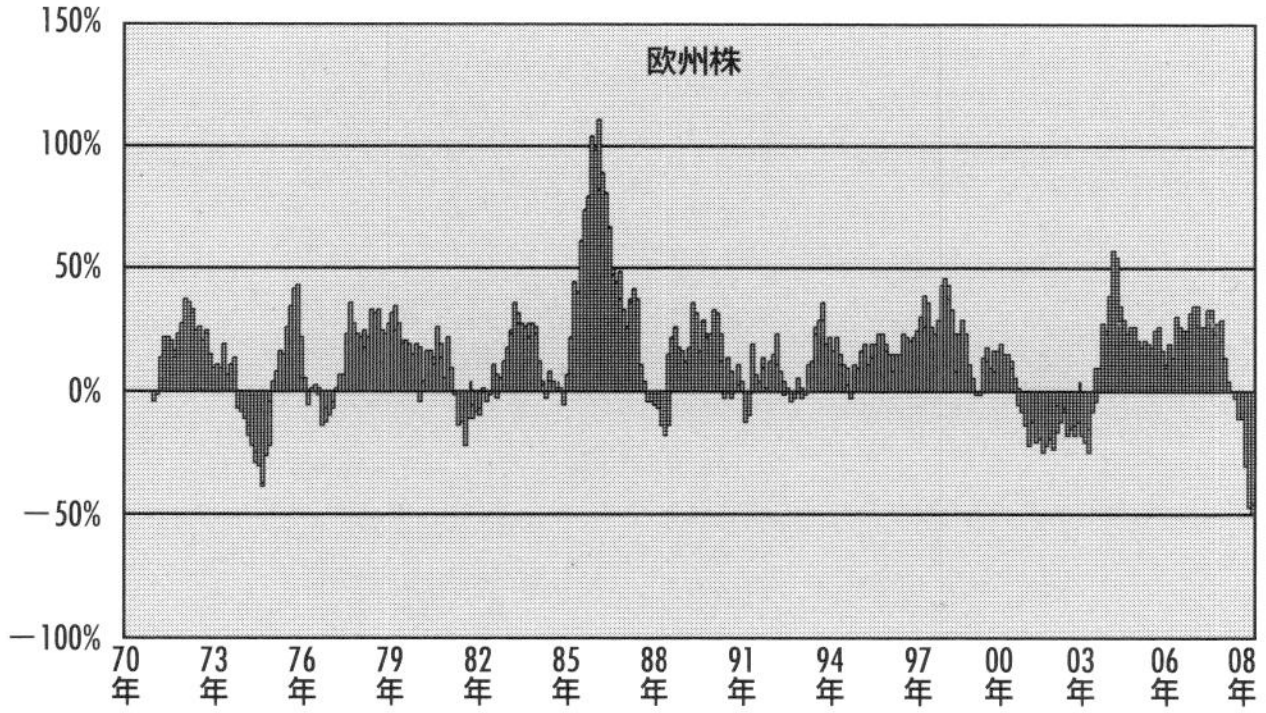


6-3 世界株の１年リターン

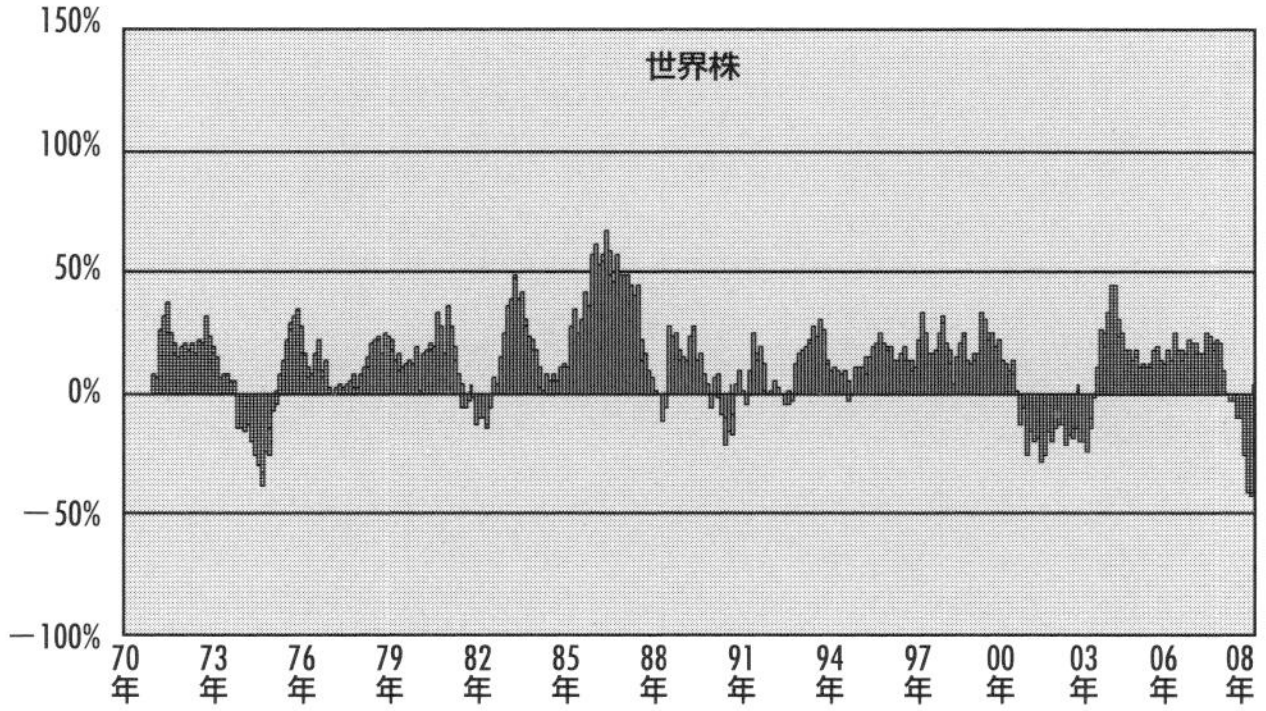


※データ提供：MSCI（データを基に著者作成　すべて米ドルベース）
※データ期間：1971年1月～2008年12月

## 分散投資に長期投資の効果を加える

さらに、この「世界株」への投資期間を1年からもっと長くしていくと、分散投資の効果に長期投資の効果が加わり、グラフは次ページのように変化します。

世界株に10年投資をした場合、「いいときと悪いときの差」が小さくなり、「いつから投資をはじめたのか」による差が小さくなっていることがわかります。**これであれば、「いつ買ったらいいのか」「いつが買いどきなのか」「どのタイミングで投資をはじめたらいいのか」という、「誰も正解を知らない問い」に頭を悩ませなくてもいいような気がしませんか？**

1年だけを選んで投資した場合には、たとえ世界に広く分散投資をしていたとしても、いいときと悪いときの差が大きく、「いつからはじめたか」というタイミングによる差も大きくなります。ちなみに1年だけの投資の場合、一番いいときはプラス67%、一番悪いときはマイナス43%でした。この広い範囲に散らばるクジの中から1本を選ぶというのは、やはり投資というよりはギャンブルに近いですね。

「投資信託を買ってから1年後の成績」というのは、投資をはじめたタイミングの違いでこのくらい差が出てしまうものなのです。投資信託を1年程度で売買するのは、この上下の差の激しいクジを引くようなもの。また、投資信託を購入してから1年程度でその投資成果について話すのは、このクジの中から引いた1本について話すようなものです。長期投資をするのであれば、あまり意味がないということがわかると思います。

6-4 世界株1年のリターン

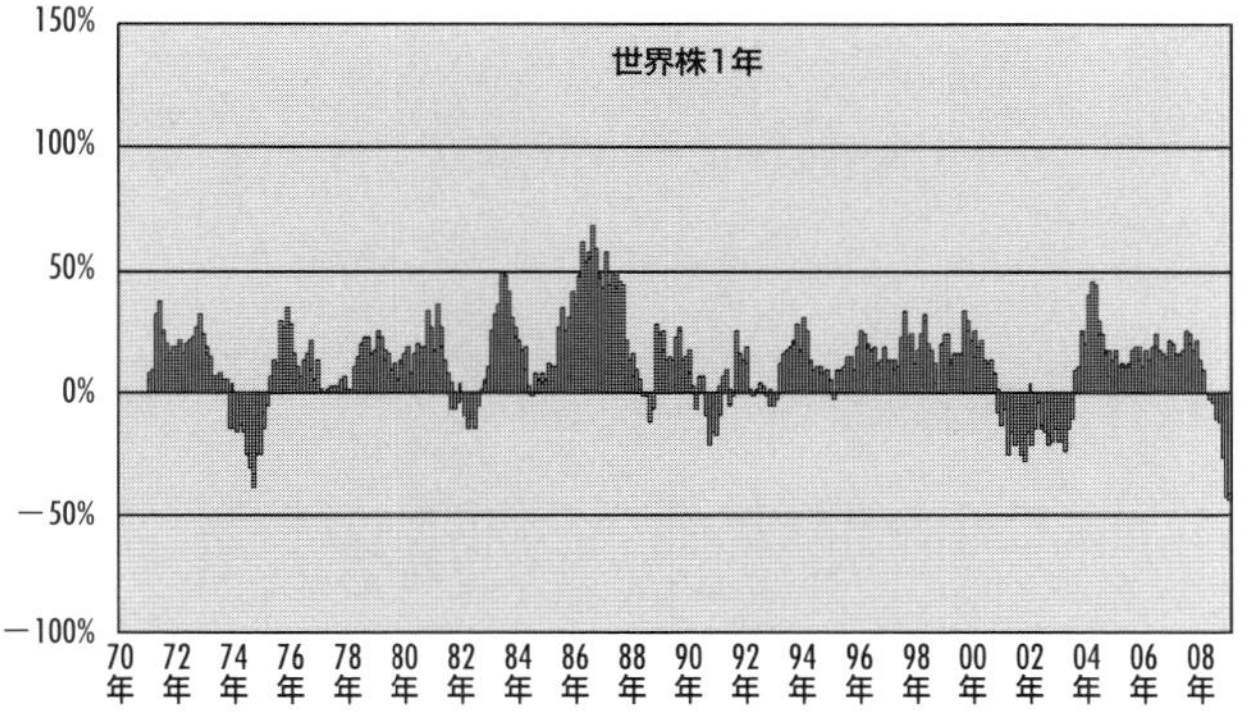


6-5 世界株5年のリターン（年率換算）

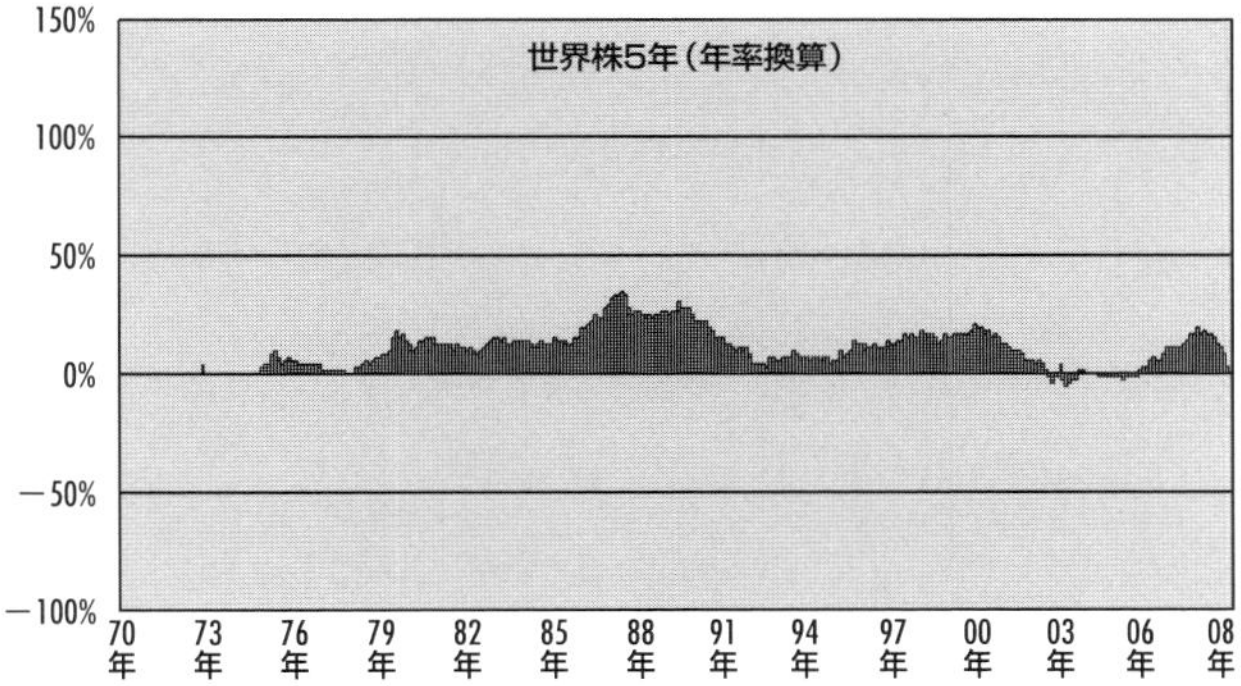


6-6 世界株10年のリターン（年率換算）

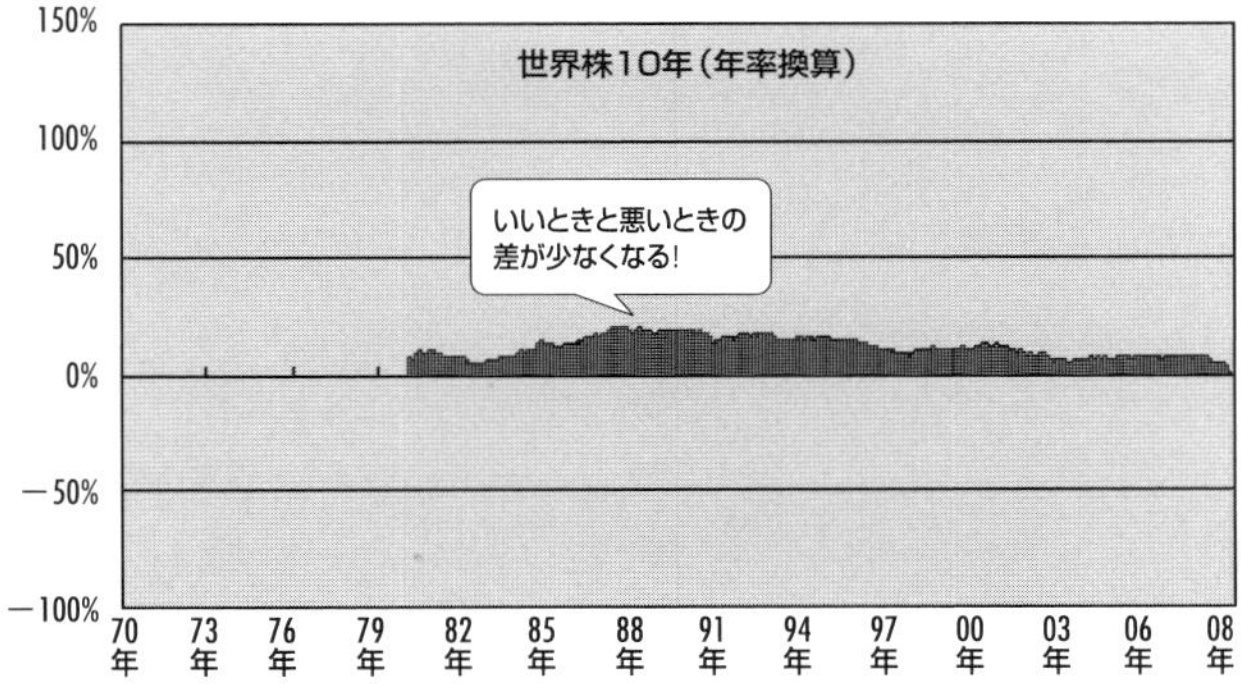


※データ提供：MSCI（データを基に著者作成　すべて米ドルベース）

※データ期間：1971年1月～2008年12月

02

実践編

# 購入時期を分散しよう!

## 「はじめるタイミング」も分散する

一口に「分散投資」と言っても、「投資対象国の分散」「投資資産の分散」「銘柄の分散」のように、いろいろなやり方があります（6-7）。また、「購入時期の分散」というのもありますね。投資資金をドーンと1回で投資をしてしまうのではなく、10分の1ずつ10回に分けて、というふうに購入する時期をずらして投資することで、「その年一番の高値で全部購入してしまう」というリスクを避けることができます。

前節で、長期投資をするのであれば、「いいときと悪いときの差」や「購入時期による差」は、短期間投資の場合ほど大きくならないという話をしました。とはいえ、「長期が経過するまでのやきもきした気持ち」や「やっぱり気になる1年後の運用成果」などを考えると、購入時期は分散させるべきではないかと思います。なぜなら、購入時期を分散することに、特に目立ったデメリットはないからです。強いてデメリットを挙げるとすれば、

**①「自分は買いどきがわかる」「一番安くなった底値で買える」と信じている人が「一番安いとき」以外のタイミングでも買ってしまう**

6-7 分散投資の種類

| | |
|---|---|
| **投資対象国の分散** | イギリス＜ヨーロッパ＜グローバル |
| **投資資産の分散** | 株のみ・債券のみ＜株と債券 |
| **銘柄の分散** | 個別株1銘柄＜100銘柄のポートフォリオ |
| **購入時期の分散** | 一度に購入＜何度かに分散して購入 |

**②購入金額によって異なる販売手数料がかかるファンドを買う場合は、投資金額を分割して購入金額を小さくした結果、手数料率が上がってしまう**

**③投資金額を分割して購入金額を小さくした結果、購入しようとするファンドの最低購入金額に届かない**

**④投資金額を全額投資し終えるまでの期間が長くなることによる機会損失**

**⑤一度に買う場合よりも手間がかかる**

…というあたりでしょうか。

しかし①については、「誰も未来を知らない」のが投資の原則であり、「狙って底値で買うのは不可能」だと思っていますので、私はデメリットとは考えません。

また②は、販売手数料のかからないファンドを購入する場合には関係ありませんし、かかるファンドの場合でも、「ちょうど手数料率が変わってくる金額」というケースはさほど多くないはず。またそのようなケースであっても、「金額階層による手数料率の違い」と「一番の高値で全部買ってしまうかもしれないリスク」を天秤にかければ、投資タイミングを分散するメリットはそれなりにあるはずです。

## 機会損失もさほど大きくない？

③も、1万円から購入できるファンドがたくさんあることを考えれば、いくらでも選択肢はあると思います。また④は、例えば10年に渡って分割投資した場合は機会損失も大きくなると思いますが、1年や2年くらいの間に分割投資していくのであれば、機会損失はさほど大きくはないのではないかと考えます（もちろん、投資期間が5年なのか10年なのか20年なのかによって、「そのうちの1年」の機会損失の大きさは異なります。また、そもそもまとまった投資金額がなく、「これから毎月の給与収入から少しずつ投資していこう」という場合には、「大きな金額が貯まってからまとめて投資」のほうが機会損失は大きいことになります）。

⑤の手間の感覚は人それぞれです。

## まずは「投資期間を長くする」ことが基本！

ともあれ、この程度のデメリットであれば、購入時期を分散するほうがいいのではと思えるのではないでしょうか。また自動積立のように、毎月決まった日に指定したファンドを**定時定額購入**できるシステムのある販売会社もあります。現役世代の方で、毎月の収入の中から少し

**●定時定額購入**
定時定額購入の場合は「同じファンドを毎月購入」していくことになるが、自分で購入タイミングをずらして買っていくのであれば、その都度購入するファンドを変えることももちろん可能。

## 購入時期をずらす＜投資期間を長期にする

ずつ投資していこうという人は、こういったものを利用してもいいと思います。

ただし、投資の基本は「投資期間を長期にして購入時期による差を小さくする」「1年のグラフの中から高い棒を狙うのではなく、投資期間を長くして棒を選び出すグラフを10年のグラフに換える」こと。これが大前提です。ここで説明したのは、そのうえで、「購入時期も分散するとよりよいでしょう」という話に過ぎません。**投資期間を長期にすることよりも優先順位の高いものではありませんので、その点は注意して下さい。**

「10年に渡って少しずつ購入時期をずらしていく」というのは、先ほどの機会損失も大きくなり、一番最後の投資額は10年間もほったらかしになるわけですから、これではまさに「元も子もない」ことになります。

実践編

# 03 買いどき、売りどきの見極めは？

## 買いどき、売りどきは「その後の相場」が決める！

「買いどき・売りどきはどうやって見極めたらよいのか」というのは、多くの人が頭を悩ませる部分だと思います。

まず「買いどき」から考えてみましょうか。皆さんの考えている「買いどき」って、Aのようなイメージではないでしょうか？　で、①や②の時点で「買いどきを察知したい、あるいは誰かが答えを察知しているのではないか」と考えている人が多いように思います。

でも、私の考えは違います。「買いどき」に対する私の考え方では、Bのようになります。

…わかりますか？　つまり私は、**「買いどき」に、その前は関係ない**のではないかって思っているんです。なぜなら、**「買いどき」は、その後の相場が決める**と考えているからです。

世の中にはいろいろな意見があります。「有名な人が今が買いどきだ、もうすぐ底だと言っている」「○○のときとよく似たグラフだからそろそろ反転する」…。でも、何度も言っていますが、未来の相場を知っている人、答えを知っている人は誰もいません。

**「買いどき」の後で相場が下がれば、それは買いどきじゃなかったということ。逆に買った**

**あとに相場が上がれば、それ以前がどうであろうが、そのときが買いどきだったということになりますよね。**そして、「未来を知っている人はいない」という私の考え方に基づくと、「買いどきがわかる人はいない」ってことになります。

「売りどき」も同様です。売ったあとに相場が下がればそのときが売りどきだったということ、逆に相場が上がればそのときは売りどきではなかったということです。

6-9 多くの人が抱く買いどきのイメージ

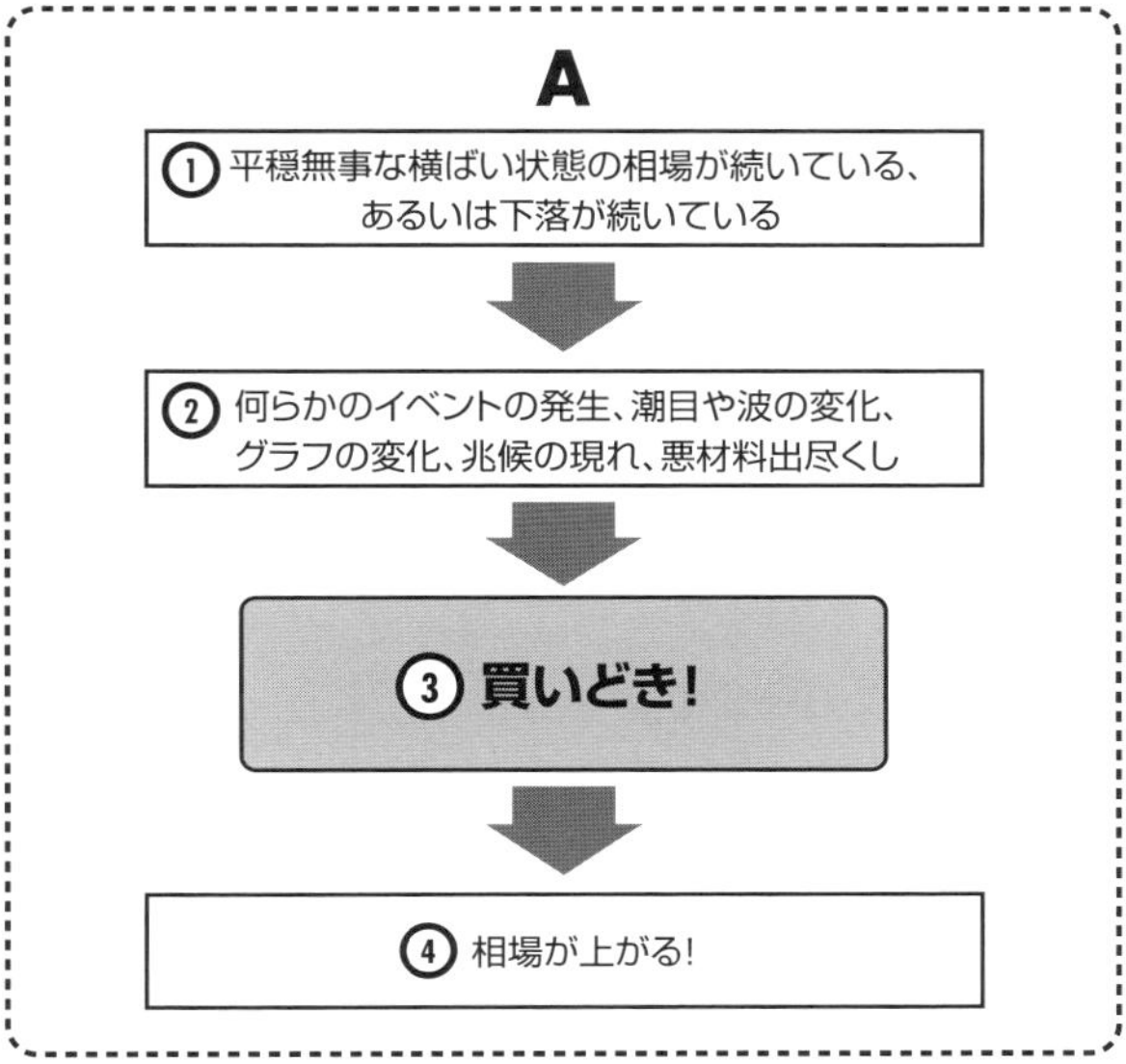

A
① 平穏無事な横ばい状態の相場が続いている、あるいは下落が続いている
② 何らかのイベントの発生、潮目や波の変化、グラフの変化、兆候の現れ、悪材料出尽くし
③ 買いどき!
④ 相場が上がる!

6-10 著者が考える買いどきのイメージ

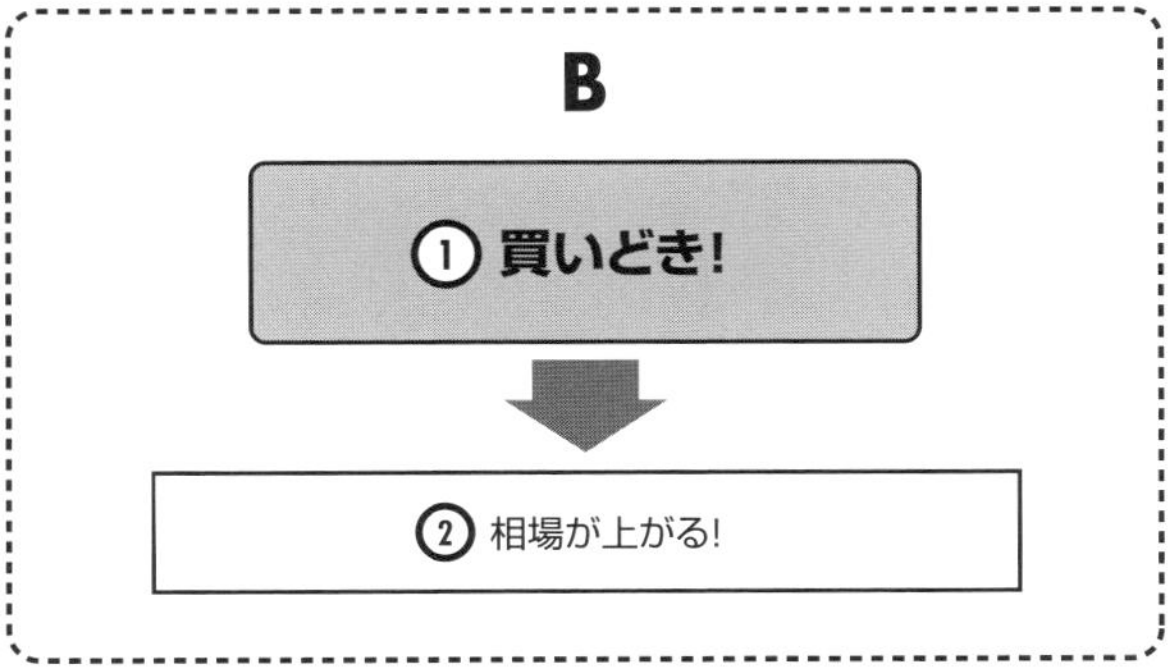

B
① 買いどき!
② 相場が上がる!

6-11 解約が考えられる3つのケース

| | |
|---|---|
| ① | 投資していた資金が必要になり、<br>現金化しないといけなくなった |
| ② | 投資先の状況変化や自分の知識の進展などで、<br>その投資対象からは今後のリターンがあまり<br>期待できないと考えるようになった |
| ③ | 自分の投資に対する考え方や、<br>取りたいリスクの種類や大きさに変化があり、<br>投資している投資資産を変更する必要が出た |

投資信託というのは「売ったり買ったりしてリターンをあげるもの」ではありません。**ですから「投資信託をいつ解約するべきか」について、あまり悩む必要はないと思います。**「解約せざるを得ないときが来たら解約するもの」くらいに考えておけばよいのではないでしょうか。

ちなみに、投資信託を解約するのは、上の3つのケースくらいだと私は考えています。これら以外のケースで投資信託を解約する必要性のある場面というのはちょっと考えられません。

そしてそれを実行する売りどき、すなわち「どのタイミングで売るべきか」は、**「未来の相場を知っている人以外はわからない」と思ってあきらめるべきだと思います。**なぜなら、売ったあとで相場が上がれば、それは「売りどき」ではなかったことになるわけですから。

実践編

## 04 売ったり買ったりしなくても儲かるの？

### 売買をしなくても儲けが出る仕組み

株を売買して「投機」で儲けるためには、株価が上下しなくては勝てません。しかし、株への「投資」であれば、株価が上下に動かなくても勝つことができます。**なぜなら、配当収入が積み上がっていくからです。また、会社の利益が増えれば、配当金も増えます。**

株のリターンのメカニズムを、本書で説明してきた指標を使ってみてみましょう。例えば、Aさんが1株持っている株が、「1株あたり利益５００円」「配当性向50%」「株価1万円」だったとします。すると、この株のリターンは１９１ページの❶のようなイメージになります。

株価が上下せず、1株あたり利益や配当性向が変わらなくても、Aさんは毎年２５０円の配当金がもらえることになりますね。

また、株価も配当性向もまったく変わらなかったとしても、会社の稼ぐ利益、1株あたり利益が増えるだけで、もらえる配当金額と配当利回りは上がり、ＰＥＲは低下します（❷）。

さらにこの会社の利益が増え、また利益が倍増したとすると、配当金額と配当利回りはさらに上がり、ＰＥＲも低下します（❸）。❸になると、配当利回り10%、ＰＥＲ５倍というかなり割安な水準になりました。すると…「１０００円の配当金がもらえる株なら私は１万２０００円でも買う！」というＢさんのような人が出てきます。１万２０００円を出しても、配当利回りは８・３％もつきます。株の値上がりも期待できて、８・３％もの配当金がもらえるならお得ですよね。Ｂさんが買って、株価は１万円から１万２０００円に上昇しました（④）。

さらに、「１株あたり利益が５００円から２０００円に増えるような成長性のある株なら、私は２万円で買う！　ＰＥＲ10倍で買っても、利益が倍になればすぐにＰＥＲは５倍になる！」と考えるＣさんのような人も出てくるでしょう。Ｃさんが買って、株価は２万円に上昇しました（⑤）。そして、実際にＣさんの購入後、１株あたり利益は２０００円から４０００円に増えました。Ｃさんはしてやったりです。

## 売買をしなくても儲けが出る仕組み

こうして、株価は１万円から２万円になりました。すると…この間、Ａさんと同じタイミングでこの会社の株を買い、売らずにこの株をずっと１株持っていたＤさんにとっては、⑥のような状況になります。株価が倍になった上、ＰＥＲは20倍から５倍に低下、配当利回りは10％に上昇、もらえる配当金は２０００円にまで増えました。

このように、会社が儲ける利益の額が増えることが株の価値を高めることにつながるのです。つまり、株を売ったり買ったりしなくても、投資した会社の利益がどんどん増えていけば、株をずっと持ちっぱなしでも大きなリターンを得ることできるわけです。

6-12 株を売買せずともリターンを得られる仕組み

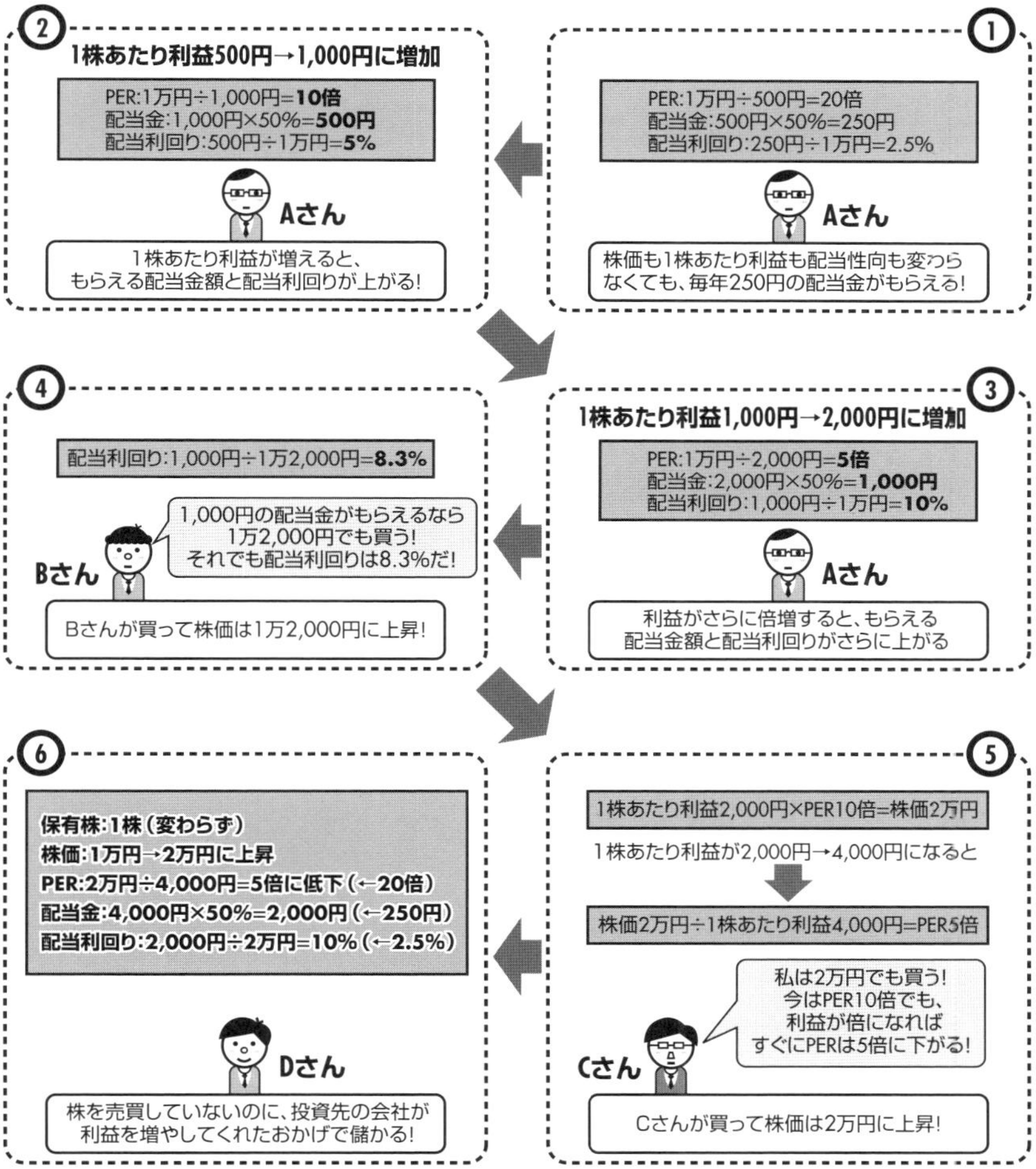
①
PER:1万円÷500円=20倍
配当金:500円×50%=250円
配当利回り:250円÷1万円=2.5%
Aさん
株価も1株あたり利益も配当性向も変わらなくても、毎年250円の配当金がもらえる!
②
1株あたり利益500円→1,000円に増加
PER:1万円÷1,000円=10倍
配当金:1,000円×50%=500円
配当利回り:500円÷1万円=5%
Aさん
1株あたり利益が増えると、もらえる配当金額と配当利回りが上がる!
③
1株あたり利益1,000円→2,000円に増加
PER:1万円÷2,000円=5倍
配当金:2,000円×50%=1,000円
配当利回り:1,000円÷1万円=10%
Aさん
利益がさらに倍増すると、もらえる配当金額と配当利回りがさらに上がる
④
配当利回り:1,000円÷1万2,000円=8.3%
1,000円の配当金がもらえるなら1万2,000円でも買う! それでも配当利回りは8.3%だ!
Bさん
Bさんが買って株価は1万2,000円に上昇!
⑤
1株あたり利益2,000円×PER10倍=株価2万円
1株あたり利益が2,000円→4,000円になると
株価2万円÷1株あたり利益4,000円=PER5倍
私は2万円でも買う! 今はPER10倍でも、利益が倍になればすぐにPERは5倍に下がる!
Cさん
Cさんが買って株価は2万円に上昇!
⑥
保有株:1株(変わらず)
株価:1万円→2万円に上昇
PER:2万円÷4,000円=5倍に低下(←20倍)
配当金:4,000円×50%=2,000円(←250円)
配当利回り:2,000円÷2万円=10%(←2.5%)
Dさん
株を売買していないのに、投資先の会社が利益を増やしてくれたおかげで儲かる!

実践編

# 05 「短期」と「長期」はまったくの別物！

## 短期と長期はどう違う？

投資の世界で迷ったり惑わされないために、皆さんに絶対に覚えておいて欲しいことがあります。それは、「**短期と長期はまったくの別物**」ということです。

特に株においてかなり顕著で、株価は短期と長期ではまったく別の値動きをします。

次ページの表は、１９７０年以降の世界株の株価およびＰＥＲ、1株あたり利益（ＥＰＳ）の推移です。これを見ると、ＰＥＲはさほど上昇せず、株価は約10倍にもなっていることがわかります。ＰＥＲは株価を1株あたり利益で割って求められますから、ＰＥＲが上昇せずに株価が上がっているということは、株価と1株あたり利益が両方上がっているということを示しています。つまり、株価が１９７０年から２００８年の間に10倍にまで上昇した理由は、利益の水準も同じ期間に約10倍に達したからということになりますね。**このように株価というのは、長期的に見ると、企業の利益の動向を最も強く反映するのです。**

ところが、**株価を短期的に見ると、その企業の利益とはまったく関係ないものに反応することがあります**。例えば、「前日のニューヨーク市場が下がった」「アメリカの政府高官の発言があった」

6-13 世界株の株価・PER・仮想EPSの推移

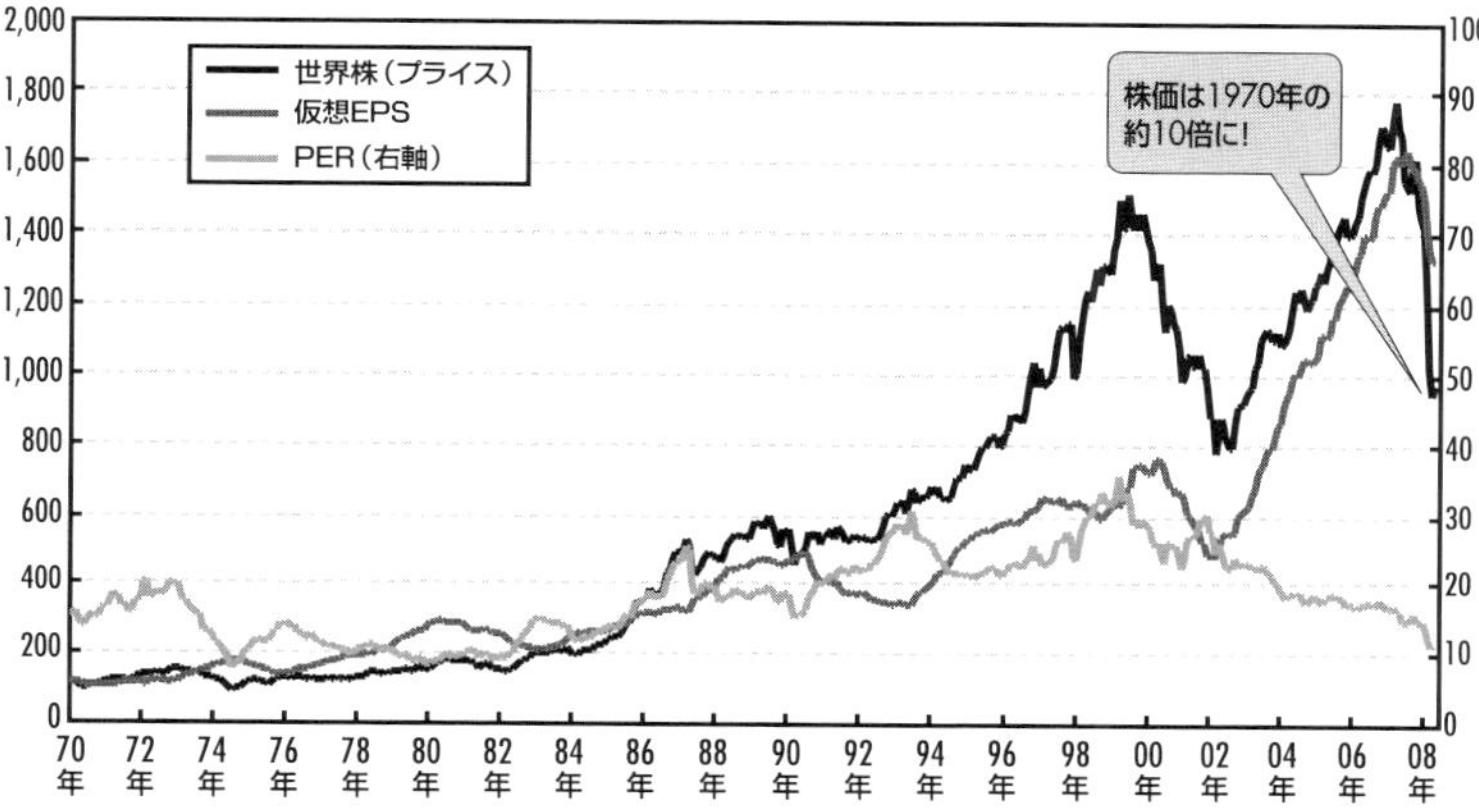


※期間：1970年1月～2008年12月 ※データ提供：MSCI（データを基に著者作成）
※世界株：MSCIワールド・プライス指数（ドルベース）
※PER：MSCIワールド指数のPER ※仮想EPS：MSCIワールド・プライス指数をPERで割って算出

「ヨーロッパで利下げが行われた」「ヘッジファンドが大量の換金売りをしている」「アメリカ南東部に大型のハリケーンが上陸しそうだ」など、その企業とは特に関係のない話であっても、株が売られて下がったりすることがあるのです。昨日と今日でまったく利益の変わっていない企業の株価でも動きますし、それこそ1分1秒ごとに目まぐるしく変動します。

私は、短期と長期の境目をよく「3年」というふうに説明するのですが、

**●3年を境に、期間が短くなればなるほど短期の特徴が強く現れる**

**●3年を境に、期間が長くなればなるほど長期の特徴が強く現れる**

と考えています。3年よりも5年、5年よりも10年のほうが長期の特徴が強く現れ、3年より1年、1年より1ヶ月のほうが、短期の特徴が強く現れます。

## 短期の値動きに惑わされてはいけない！

何が言いたいかと言うと、「長期投資をする人であれば、短期の値動きに惑わされてはいけない」ということです。極端に言えば、３ヶ月後の日経平均株価を予想するためには、「この３ヶ月の間に日本に大地震が襲ってこないか」くらいまで予想しなければ言い当てることはできませんよね。しかし、**短期で売買を繰り返す「投機」ではなく、長期投資をしようとする人であれば、そんなものを気にする必要も、言い当てる必要もありません。**

なぜなら先ほども言ったとおり、期間が長くなればなるほど、長期の特徴が強く現れるからです。例えば、あるA社の株に長期投資しようとする人であれば、「A社の利益が中長期的に伸びていくはず」と自分が考えられるかどうかを自問自答するだけで、投資判断ができます。そして、投資期間を「長期の特徴が現れやすくなるほど十分に」取ってあげれば、A社の株価がA社の中長期的な利益成長を反映して上がっていくことを期待できます。

## 短期的な市場の混乱は何度も発生してきた

２００９年１月現在、アメリカのサブプライムローン問題に端を発する金融市場の混乱が、世界中の株式市場でパニックを引き起こし、世界各国で記録的な大暴落を発生させています。この過程では、利益が吹っ飛んでしまった金融機関の株はもとより、堅実に商売をしていて利益が伸びているような会社の株までもが、一緒くたに叩き売られてきました。

6-14 短期と長期の株の値動きの違い

| | |
|---|---|
| **短期の株の値動き** | 何でも反映、何にでも反応する。<br>企業の業績とは関係なく、毎秒値動きする。<br>当然、「過去10年の平均データ」にそぐわない動きをすることも多々ある |
| **長期の株の値動き** | 企業の利益の動向を最も強く反映する。<br>中長期的に企業が利益を上げていれば、<br>それを反映して株価も上昇することが期待できる。<br>十分な期間の長期データが参考になりうる |

しかし、こういったパニックや世界的な株安、何でもかんでも叩き売られてしまうような相場というのは、これまでの歴史でも、様々な国の様々な場面で発生してきました。種類や程度は違えど、3年や5年に一度、こういったことは起こるものです。先ほど示した1970年からのグラフの間にも、そういった悪いイベントの発生が何度も含まれていますし、**そもそも「悪いときのまったくなかった平穏無事な10年間」というのは、これまでもほとんどありません**。

よって、先ほど示したデータに限らず、「過去10年以上の平均値」というのは、いいときも悪いときも含んでいるわけですから、今のような局面でも十分参考になるはずです。

逆に半年や1年、2年といった短い期間の場合、「上がりっぱなしの1年」「下がりっぱなしの半年」など、極端な例が多すぎて、過去の平均データは参考になりません。この点でも短期と長期はまったくの別物なのだということが言えます。

# 06 普段目にする情報はほとんどが「短期」の話

## 日々の基準価額はチェックしないでいい？

「短期と長期は別物」という話をもう少し続けます。この点は投資において、最も重要なポイントとなる部分です。

既に投資をはじめている人の中には、「こういう業種の企業はこれから伸びますよと言われて買ったファンドがこの1年さっぱりだ」「購入した投資信託の基準価額が、買ったばかりなのにどんどん下がっている」「中国はこれから成長が期待できるからと薦められて買った中国株ファンドが、買ってから3ヶ月下がりっぱなしだ」というような経験を持っている人がいると思います。しかし、これらはすべて短期で判断しています。

また、皆さんが普段テレビや新聞などで耳にする「基準価額は前日比マイナス○円」「日経平均株価は先週末と比べて○円の下落」「△社の株はこの3ケ月で○%も下落した」などという情報も、ほとんどが「短期の話」です。

こうした状況に惑わされないためには、**「普段目する情報のほとんどは短期の話、長期運用をしている自分とは関係のない話」と認識することが非常に重要です。**こうした認識がないと、

**●短期と長期**
「長期投資家にとっての毎日のダウ平均の変動は、気象学者や永住の地を検討している家族にとって、毎日の天気が無意味であると同様に、何の意味も持たないのだ」（チャールズ・エリス「敗者のゲーム」より）

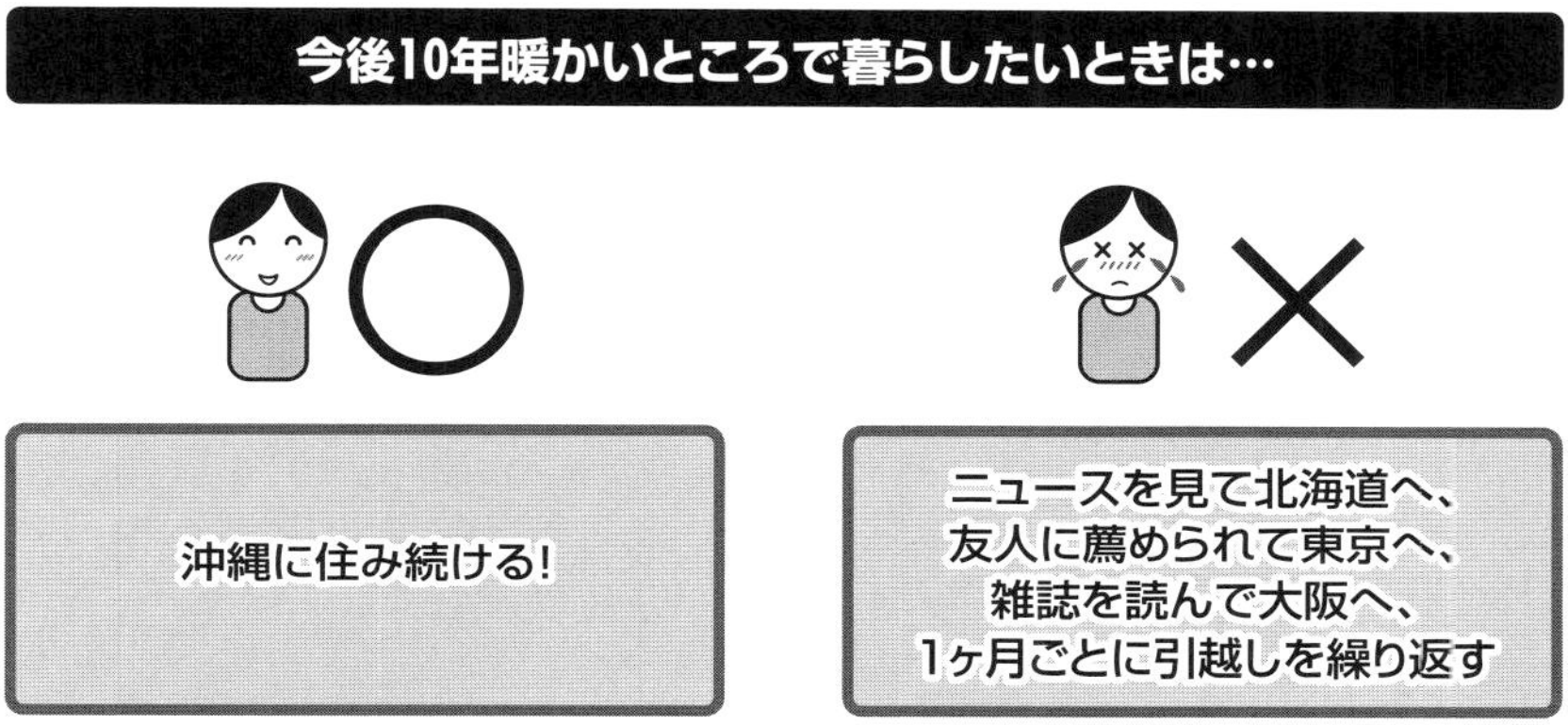
今後10年暖かいところで暮らしたいときは…
沖縄に住み続ける！
ニュースを見て北海道へ、
友人に薦められて東京へ、
雑誌を読んで大阪へ、
1ヶ月ごとに引越しを繰り返す

せっかく長期の運用を考え、運用方針を決めて投資をはじめても、長期のパフォーマンスとまったく異なる次元で動く日々の基準価額や短期的な市場の動きを見て不安になったり、「自分の決めたことは間違っているのではないか」と思ってしまいます。そしてもっと怖いのは、こうした短期の情報に惑わされて、投資判断や運用法方針を変更してしまうことです。

私は投資をはじめる友人には、「**購入した投資信託の日々の基準価額を見ないこと**」「**1年以内の話やデータは全部無視すること**」**とアドバイスするくらいです。**

投資信託は「中長期的に投資成果をあげられるように」設計されています。投資信託のパンフレットなどにも、中長期の話や過去の中長期のグラフなどが載っていますし、銀行や証券会社でファンドの説明をしてくれる人も、中長期の話をしているはずです。

## 長期投資をするなら「長期」の目線で考えるべし！

何度でも言いますが、短期と長期をごっちゃにしてはいけません。この区別がつくようになるまでは、投資を理解することはできません。何を聞いても、何を教わっても、「聞いた話は間違いだった」「教わったことと現実が違う」ことに幻滅し、「だまされた」と嘆くことを繰り返すことになります。これらは短期と長期の区別がついていないために発生している勘違いです。銀行や証券会社で中長期の話を聞いて納得し、その後テレビで「株安だ、円高だ」という短期ニュースを見て「聞いていた話と違う！」と言い、投資に対する理解がいつまで経っても進まない。これは残念ながら非常に多く見られるケースです。もっとひどいケースになると、

**（短期の話をしている）専門家やテレビに出てる有名な人が言うことより**
**（長期の話をしている）有名ではない販売員が言ってることのほうが正しいはずがない！**

と言う人すらいます。こんな状態では、正しく投資を理解できるはずがありません。誰かにアドバイスを受けたり、相談したりしても恐らく無駄です。何を聞いても現実と違い、誰の言うことも信用できなくなり、「投資なんてやるもんじゃない」「詐欺だ」という結論になってしまうことだってあるしょう。

今後10年間暖かい場所で暮らしたいなら、「沖縄」に住み続けるべきです。たまたま最初の3日間沖縄で寒い日が続いたからといって、「だまされた！　昨日ニュースで暖かいと言っていた北海道に引っ越す！」なんてことのないようにしましょう。

実践編

# 07 長期投資ではどういう国の株を買うべき？

## 中長期的に伸びそうな企業の株を買おう

これから「長期投資」をする場合、どういう国の株を買ったらよいのでしょうか。

その前に、私は「世界株100％」がポートフォリオの基本で、そこに自分のリスク許容度に応じて世界国債を組み合わせて骨格を決め、あとは好みで他の資産を足して調節する、という考え方をしています。ここから先の話も、この前提のうえに立ったものと考えて下さい。

さて、まず株であれば、**「今後、中長期的に利益が伸びていくだろうと思える企業の株」**というのが基本になります。割安度や配当利回りに注目した投資もありますが、株式投資の魅力はなんと言っても「投資企業の利益の成長」です（それに伴う配当収入の伸びも含まれます）。

長期的な株価というのは、その企業の利益の伸びを反映する傾向がありますから、「投資した企業の株が5年後、10年後に今よりも上がっているかどうか」は、**「その企業の利益が、5年後、10年後に今よりも伸びていると思えるかどうか」に対する自分の答えを見つければよい**ことになります。もちろん、正解は誰も知りませんし、未来は誰も見たことがありません。様々な予想をする人がいますが、その中で、最も自分が同意できるものを選べばよいと思います。

**●著者のポートフォリオ**
私自身も、世界株にいろいろ加えている。私の場合は世界株100％、世界国債0％、プラス新興国株という感じである。

## 「中国株はもうダメ」って本当？

ここでもポイントとなるのは、「短期と長期はまったくの別物」ということ。例えばＢＲＩＣｓやその他のエマージング諸国の株に投資するファンドは、２００７年ごろまで大変な人気がありました。ですが、同年夏以降に金融市場の混乱がはじまり、こうした新興国株が大きく下落すると、「ＢＲＩＣｓはもうダメだ」「中国の成長は終わった」「エマージング株の時代は過ぎた」という人がたくさん出ました。でも、もし中長期的な視点で、「今後、５年、10年、15年後の世界で、中国はその巨大な人口と広大な国土を活かし、大きな経済成長を遂げるはず」というコンセプトで中国株に投資したのであれば、**その前提が変わっていないかぎり、「中国はダメだ」とはならないはずです**。他のＢＲＩＣｓ諸国やエマージング諸国の株も同じ。市場混乱の影響で株価は下落したかもしれませんが、中国の人口が減ったわけでも国土が狭くなったわけでもありません。インドの人口が減ったわけでも、ブラジルやロシアの大地から資源が消えたわけでもありません。

ましてや、短期的な株価というのは企業の利益以外のものにも反応して動くわけですし、**過去1年程度の動きを見て、「中国はもうダメだ」と言ってこれから先の中長期の利益成長を判断するなど、本末転倒です**。株式投資において「投資先を決める」「投資を継続するかどうかを判断する」ために大切なことは、「過去１年間どう動いてきたか」や「この数ヶ月で誰かが○％儲かった」ではありません。**過去の短期間のパフォーマンスは、その期間投資をしていなかった**

**● 短期と長期**
10年間暖かいところで暮らしたい場合、1週間の気温を見て判断してはいけないように、株価も短期的な値動きでよい・悪いを判断してはいけない。

**Q　どういう国・業種・企業の株を買えばよいか？**

**A　5年後、10年後、15年後といった中長期的に見て、その企業の利益（配当／純資産）が「今より伸びている」と思える株を買う。また、買ったあとは短期の株価変動に一喜一憂してはいけない。**

**あなたにはまったく関係ない話です**。ここから先の中長期のあなたの運用成果に最も影響を及ぼすのは、「これから先の企業利益の伸び」なのです。

## 「後追い投機」は厳禁！

株価が上がると「○○の株はスゴイらしい」というウワサ話が飛び交ってそれに乗り、株価が下落し始めると「○○はもうダメだ」と言って投げ売りする。これでは勝てるわけがありません。ブームが加熱してバブル状態になったところで高値で買い、下落基調に入ってみんなが投げ売りしている状態で、安値で売っているわけですからね。これでは企業の成長力も収益力も関係ありません。しかし世の中には、こうした「後追い投機」をしている人が少なくないのです。

**●かつてのエマージング国、日本**

戦後の日本は他でもない新興国だった。１９５０年末の日経平均株価は１０１円91銭、１ドルは３６０円。このとき日本に投資する日経平均連動型ファンドを、為替ヘッジなしで「１ドル分」買っていたアメリカ人の投資成果は、89年末で「９５６ドル」（日経平均３万８９１５円87銭、１ドル１４３円80銭のとき）、08年末で「３４５ドル」になっていた（日経平均８８５９円56銭、１ドル90円68銭のとき）。新興国日本の戦後の凄まじい成長と、それを反映した株と通貨の大幅な上昇がよくわかる。

実践編

## 08 「国の成長」と「その国の企業の成長」の関係

### 「GDP」と「1人あたりGDP」とは?

前節で、「中長期的に利益が伸びると考える企業の株を買うべき」という話をしました。では、**「これから先、中国が大きな経済成長を遂げるだろう」と考える人が、「中国企業の株を買う」というのはどうなのでしょうか。**「国の経済力の成長」と「企業の利益の伸び」の関係はどう考えたらいいのでしょう。

国の経済力を計るときによく使われるのが、「ＧＤＰ」と、経済の効率性を示す「１人あたりＧＤＰ」です。ＧＤＰとは、大雑把にわかりやすく言うと、「経済活動全体の大きさ」や「経済の規模」を表す数字のことです。もうちょっと噛み砕くなら、「その国で発生する儲け（付加価値）の合計」といったところでしょうか。

例えば、私がアジを釣ってきて、そのアジをＡ君に１００円で売って、Ａ君はそれを開いて干して１５０円でＢ君に売って、Ｂ君はそれを焼いて２００円で販売して、食堂を経営しているＣ君は、Ｂ君から買ったアジをそのままお客さんに出して３００円取ったとします。この場合、それぞれの付加価値（儲け）は図のようになっています。

6-17 GDPの考え方

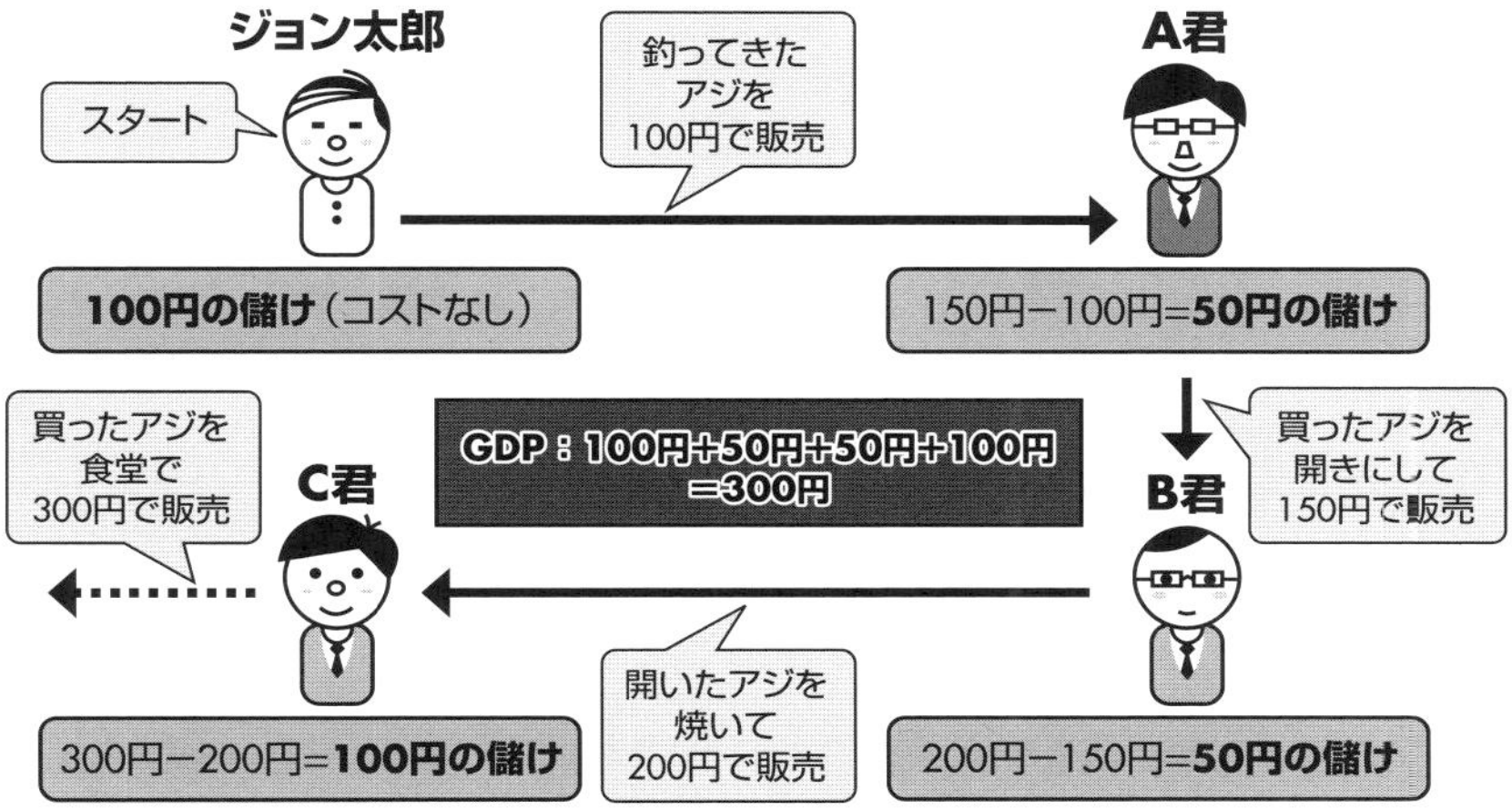


ジョン太郎
スタート
釣ってきたアジを100円で販売
A君
100円の儲け（コストなし）
150円－100円=50円の儲け
買ったアジを開きにして150円で販売
B君
GDP：100円+50円+50円+100円=300円

買ったアジを食堂で300円で販売
開いたアジを焼いて200円で販売
300円－200円=100円の儲け
200円－150円=50円の儲け

これらがそれぞれの人がつけた付加価値です。そしてもしこの４人と、C君の食堂でアジの開きを食べたお客さんの５人だけが住む国で、1年間の経済活動がこれだけだったとしたら、この国のGDPは「１００円＋50円＋50円＋１００円」で「３００円」ということになります。小さな経済ですが、この３００円という数字はちゃんと経済の規模を表しています。

株や投資の話ではよくGDPの話が出てきますが、それは、国の中で付加価値を生み、儲けを出し、利益を生むのは「企業」だからです。**国のGDPが増えるということは、国の中で生み出される利益が増えるということ。これは企業の利益が増えるということに繋がります。**

もし、C君の食堂が1株だけの株式会社で行われていたとして、その株がPER10倍で取引されるとした場合、1株１００円の儲け、つまり利益は１００円です。

**●GDPと売上高**
上記の例を売上高ベースで計算すると、７５０円になる。ただ、仮に１００円で買ったものを１００円で売るだけでも、売上高の数字はどんどん増えていくことになり、これは何の利益も付加価値も生んでいない。よって売上高は、GDPと違ってその国の経済活動を表すとは言えない。

すると株価は、「１００円×ＰＥＲ10倍」の１０００円ということになります。ＧＤＰが２倍になって、C君の食堂の利益も倍の２００円になると、同じＰＥＲでも、株価は「２００円×ＰＥＲ10倍」の２０００円となり、２倍になります。国の成長、経済の成長、ＧＤＰの成長、企業の利益の伸び、株価の上昇は、このような関係になっています。

## 経済効率を示す「1人あたりGDP」

　ところで、私が９人の漁師を雇って10人がかりでアジを１匹釣って、A君も９人を雇って10人がかりで１匹のアジを開いて干して、B君は50人がかりでアジの干物を焼いて、C君の食堂では30人がかりで食堂のテーブルまで運ぶ…となると、すごく経済の効率が悪く、同じ付加価値、同じ利益を生み出すのにすごくたくさんの人が必要な社会、必要な経済ということになります。もちろん１人あたりの儲けや給料は低くなって当然です。

　**そんな「経済の効率性」を表すのが「1人あたりＧＤＰ」で、ＧＤＰを人口で割るだけで算出できます。**最初の例ではＧＤＰ３００円を５人で生み出したわけですから、１人あたりＧＤＰは「60円」。しかし先ほどの大人数のケースだと、１人あたりＧＤＰは大幅に下がりますね。どちらの経済の効率がいいのか、１人あたりＧＤＰを比べれば簡単にわかります。

　長期的には、株のパフォーマンスは企業利益の伸びを反映します。よって、皆さんが「長期的にどういう国の株を買うか」を考える際は、「今後の経済成長が期待できる国」、**具体的には「ＧＤＰや1人あたりＧＤＰが伸びると考えられる国」を選ぶのがわかりやすいと思います。**

実践編

# 09 長期投資ではどういう国の債券を買うべき？①

## 債券を選ぶ際の3つのポイントとは？

世界株と世界国債の組み合わせに足すとしたら、どういう債券を足すべきなのでしょうか。国債でも社債でも、債券を買う以上は債券の発行者に「お金を貸す」ことになるわけですから、「どこの債券を買うべきか」を考えるうえで最も大切なのは、次の3点になります。

**①借金の返済日（償還日）にちゃんと貸したお金を返してくれるかどうか**
**②お金を貸している期間、約束通りちゃんと利息払ってくれるかどうか**
**③それらの「不確かさ」であるリスクとリターンのバランスが取れているか**

これらは「自分が考えるリスク量に対して、期待できるリターンが妥当かどうか」という観点で判断する必要があります。そこでここでは、ごく簡単なリスクとリターンの考え方をお話ししていきます。

まずは基本となる「世界国債の信用リスク」と比べて、「それ以外に投資しようとする債券の信用リスク」が大きいのかどうかを考えてみましょう。本書で話してきた世界国債というのは「世界の先進国中心の国債のポートフォリオ」です。

**●不確かさ**
ここで言う「不確かさ」とは、格付けなどで示される「信用リスク（クレジット・リスク）」のこと。債券の種類による違いで言えば、「投資する債券の種類」「お金を貸す相手の信用力」ということになる。

これに社債や信用力の低い新興国の債券などが混ざってくれば、**当然世界国債よりも信用リスクは大きくなります。**

## 特定国に投資するファンドは「スパイス」として使おう！

例えば、先進国中心の国債だけで運用するファンドと、新興国1ヶ国だけの国債で運用するファンドの場合はどちらが「信用リスク」が大きくなるでしょうか。もちろん後者です。新興国の債券は一般的に先進国よりも信用リスクが大きくなり、カントリーリスクもあります。また、世界中の国々に分散投資をする場合に比べ、特定の国への集中投資はその国の信用リスク、カントリーリスクの影響を、ポートフォリオ全体が受けることになります。

この両者で、「ファンドの分配金や利回りだけを比べて高いほうを選ぶ」というのは、先ほど話したリスクとリターンのバランスを考えていないことになります。**後者のほうがリターンが高いのには高いなりの理由（リスク）があり、その「高いなりの理由とは何なのか」を認識しなければなりません。**また、前者のリターンが5％で後者のリターンが6％だった場合には、**その差1％が「リスクの対価として見合うと考えられるのか」という観点を持つことが重要です。**そして見合うか見合わないかというのは、自分で判断するしかありません。ある人にとっては見合うものも、他の人にとっては見合わない場合もあるからです。

さらに、1本1本のファンドについて考えるだけでなく、ポートフォリオ全体として考えることも必要です。新興国1ヶ国だけの債券に投資するファンドを買うにしても、運用金額を全

**●債券のリスクについて**
信用リスク以外にも、デュレーションが長くなればより多くの「金利リスク」を取ることになるが、ここでは最も大きなインパクトがある信用リスクを考えることにする。

**●リスクを見る観点**
信用リスクや新興国のカントリーリスクなどは、分散投資をすることでポートフォリオ全体に与える影響を小さくすることが可能。よって、「十分に分散されているか、あるいはあまり分散されていない集中ポートフォリオなのか」という点も見るとよい。

**① 世界株と世界国債で、ポートフォリオの「コア」となる部分を作る**

↓

**② スパイスとして、投資比率を増やしたい国や地域のファンドを加える**

部突っ込むのと、他のものと組み合わせて買うのでは、まったく事情が異なります。

新興国1ヶ国だけの債券に投資するファンドは運用金額の5%しか買わず、残りの95%は世界株50%、世界債券45%という具合に運用するのであれば、自分のポートフォリオ全体に与える影響は小さくなりますし、45%の世界債券と合わせて考えれば、2本のファンドを通じて様々な国の債券に分散投資していると考えることができます。

よって、やはりこの点でも、「**世界株と世界国債で、まずポートフォリオのコアとなる部分を作り、ここにその他のアセットクラスを足す**」というプロセスを踏むのが重要なことではないかと思います。新興国1ヶ国だけの株や債券に投資するファンドというのは「コア」ではなく、スパイス程度に使うためのものだと考えるようにして下さい。

実践編

# 10 長期投資ではどういう国の債券を買うべき？②

## 中長期的に伸びそうな国の債券を買おう

ここでは、**債券のリターン**という観点から、「どの国の債券を買うべきか」という話をして続けていきます。債券のリターンに対する考え方はいろいろあると思いますが、私は株と同じく、「**成長すると思う国の債券を買うべき**」と考えています。

国が成長すれば格上げも期待できますし（キャピタルゲイン）、どんどん成長して経済の調子がいい国は、金利も高い状態が続く傾向があります（インカムゲイン）。また、好調な経済で景気が過熱して金利を引き上げることになって、債券価格が下落しても「為替」でプラスになることが期待できます。さらに、短期的には上下する為替も、中長期的には、より成長している国の通貨が強くなっていく傾向があります。

日本のバブル崩壊後から今までの期間、日本の債券のパフォーマンスはやはり低くなっていました。同じ期間のイギリスやアメリカの国債のパフォーマンスと比べると、次ページのグラフのような差が出ています。これは、為替の影響を排除した債券のリターンのみを表したものですが、イギリスやアメリカの債券と比べてみると、パフォーマンスは大きく見劣りします。

**●インカムゲインと金利**
インカムゲインは利息収入なので、金利が高い債券ほど高くなる。ただし、金利は長期間運用していく間に上下することがある。インカムゲインという点では、金利が高い状態が続くのが理想。また、金利からその国のインフレ率を差し引いた「実質金利」が高いのが理想。

6-19 日本国債、英国国債、米国国債のパフォーマンス

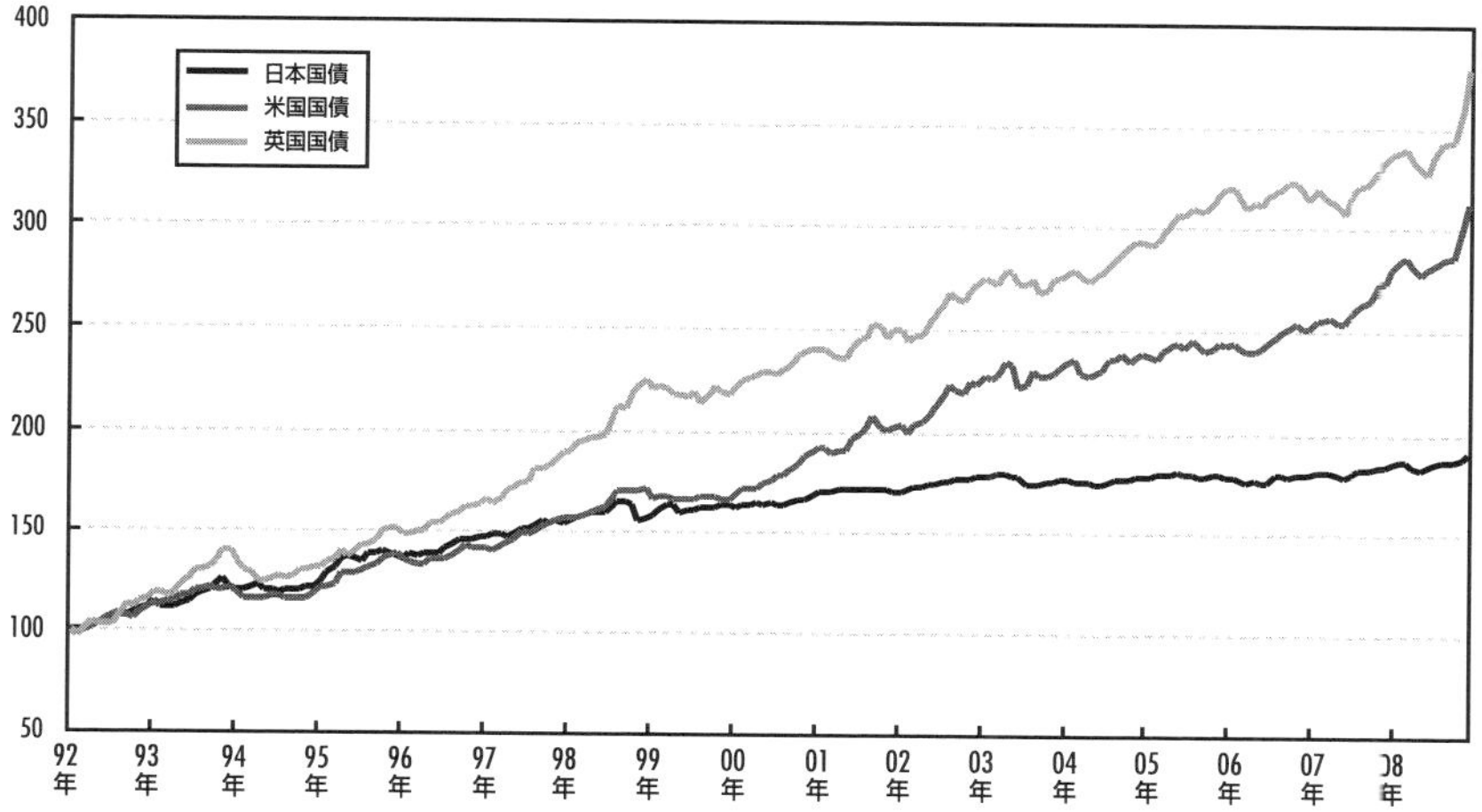


※期間：1992年2月～2008年12月（現地通貨ベース）※データ提供：シティグループ（データを基に著者作成）
※1992年1月を100として指数化

また、この期間のこれら3ヶ国の各年の経済成長率（GDP成長率）ですが、イギリスが平均3・08％、アメリカが2・81％なのに対し、日本は1・27％でした＊。

**債券のパフォーマンスとあわせて見ると、経済の調子が悪い国の債券のパフォーマンスは、経済の調子がよい国の債券のパフォーマンスと比べて悪くなっていることがわかります。**

すると、「あれ？　経済の調子が悪いときは、株がダメで債券がよいんじゃないの？」と思う人もいるかもしれません。**それは短期の話です。**何度も言うように短期と長期は別です。

●**キャピタルゲインと金利**
金利の低下は債券価格を上昇させ、キャピタルゲインを生じさせる。ただし、外国債券に投資している場合などは、投資先国の金利引き下げが債券価格の上昇につながっても、金利引き下げが投資先通貨の下落を招き、円建ての基準価額がマイナスになることもある。この場合、どちらの影響力が強いかで基準価額が左右されることになる。

＊
出所：ＩＭＦ

# 11 債券投資と為替の関係①

## 金利の高さとリスクを比較してみよう

海外の債券に投資をする場合には、円と投資先通貨の間の為替レート変動による為替差損益も発生します。せっかく10％の利回りでも、為替で10％損したら意味がないですね。

「今、金利が高い国」というのは、**今後金利の低下により、円高になる可能性があります。**また、経済が強くないのに、ただ金利が高いだけの国は、無理をして外国から資金を集めようとしていたり、「インフレ率が高いだけ」という場合もあります。

よって、為替で負けにくくするためにも、やはり「今の金利」ではなく、「今の経済力や今後期待される経済成長力」で国を選ぶのがよいと思います。

## 為替リスクとリターンのバランスはどう考える？

為替リスクを考慮に入れたり、リターンとのバランスを考えるには、次ページの表にある「利回り別の一定期間経過後のリターン」を使って考える方法があります。

複利で考えるのであれば、3％の利回りの債券で10年間運用した場合のリターンは、「34％」

6-20 利回り別の一定期間経過後のリターン

| 複利の場合 | | | | | |
| --- | --- | --- | --- | --- | --- |
| 利回り | 3% | 5% | 7% | 10% | 15% |
| 5年後 | 16% | 28% | 40% | 61% | 101% |
| 10年後 | 34% | 63% | 97% | 159% | 305% |
| 15年後 | 56% | 108% | 176% | 318% | 714% |
| 20年後 | 81% | 165% | 287% | 573% | 1537% |
| 25年後 | 109% | 239% | 443% | 983% | 3192% |
| 30年後 | 143% | 332% | 661% | 1645% | 6521% |

です。ですから、もしこれがドル建てなら、１００ドルの元本が10年後に１３４ドルに増えることになります。今、もし１ドル＝１３４円だったとしたら、10年後にたとえ１ドルが１００円にまで下落していても、元本割れはしないことになりますね。

このようにイメージすると、リスクとリターンのバランスを考えやすくなると思います。

実践編

# 12 債券投資と為替の関係②

## キャピタル、インカム、為替の関係

海外の債券に投資する場合には、債券のリターンを構成する「キャピタルゲイン／キャピタルロス」「インカムゲイン」「為替リターン／為替ロス」の3つのバランスをどう理解するかがポイントとなります。

株式投資と債券投資のそれぞれのリターンについてイメージ化すると、6-21のような感じです。**短期と長期でまったく順序が異なっていますね。**

例えば、円からアメリカの債券に短期間投資をした場合に最も悪いパフォーマンスを記録したのは、１９８０年代の中盤でした。このときのパフォーマンスは6-22のようになっています。

グラフの「ドルベース」というのはドル建ての米国債のパフォーマンス。つまりこれが「為替の影響のない債券」の「キャピタル」と「インカム」のみによるリターンです。「円換算」というのは円から米国債に投資した場合のパフォーマンスで、ドル建ての債券のパフォーマンスに加えて「為替」の影響が入っています。この両者の差が「為替」の影響です。ものスゴい差ですね。これは極端な例ですが、短期的には為替変動はこのくらいのインパクトがあります。

6-21 キャピタル／インカム／為替による値動き・リターンの大きさ

## 株式投資

**短期の場合:インカム＜為替≦キャピタル**
**長期の場合:為替＜インカム＜キャピタル**

## 債券投資

**短期の場合:インカム＜キャピタル＜為替**
**長期の場合:為替＜キャピタル＜インカム**

6-22 円から米国債に投資した場合のパフォーマンス（85年1月からの約3年）

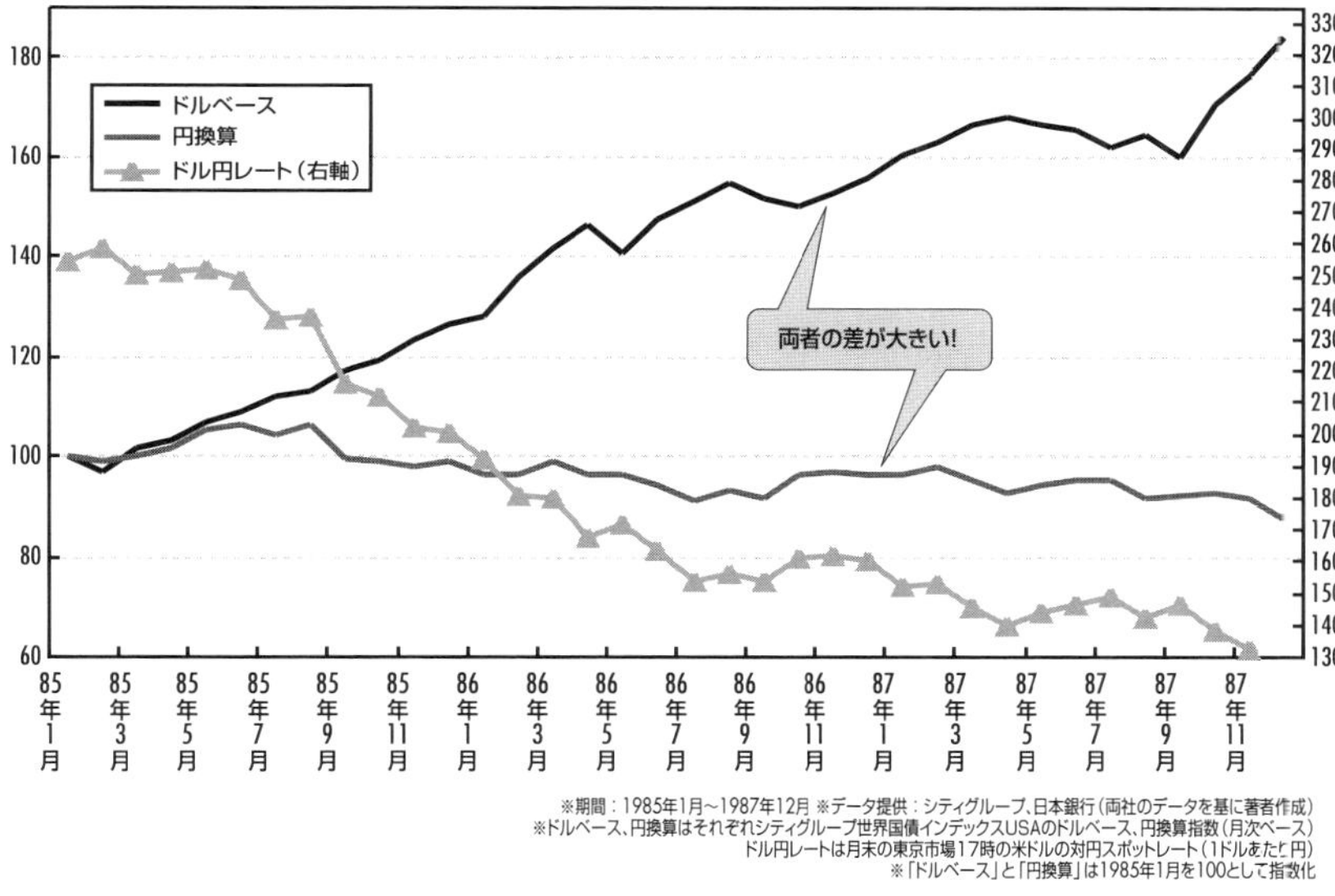


※期間：1985年1月〜1987年12月 ※データ提供：シティグループ、日本銀行（両社のデータを基に著者作成）
※ドルベース、円換算はそれぞれシティグループ世界国債インデックスUSAのドルベース、円換算指数（月次ベース）
ドル円レートは月末の東京市場17時の米ドルの対円スポットレート（1ドルあたり円）
※「ドルベース」と「円換算」は1985年1月を100として指数化

## キャピタル、インカム、為替の関係

前ページのグラフの期間中、ドルベースでは１００でスタートしたものが3年弱で１８４まで増えました。これは債券の「キャピタル」と「インカム」によるリターンです。

ところがこれを円に換算すると、１００でスタートしたものが88にまで下がってしまっています。プラス84%ものリターンを、為替がマイナス12%にまで引き下げてしまったのです。実はこの期間というのは、3年ほどの間に一気に１００円以上も円高になった**歴史的な局面**でした。1ドル２５０円前後だった為替レートが、一気に1ドル１３０円にまでなったのです。

２５０円というレートで円から米ドル建て資産に投資をしはじめた人にとっては、あれよあれよという間に投資した資産が減っていってしまうという、ものスゴい相場でした。「この損失を取り戻せるわけがない」そう思っていた人もきっといるはずです。

ところが、**もしその人がそのまま米国債への投資を続けていた場合、現在、その価値は元本割れどころか、当初元本の2倍以上に増えています**。２５０円で買ったドルが１００円前後まで円高になったにも関わらず、です。先ほどのグラフの期間をもっと伸ばしてみましょう。

6-23は、前ページの3年間のグラフをもっと長期に伸ばしたものです。債券のインカムゲインとキャピタルゲインだけで、１００だった元本は８０５まで増えました。これがドルベースのパフォーマンスです。また、ドル円レートによる為替を加えた円換算パフォーマンスでも、１００だった元本が２８６にまで増えています。

**●歴史的な局面**
１９８５年、当時日米間で問題になっていた貿易不均衡を解決するため、G5が協調介入を行い、「円高・ドル安」にする合意をした。これがいわゆる「プラザ合意」で、その後の為替相場の様相を大きく変える歴史的なイベントとなった。

6-23 円から米国債に投資した場合のパフォーマンス（08年まで）

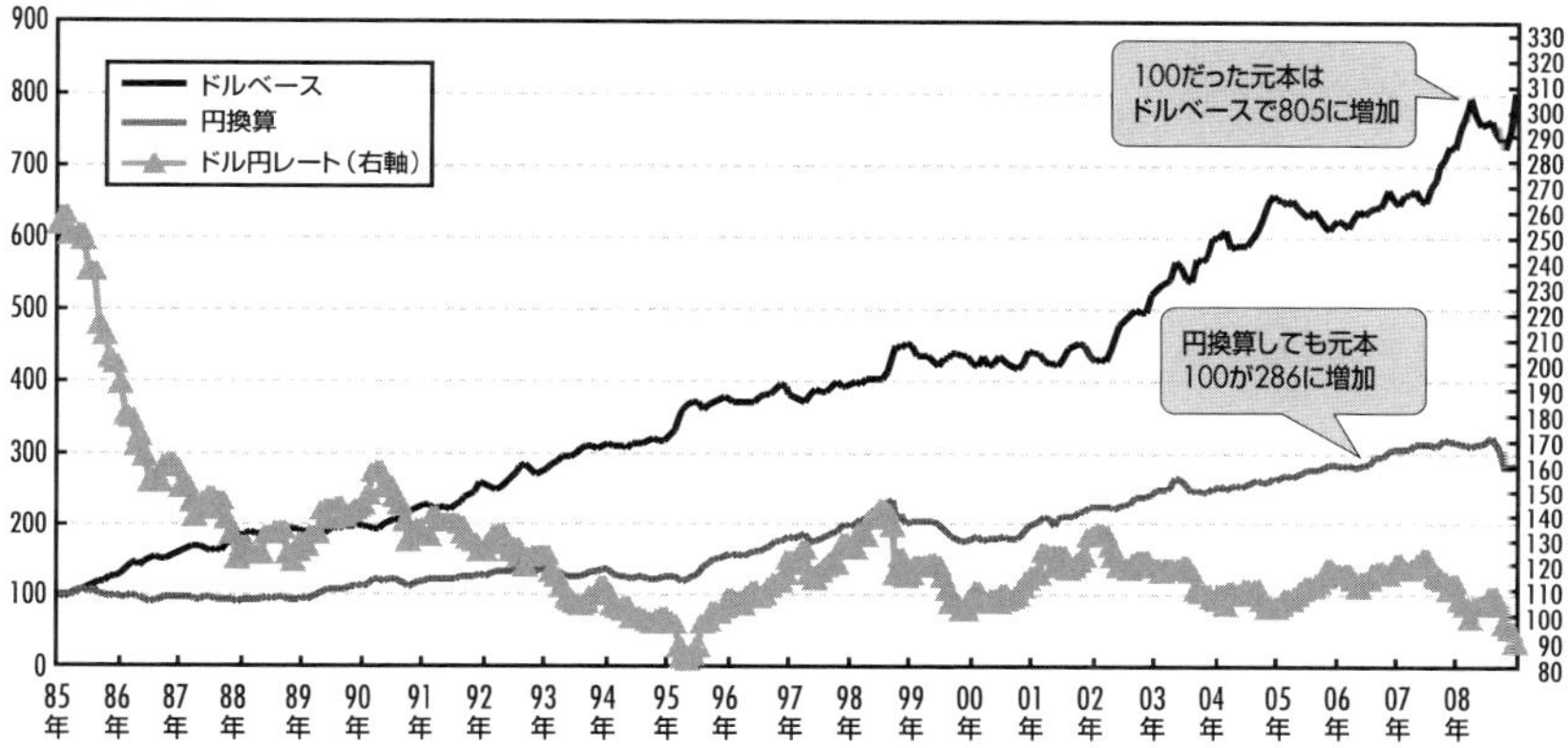


※期間：1985年1月～2008年12月 ※データ提供：シティグループ、日本銀行（両社のデータを基に著者作成）
※ドルベース、円換算はそれぞれシティグループ世界国債インデックスUSAのドルベース、円換算指数（月次ベース）
ドル円レートは月末の東京市場17時の米ドルの対円スポットレート（1ドルあたり円）

短期であれば、債券のキャピタルゲインとインカムゲインでは為替のマイナスを跳ね返すことはなかなかできません。**しかし、長期であれば話は別だということがわかると思います。**

債券投資で大事なことは、この点をしっかり理解することです。浜辺の波が寄せたり引いたりしながら、徐々に満潮や干潮に向かっていくイメージで捉えるとよいと思います。日々の基準価額の動きは為替の影響で寄せたり引いたりしますが、時間の経過とともに債券のリターンがじわじわ積みあがっていき、そのうちに干潮／満潮といった大きな動きを描いていくのです。これは株式投資でも債券投資でも、株と債券のバランス投資でも同じことが言えます。

●**投資判断をするときは**6-22のグラフのみを見ても、6-23のグラフのパフォーマンスは想像がつかないはず。特に為替の影響が大きい「短期間の動き方やパフォーマンス」を見て投資判断をするのは危険である。

# 13 まとめ～どういう国の株・債券を買うべきか

## もう一度ファンドを選ぶ手順を確認しよう！

これまで紹介したことをまとめると、株も債券も長期的に投資する場合には、「**自分が長期的に成長すると思う国のものを買うべし**」ということになります。

また、様々な成長テーマの株や今後大きな成長が期待できる国、業種などに注目したファンドもたくさん設定されています。資源や環境、インフラ、新興国といったテーマものの株や業種別の株などに投資する際も、「自分はその会社の利益が今後5年後、10年後、15年後に今よりも伸びていると考えることができるかどうか」という観点で選ぶようにしましょう。

また、購入するファンドを決めるまでの流れを6-24にまとめておきます。③までアセットクラスとそれぞれへの投資比率が決まったら、**各アセットクラスで運用するファンドの中で好みにあったものを選べばよいと思います**。手数料が安いファンドを選ぶ、純資産総額を比べて大きいサイズのファンドを選ぶ、アクティブかインデックスかで選ぶ、過去の運用実績で選ぶ、自分が普段付き合いのある販売会社で売っている中から選ぶ、何でも結構です。

自分が取引をしている銀行や証券会社でどんなファンドを取り扱っているのかについては、

●**好みに合ったもの**
運用成果の大半は、③までで決まるので、④は好みに合ったものを選べばよい。

その販売会社に聞くのが一番です。ただ、特定の販売会社に限らず、例えばアセットクラスごとのファンド一覧を調べたり、販売会社ごとの手数料一覧を調べたり、純資産総額の大きいファンドを調べたりしたいときには、6-25のサイトを活用してもよいでしょう。

6-24 ファンド購入の手順

1. **投資金額／最低投資期間を決定する**
2. **世界株と世界国債の組み合わせ比率を決める**
3. **他に足すアセットクラスを決める**
   ※自分が今後成長すると考える企業や国を選ぶ
   ※不要と感じるなら無理に足さなくてもよい
4. **各アセットクラスで運用するファンドの中からファンドを選ぶ**
   ※ただし、パフォーマンスの大部分は①～③に左右されるので、あまり深刻に考えず好みに合うものを選べばよい
5. **「短期と長期は別物」と自分に言い聞かせて運用を進める！**

6-25 ファンド選びに役立つサイト一覧

| | |
|---|---|
| **ABIC Fund Land** | http://www.fundland.com/ |
| **MSNマネー** | http://money.jp.msn.com/investor/funds/home.aspx |
| **QUICK MONEYLIFE** | http://money.quick.co.jp/fund/ |
| **MORNINGSTAR** | http://www.morningstar.co.jp/ |
| **Yahoo!ファイナンス** | http://www.morningstar.co.jp/webasp/yahoo/index.aspx |
| **（社）投資信託協会** | http://www.toushin.or.jp/reserch/index.html |

Column

# 国別1人あたりGDPランキング

「経済の効率性」や「経済の発展度合い」などを示すと言われる「1人あたりGDP」ですが、日本は世界で何番目くらいだと思いますか？

「日本はアメリカに次いで2番目に大きな経済規模を誇る経済大国だ」なんてよく言われますが、それは経済の規模ですから、「GDPそのもの」の大きさですね。日本は人口も多いですから、1人あたりGDPの順位は大きく異なります。例えば「1人あたり」ではなく「国全体のGDP」で言ったら、中国は既にドイツと並んで米日に次ぐ世界3番目のレベルの経済規模に達していますからね。もちろんそれを10億人を超す人口で割って「1人あたり」にすると、まだまだなわけですが…。

で、気になる日本の1人あたりGDPですが…2007年時点で、世界で第22位です。…正直微妙、ですよね。ちなみに2007年にはシンガポールに抜かれてしまっています。

また、ゴールドマン・サックスの予想では、2050年には、日本のGDPはBRICsすべてとメキシコ、インドネシアに追い抜かれる、というシナリオになっています。なんだかちょっと寂しいですね…。

| 順位 | 1995 | 2000 | 2005 | 2007 |
|---|---|---|---|---|
| 1 | ルクセンブルク | ルクセンブルク | ルクセンブルク | ルクセンブルク |
| 2 | スイス | ノルウェー | ノルウェー | ノルウェー |
| 3 | 日本 | 日本 | アイスランド | カタール |
| 4 | デンマーク | スイス | カタール | アイスランド |
| 5 | ノルウェー | 米国 | スイス | アイルランド |
| 6 | ドイツ | アイスランド | ｱｲﾙﾗﾝﾄﾞ | スイス |
| 7 | オーストリア | デンマーク | デンマーク | デンマーク |
| 8 | スウェーデン | カタール | 米国 | スウェーデン |
| 9 | 米国 | スウェーデン | スウェーデン | フィンランド |
| 10 | ベルギー | アイルランド | オランダ | オランダ |
| 11 | オランダ | 香港 SAR | フィンランド | 米国 |
| 12 | フランス | 英国 | 英国 | 英国 |
| 13 | アイスランド | オーストリア | オーストリア | オーストリア |
| 14 | フィンランド | オランダ | ベルギー | カナダ |
| 15 | シンガポール | カナダ | 日本 | 豪州 |
| 16 | 香港 SAR | フィンランド | カナダ | UAE |
| 17 | 豪州 | UAE | フランス | ベルギー |
| 18 | カナダ | ドイツ | 豪州 | フランス |
| 19 | イタリア | シンガポール | ドイツ | ドイツ |
| 20 | 英国 | ベルギー | UAE | イタリア |
| 21 | アイルランド | フランス | イタリア | シンガポール |
| 22 | クウェート | 豪州 | シンガポール | 日本 |
| 23 | イスラエル | イタリア | クウェート | クウェート |

第**7**章

(運用編)

# プロが教える運用のコツ

最後に、私が考える運用のコツをまとめておきます。
ここまで読んできた皆さんなら、
きっとすんなり理解できる内容ばかりだと思います。

ルール①

# ファンドの比較マニアにならない！

## アセットクラス選びと資産配分が大事！

繰り返し言ってきたとおり、投資の世界では誰も正解を知りません。ですから、皆さんに注意してほしいのは、「**ファンドの比較マニアになってはいけない**」ということです。

皆さんの運用成果に最も大きな影響を与えるのは資産配分です。

ファンドの比較表ばかり一生懸命見ていても、どうせ正解は誰も知りませんし、**そもそも運用成果にさほど大きな差を生じさせない**のですから、そんなものに目を通す暇があったら「どのアセットクラスにどういう配分で投資するのが自分の考えに最も合うか」「他にどんなアセットクラスを追加すべきか、追加するならどのくらい配分すべきか」を考えるべきですし、そのために役に立つものに目を通すべきです。

アセットクラス選びに役に立つものというのは、過去の十分に長い期間の十分な量のデータによる、「そのアセットクラスのパフォーマンス特性（平均リターン、中央値、最低値、最高値など）」や、ＩＭＦなどの機関が発表する各国の今後の経済成長見通しなどだと思います。

**「バランスファンドを買ってはいけない」などという特集を読むくらいなら、自分の考えに最**

●**ファンドの比較**
新聞でも雑誌でもネットでも、「ファンドの比較」を促すような情報があふれているので、「意識してファンドの比較マニアにならないように心がける」ことも重要。

**も近い資産配分を決めることに頭を使うべきです。**

まずは、「ジョン太郎が言うように世界株と世界国債の組み合わせだけでいいのか」「日本株や日本債券も組み込んだほうがいいのではないか」「株には投資したくないので債券のみでポートフォリオを作りたい」「成長性がありそうなエマージング国の比率を高めにしたい」というように、皆さんの考えを整理して下さい。そして、例えば「世界株30％、新興国株10％、世界国債60％」のように資産配分を決め、その考えに近いポートフォリオを組めばよいと思います。

## いきなり「ファンド選び」は厳禁！

初心者がアセットクラス選びも資産配分を考えずに、いきなりファンドの比較表を見て悩むのは、パソコン初心者が突然パソコンの自作を決意して、どういうパソコンを作るかも決めずに、いきなりパソコンのパーツ比較表を見てパーツ選びをするようなものです。これでは、希望のパソコンが完成するかどうかも怪しくなってしまいます。

くれぐれも、いきなりファンドの比較をはじめたり、ファンドの比較マニアになったりしないよう注意して下さい。

**ファンド選びよりアセットクラス選びに時間を使おう！**

ルール ②

# 一気に買わない、一気に入れ替えない！

## なるべく後悔しないために…

既に投資をはじめている人の中には、「こっちを買えばよかった！」「もう少し投資資金を残しておけばよかった！」「あれに全部ではなく、あれとこれに半分ずつにしたかった！」という思いをしたことがある人も多いでしょう。そのような事態を避けるために、また、「その年一番の高値で全部購入してしまう」というようなリスクを回避する意味でも、**やはり「投資金額を一気に投資する」というのは避けるべきだと思います。**

投資や運用、金融や経済についての知識は、投資をすることで飛躍的なペースで身についていきます。そう考えると、やはり「一気に買わない」ということを心がけるべきです。

同じ理由から、「一気に入れ替えない」というのも大切です。

何か新しいアイデアを思いついて、「思い立ったが吉日！」とばかりにドーンと一気に入れ替えをすると、同じような事態になる可能性があります。例えば本書を読んだりして新しい考え方に触れ、今まで触れていた情報を新たな角度で見ることができるようになったりすると、**皆さんの中の投資アイデアが変化したり、運用に対する考え方が変わってきたりします。**

私自身、投資についての考え方や投資アイデアは年々変わっています。それは、自分なりの理論や捉え方の醸成が進んだり、バラバラだった部分が体系的に整理されたり、投資環境が変化したり、新たな発見をしたり、新しい知識を得ることで、自分の中で変化が起きたり成長をしているためだと思います。

## 「理想の形」は変化していくもの

私はよく、人からアドバイスを求められたときに、「**粘土細工をするようにペタペタと少しずつ**」と言います。一気にそれまでに作ってきたものをぐしゃりと潰して「最初からやり直し」にしてしまうのではなく、少し削ったり、付け替えたり、新しい粘土を足して整えたりしながら、「少しずつ理想の形に近づけていく」というのがいいと思います。もっと言えば、「**理想の形は変化していくものだ**」と心に留めておくと、なおよいでしょう。そのときそのときに描く理想形や完成形は、自分の成長や環境の変化に伴って変わっていくものです。その時点で自分が考える「今、どういう配分にしたいか」「どこの国の成長性に期待するか」「今後をどう考えるか」ということを整理しつつ、粘土細工をするように運用を進めて下さい。

**運用は粘土細工をするように、ペタペタと少しずつ！**

## ルール③

# 「上がっているから」という理由で買わない！

## こんな理由で買っていませんか？

皆さんが投資判断をする際や実際に投資信託を買う際には、是非一呼吸をおいて、次のような理由からでないことを確認して下さい。

①**「みんなが儲かると言っているから」**
②**「今後上がると聞いたから」**
③**「乗り遅れたくないから」**
④**「よくわからないけど人気だから」**
⑤**「（3年以内のパフォーマンスで）○%も上がっているから」**

最近だと、ここに「分配金が高いから」というのも追加してもいいかもしれません。

「今、上がっているもの」は、果たして皆さんの投資先の選び方として適切でしょうか。例えば最近では中国株やブラジル株などが人気でしたが、「この1年で○%も上昇した」などというセリフに釣られて投資をしてしまったという人は少なくないと思います。

成長国への投資というのは、本来そういうものではありません。**「中国やブラジルなどの中長**

**●間違った行動原理**
他の人と違うものを選んで失敗したくない、乗り遅れたくない、みんなと同じことをやっていれば大丈夫、という心理が①～⑤のような投資行動を生むので注意。

**期的な経済成長に期待し、それを中長期的に反映していくと期待できる株や債券や通貨に、中長期の視点で投資をしていく**」というのが、「成長国への投資」の本来の姿です。「上り坂だから、上り坂らしいから」というだけの理由で、あとどのくらい上り坂が続いているのかもわからずに買う、というのは成長国投資ではありません。

ある国の株式市場の値動きと、その国の株に投資するファンドの購入金額・解約金額の推移を並べてみると、驚くほど一致するというケースがよく見られます。特に株式市場の規模や時価総額が小さく、流動性の低い市場ほど強く現れる傾向です。

これはよく考えれば当然のことで、噂が噂を呼んで、ある小さな国に投資するファンドがどんどん作られて大量の資金が流れ込み、買い注文が殺到して株価が最高値をつけ、やがてそこから少しずつ売りが増えていって、挙句の果てに「逃げろ逃げろ」と言わんばかりに解約が増え、大量の売却注文が出されて価格が押し下げられいき、**その売り注文が最大になったところで底を打つ**、というケースがよくあるからです。小さい市場だとこれが発生しやすいということは容易に想像できますよね。

皆さんも、投資をする前にもう一度投資の理由を自分に問いかけてみて下さい。

## 「自分はなぜこれに投資しようと思うのか」をもう一度確認する！

**●底を打った結果…**
結局一番多くの人が買ったのが一番の高値、一番多くの人が売ったのが一番の安値、という皮肉がよくある。

ルール ④

# 分配金利回りを計算しない！

## 分配金は「ありがたいもの」ではない！

投資信託の分配金というのは、基本的に「一部解約」と同じです。100万円分の投資信託の中から5万円が分配金として支払われたとしたら、「現金5万円」と「投資信託95万円分」に分割されたというだけのことですから、**ありがたいものでも、嬉しいものでもありません。**

ところが、その分配金を現在の時価元本や当初投資元本で割って「分配金利回り」を計算する人が非常に多く、これを投資判断に使っている人が非常に多いのが現実です。**これは大きな間違いです。**

例えば左の表のような2つのファンドがあったとして、④の毎月の分配金額を比べて「同じ口数に対して60円の分配金をもらえるファンドAのほうがおいしい」とか、④を③で割って比較し、「ファンドAは8500円の時価に対して60円で0・71％しかもらえてないが、ファンドBは6500円の時価に対して50円で0・77％もらえているから、ファンドBのほうがパフォーマンスがいい」とか、④を①で割って「もともと投資した金額に対して今いくらの分配がもらえているかが重要だから、ファンドAのほうがおトク」というようなことを言う人がいます。

**●分配金の性質**
分配額や分配利回りは、パフォーマンスや投資成果や利益を示すものではない。詳しくは125ページを参照。

**●分配金の計算**
「現金化率」や「自動一部解約率」を知りたいだけなら、計算すればよい。

7-1 毎月分配型ファンドの比較例

| | | ファンドA | ファンドB |
|---|---|---|---|
| 1 | 購入した基準価額 | 1万円 | 1万円 |
| 2 | 購入した口数 | 1万口 | 1万口 |
| 3 | 現在の基準価額 | 8,500円 | 6,500円 |
| 4 | 毎月の分配金 | 60円 | 50円 |
| 5 | ④÷③ | 0.71% | 0.77% |
| 6 | ④÷① | 0.60% | 0.50% |

一部解約する金額同士を比べたり、一部解約した金額を時価で割ったり、一部解約金額を当初投資金額で割って、一体何がわかるというのでしょう？

分配金は「リターンや利益」ではありません。１万円の投資信託が１万２０００円になったとしたら、その２０００円分は確かにリターンですが、分配金の額は単なる「現金化率」であって、**得た利益の元本に対する比率である「利回り」とはまったくの別物です。**

「現金に換えた部分の金額」を元本や当初元本で割って比較しても、そんなものでパフォーマンスの違いなどわかるはずもありません。むしろ誤解や勘違いを招くだけですから、注意して下さい。

## 分配金利回りを計算してはいけない！

**ルール⑤**

# 「3年以内の数字」を参考にしない！

## 「まぐれ」がありえるデータを見ないこと！

ファンドがどのくらいの運用成果を上げているのかを計るためには、基準価額の**騰落率**を計算すれば求められます。ファンドの週報・月報・運用報告書にも載っています。

しかし、これはあくまで「過去の実績」であり、「今後どのくらい儲かるか」、「将来の運用成果はどうなるか」ではありません。あくまで「参考程度に」ということになると思います。

また、騰落率を見るのにも、**「3年以内の数字」というのはあまり見る意味がないと私は考えます**。なぜなら「3年以内」は、計測期間としてあまりにも短すぎるからです。「沖縄や北海道の3日間の天気や気温」に似ていますね。これなら沖縄より北海道のほうが暑くなることもありえるでしょうし、「まぐれ」が起こりやすくなります。

## 運用開始から3年未満のファンドはどうする？

投資も同様で、3年以内であれば、「たまたまよかった1年」「たまたま最悪だった2年」といったケースがありえます。一方、期間が長くなれば、「悪いときがまったくなかった10年」「下

**●騰落率**
一定期間中の騰落率は、基本的に「期間最終日の基準価額÷期間初日の基準価額−1」で求められる。また、設定日から直近日までに何%上下したかを計りたいなら「直近の基準価額÷設定日の基準価額−1」で求めることが可能。ただし、分配金が出るタイプのファンドであれば、分配金再投資基準価額で計算する。

がりっぱなしの7年」というケースは少なくなりますから、ある程度参考になります。

では、運用開始からまだ3年経っていないファンドはどう判断すればよいのでしょう。

「これから運用をはじめる」というファンドのパンフレットには、「過去5年間、この市場はこんなパフォーマンスになっていました」とか「過去10年、このファンドと同じような運用をしていたと仮定してシミュレーションするとこんなふうになっています」とか「この投資対象の過去の長期間のデータを見るとこんな特徴があります」といったような、長期間のデータが記載されていることが多いです。こういったものを参考にするとよいのではないでしょうか。

あるいは、そのファンドの投資対象や運用方法などの説明を読んだり聞いたりして、「**自分はこのファンドが今後上がっていくと思えるか**」「**この投資対象は今後中長期の投資先として魅力的か**」「**この運用方法は今後中長期に渡ってうまくいくと思うか**」といったことを自問自答して投資する、ということになると思います。

そういった自問自答をせずに、「過去1年でこんなに上がりましたよ」「この半年でこんなに上がっています」といったような、「3年以内の数字」を元に判断するのは、やはり適切ではないと思います。

## 参考にするなら「3年以上の数字」を見る！

## ルール 6

# 雑誌やネットの情報を鵜呑みにしない！

### 巷に溢れる情報は「短期」の話ばかり！

世の中には投資や運用に関する情報があふれています。皆さんも投資をはじめると、新聞やマネー雑誌、インターネットなど、様々な媒体の様々な情報に接することになるでしょう。

しかし、**その多くは短期の話ばかりです**。まずはこのことを忘れないで下さい。また、今は誰でも簡単に情報を発信できる社会ですから、投資や運用に関する知識があまりない人でも情報を発信していることだってありえます。ここで注意してほしいのは、**「多くの人が言っていることが正しいとは限らない」**ということ。例えばある情報について10人の人が発言をして、正しい情報を知っているのはそのうちの1人だけで、他の9人は間違った情報を与えられているような場合、「多くの人が言っている」ということを拠り所に9人が言うことを信じると、正しい情報を見捨てることになってしまいます。

さらに、氾濫する情報の中には、様々な考え方を持つ様々な人が語る情報が含まれており、それらの間で矛盾があったり整合性がなかったりすることだって当然ありえます。人間というのは、同じものを見ても人によって見え方や捉え方が違いますし、**ましてや投資のように「目**

**7-2 投資の情報に接する際の注意点**

- 新聞やテレビで目にする情報は「短期」のものが多い
- 様々な人間の雑多な情報が乱雑に無秩序に氾濫している
- 「多くの人が言っている」ことが正しいとは限らない
- 投資や運用に関する知識があまりない人でも情報を発信している
- 「短期」と「長期」の区別ができていない人も情報を発信している
- 「投資」と「投機」の区別ができていない人も情報を発信している
- 不安を煽ったり、インパクトのある極論を掲載することで注目を集めようとするメディアも存在する
- 投資の世界では「誰も正解・未来を知らない」ということを忘れない

**に見えないもの」を対象としていればなおさらです。**

2人の人が投資について話しているはずなのに、片方の人は「投資」について、もう一方の人は「投機」について語っていて、平行線のまま激論を交わすなんて光景もよく見かけます。投資信託を使った投資の話とデイトレードの話を一緒にしたり、投資信託を使って投資をしている人が**FX**を使って投機をしている人と為替について語る、などはまさにそれです。

よって、まずは「**こうした情報が乱雑に無秩序に氾濫しているのが現実なのだ**」と認識することが大切だと思います。具体的には「情報を鵜呑みにしない」「何でも話半分くらいのつもりで聞いておく」というスタンスがよいのではないでしょうか。

●**FX**
外国為替証拠金取引のこと。外国為替証拠金取引業者に証拠金を預け、通貨の売買を行うもの。

## 無秩序な情報に惑わされない

ルール⑦

# デイトレードやＦＸをやっている人と同じ話題を追わない！

## 「投資」と「投機」では市場の見え方が違う！

世の中には、お金を増やすための様々なアプローチがあります。投資信託を使って長期間の投資をしている人もいれば、デイトレードやＦＸなどで短期の投機を繰り返している人もいれば、預金を積み上げている人もいるでしょう。

そしてアプローチが違えば、**当然関心事や市場の捉え方・見方も違ってきます。**

例えば、株や債券で長期間運用した場合、「運用成果に占める為替の影響の割合」というのは、時間の経過とともに小さくなっていきます。**多少為替で負けてしまっても、長期間をかけた株や債券のリターンであれば、十分それを跳ね返してプラスにすることが可能です。**よって、日々の為替変動にそんなに神経質になる必要はありません。

しかし、ＦＸなどで**レバレッジ**をかけて取引している人は別です。売買を繰り返して投機で増やしていこうというのであれば、安いところで買って高いところで売る、というのを短期間で繰り返す必要がありますから、短期的な為替の動きは重要な関心事になります。

すると、投資信託を通じて外国の株や債券に投資している人と、ＦＸで外国の通貨の取引を

**●レバレッジ**
借入や信用取引などを利用して投資金額以上の取引を行い、「てこ」の原理の要領で投資成果を増幅させること。ただし、利益だけでなく損失も増幅されるので注意。

している人は、一見同じドルやユーロなどの取引をしているように見えても、**その捉え方はまったく別次元のものになるはずです**。投資信託をやっている人とＦＸをやっている人がある通貨について話しても、両者の関心事はまったく違うはずですから、双方にとって満足な話ができるというのは期待しにくいことになります。株のデイトレードや短期売買をやっている人と、投資信託を通じて中長期的に株に投資をしている人というのも同じ。目標もアプローチも、株式の見方や市場の捉え方も違ってくるでしょう。

## ＦＸと投資信託は別のゲーム！

つまり、投資信託を通じて中長期の投資をしている人は、**株のデイトレードやＦＸをやっている人たちと同じ話題を追ったり、同じ目線で話をしたり、同じアプローチで考えたりしても、あまり意味がない**ということです。むしろそういった情報に惑わされたり、振り回されることがないように注意しなければなりません。「投資」と「投機」はまったくの別物、「長期」と「短期」はまったくの別物です。お互いが「まったく別のゲームをプレーしている」と考えたほうがいいと思います。

## ＦＸやデイトレードと投資信託は別物！

ルール 8

# 必勝法や法則を求めない！

## 投資に「唯一絶対の正解」はない！

投資の世界に「絶対」はありません。「必勝法」も「正解」も「絶対的な法則」もありません。

何度も言っていることですが、このことを決して忘れないで下さい。

私が本書で伝えてきたことも同様です。投資信託の仕組みはもちろん、「株や債券はこういう特徴を持っている」「長期的にはこういう傾向が見られる」「過去のデータはこういうことを示している」ということは解説してきたつもりですが、**それらは皆さんの運用成果を保証するものでも約束するものではありません。**もちろん、全力で執筆に取り組みましたし、「皆さんの投資の一助になれば」という想いを込めて書きました。しかし、この本でご紹介しているのは、**他でもない「私が現在持っている投資についての考え方」であり、これが「唯一絶対の正解」では当然ありません。**もちろん私自身、本書で必勝法や勝利の法則の類を紹介しようというつもりもありません。なぜなら、私だって正解を知らないからです。

「株価は過去を振り返らない」と言われます。株価はこれまでの足跡を振り返ってそこから先の進む道を自分で決めたりはしませんし、マニュアルやルールに則って、その通り動いたりもしません。株価は、世界中の様々な考え方を持つ様々な市場参加者たちの様々な思惑や心理、需給などを反映して勝手に動いているものです。それに対して人間が解釈をつけたり、その傾向を捉えようとしているだけのことです。

## 「自分以外」に頼り過ぎてはいけない！

投資というのは、あなた以外の誰かが「正解」や「必勝法」を知っていて、それを知ることができなければ勝てないというものではありません。むしろ、**「投資はそんなものがない世界で行うものだ」「そんなものを知らなくても投資は可能だ」**と考えるのがよいと思います。

また、投資の判断をするうえで、「自分以外」に頼り過ぎるのもよくないと思います。なぜなら、「誰が投資判断をしたか」「誰の薦めに従ったか」「どの必勝法を信じたか」に関わらず、**あなたのお金で行った投資の損益は、あなた自身が負うことになるからです。**自分が負う損益を生む投資の判断を、人任せにしてはいけません。あなたのお金のことを、あなた以上に大切に考えることのできる人は誰もいないのです。もちろん、必要な情報は集めるべきですが、「最後の投資判断」は必ず自分で行うようにして下さい。

**投資判断は必ず「自分の意思」で行う！**

ルール ⑨

# 日々の基準価額の動きを追わない！

## 日々の基準価額を見ても意味がない！

私は、自分が保有している投資信託の基準価額を毎日見るようなことはしません。というか、保有している投資信託の基準価額を見ること自体がほとんどありません。**日々の基準価額は、投資家にとってあまり意味のない情報だと思っているからです**。それどころか、その情報に惑わされる可能性が出てくるという点で、「害あって利なし」だとすら考えています。「木を見て森を見ず」という言葉がありますが、日々の基準価額の動きという「木」ばかりを見ていると、長期の運用という「森」が見えなくなります。

例えば、ある海外株式ファンドの基準価額が、表のような動きをしたとします。

６月１日から６月４日にかけて、基準価額はマイナス６２４円になっています。この下落は為替の影響によるものですね。株式で１１１円のプラスが出ましたが、為替で７３５円のマイナスが出たのが影響しています。これは現実的にも十分起こりうる値動きです。

しかし、１万３５２円が７３５円分マイナスになる為替変動というのは、１ドルが１２０円から１１０円になる程度のもの。こんなことはいくらでも起こります。また、この動きがファ

7-3 海外株式ファンドの例

6月1日：10,352円（前日比＋256円　うち株式要因＋125円、為替要因＋131円）

6月2日：10,004円（前日比－348円　うち株式要因　－35円、為替要因－313円）

6月3日：　9,816円（前日比－188円　うち株式要因　＋25円、為替要因－213円）

6月4日：　9,728円（前日比　－88円　うち株式要因＋121円、為替要因－209円）

（6/1から6/4にかけて基準価額－624円、うち株式要因＋111円、為替要因－735円）

ンドの長期のパフォーマンスを示すものではないということは、もう皆さんわかるはずです。もちろん、この4日間の基準価額を見て、「このファンドはもうダメだ！」と判断するのは間違いです。

**日々の基準価額は、株価や為替次第でいくらでも変化します**。必死に見守っていたところで基準価額が上がるわけでもありませんし、**日々の値動きから、長期の運用成果は推測できません**。日々の基準価額を追ったり、1ヶ月、半年、1年といった短期間の騰落率に一喜一憂することは控えましょう。それは長期運用をする皆さんの投資成果を表すものではありません。

**「日々の基準価額」は長期運用する人には関係ない！**

ルール⑩

# 売買するな！　売買に酔うな！

## 基準価額を追うことの「もうひとつの弊害」

日々の株や為替、基準価額の値動きは、長期運用をする皆さんの投資成果とはまったく違うものを映し出します。「前日のアメリカが下げたから」とか「ここのところの上げが急ピッチだったから」とか「ヘッジファンドの解約を控えて」とか、本来の長期的なパフォーマンスとは関係ないものであっても、何にでも影響されて動きます。

また為替の変動も、長期の運用成果ではさほど大きな存在ではないのにも関わらず、日々の基準価額の動きでは異常なほど大きな存在感を示します。

こうした日々の動きばかりを追っていると、事態を見誤ったり、何が正しいのかわからなくなって不安になったり、投資判断を間違えたりしかねません。「日々の基準価額を追うな！」と、前節で紹介したとおりです。

また、日々の株価や為替、基準価額を追いかけることのもう1つの弊害として、「**値動きの上下ばかりを追っていると売買をしたくてウズウズしてくる**」というのがあります。

既に投資をしたことのある人ならわかるかもしれません。不思議な心理なのですが、短期的な値動きを追ったり、日々グラフを眺めたり、大量に溢れている短期的なニュースなどに触れていると、ものすごい勝機があるように見えたり、「よくわからないけどとにかく売買をしたい、取引をしたい」という衝動に駆られる人が多いようです。

## 「投資信託」は「投機信託」ではない！

しかし、長期の運用をする人、長期的に投資をする人は売買をしてはいけません。**売買に酔ってはいけません。**

投資信託というのは「投機」信託ではなく、「投資」信託です。以前紹介したとおり、投資を目的として設計されているものなので、投機にはそもそも向いていません。

投機は短期間で多数の取引を行い、１つ１つの投機リターンを積み上げて資産を増やそうとするものですが、投資というのは１つの投資を通じて長期間に渡って資産を増やそうとするものです。また、期間が長ければ長いほど、リターンが積み上がっていくのを期待できます。短期の売買を繰り返すのは、投資信託の大切なメリットを放棄するようなものです。

繰り返しますが、投資信託を売買して、「投機」で儲けようとしてはいけません。

## 「投機」ではなく「投資」をしよう！

ルール ⑪

# 買った値段は忘れよう！

## 「買った値段」を忘れたほうがいい理由

アンソニー・ボルトンという大変有名なファンドマネージャーがいます。彼の投資について書かれた書籍「カリスマ・ファンド・マネージャーの投資極意」（東洋経済新報社）に、彼のこんな言葉が紹介されています。「**株式の購入価格を忘れる―購入価格にはまったく意味がなく、ただ感情的に重要なだけです**」。

彼の言うとおり、例えば今５０００円の株を持っているとして、それをあなたが「３０００円」で買ったのか、「７０００円」で買ったのかは、あなたの感情にとって重要なだけです。「７０００円から下落し続けて５０００円にまで下がってしまったんだから、もうそろそろ反転するだろう」なんて考えるのは、「７０００円で買ってしまったあなたの感情」がそう願いたいと訴えているだけのこと。**もちろん、株価はそんなものは意に介さずに動きます**。中にはそれ以前に２０００円で買った人がいて、「２０００円で買ったものが７０００円まで行って５０００円まで落ちてきたから、もうそろそろ利益確定しておかないとこのまま落ち続けてしまうかも」なんて考えているかもしれません。

当たり前のことですが、株価はみんなが幸せになれるように、皆さんの気分を害さないように、調和を乱さないように、なんて考えて動いてはくれません。これは株だけでなく、債券の値段や為替を反映する投資信託の基準価額にも同じことが言えます。**購入価格にはまったく意味がなく、ただ感情的に重要なだけなのです。**

## 購入価格以外の観点で判断を！

ですから皆さんも、「既に保有している投資信託を今後も保有し続けるべきかどうか」を判断するときは、「**自分がいくらで購入したのか**」**という購入価格は一旦忘れて**、「今からこの投資信託に投資したいと考えられるか」「今後中長期的に投資する魅力があるか」という観点で判断すべきです。

また、「保有している投資信託を売却して別のものに乗り換えるべきかどうか」も、購入価格は一旦忘れて、「**今からこの2本の投資信託のどちらかに投資をするとしたらどちらのファンドにするか**」という観点で判断すべきです。買ったときの考え方の誤りや知識不足も別にして、「今の自分の力で評価してみてこの先どう思うか」が大事なことなのです。

**購入価格以外の観点で考える！**

ルール
⑫

# 「機械的なリバランス」はしない！

## リバランスってなあに？

「リバランス」とは、「世界株に何％、世界債券に何％、日本株に何％」いうポートフォリオのアセット・アロケーションを、市場価格の変動などによって配分比率が変わってしまったときに、元の配分に調整することを指します。例えば、株と債券の比率を「5対5」にしていたのに、その後株価が上がって債券が下がり、「6対4」になってしまったとします。ここで**ポートフォリオ内での比率の上がった株を売って、比率の下がった債券を買い、また株と債券の比率を「5対5」にする**、こんなイメージです。

結果的にはそのときまで上昇して割高になっているものを売り、下落して割安になっているものを買うことになりますから、一見合理的であるように思えます。実際、投資関連の解説本などでも、「1年に一度リバランスするとよいでしょう」なんて書いてあることもあります。

しかし、**価格が上昇したものが必ずしも割高になっていて、価格が下落したものが必ずしも割安になっているとは限りません。**株で考えるとわかりやすいので、こんな2銘柄の株を想定してみましょう（7-4）。

7-4 まったく同じA社とB社

**A社**

①1株あたり利益：500円

②配当性向：50%

③株価：1万円

④1株あたり配当金：500円×50%＝250円（①×②）

⑤PER：1万円÷500円＝20倍（③÷①）

⑥配当利回り：250円÷1万円＝2.5%（④÷③）

**B社**

①1株あたり利益：500円

②配当性向：50%

③株価：1万円

④1株あたり配当金：500円×50%＝250円（①×②）

⑤PER：1万円÷500円＝20倍（③÷①）

⑥配当利回り：250円÷1万円＝2.5%（④÷③）

A社とB社の株は、株価もPERも配当利回りもまったく同じです。この２社の株を１株ずつ持っていた場合、ポートフォリオ全体の金額は２万円で、組み入れているA社株とB社株の比率は「５対５」です。

では、この２社の株価が、A社株は２万円に値上がりし、B社株は５０００円に値下がりしたとします。すると、ポートフォリオ全体は２万５０００円となり、組み入れているA社株とB社株の比率は４：１にまで変化しています。

ここで、「価格が上昇して割高になり、ポートフォリオでの配分比率の上がったA社株を売って、価格が下落して割安になり、ポートフォリオでの配分比率の下がったB社の株を買う」というのが、リバランスの基本的な考え方です。

## 「価格が上がれば割高、下がれば割安」とは限らない！

しかし、この株価の変化だけでは、必ずしもA社のほうが割高になった、とは言えないはずです。例えば、A社の1株あたり利益は２０００円に増え、B社の1株あたり利益は１００円に減っていた場合、7-5のようになります。

この場合、A社のPERは10倍、B社のPERは50倍。**PERは低ければ低いほど割安ですから、PERで比較すると「A社のほうが割安」ということになります。**

また、A社の配当利回りは５％、B社の配当利回りは１％です。配当利回りはもちろん高いほうがいいわけで、「高いほうが割安」ということになりますから、**配当利回りで比較してもA社のほうが割安ということになります。**

これを単に価格変化によるポートフォリオ内での配分比率変化だけに注目して、1年に1度なりの頻度で機械的にリバランスすることが、果たして効果的なのでしょうか。ここでは単純化するために現物株2銘柄でお話ししましたが、これは「先進国株ファンドと新興国株ファンド」「米国株ファンドと欧州株ファンド」などでも同様です。結局は株の集合体なわけですから、**「価格が上がったほうが割高になり、価格が下がったほうが割安になる」とは限りません。**

また、株と債券のように、リターンの違うものを組み合わせて運用している場合、長期の平均で見れば、**リバランスのたびにリターンの高いものを売り、リターンの低いものを買うことになる**という見方もできます。また、リバランスの際に値上がりしているものを売却すれば、

7-5 A社とB社、どっちが割安？

**A社**

①1株あたり利益：**2,000円**

②配当性向：50%

③株価：**2万円**

④1株あたり配当金：2,000円×50%＝1,000円（①×②）

⑤PER：2万円÷2,000円＝**10倍**（③÷①）

⑥配当利回り：1,000円÷2万円＝5%（④÷③）

**B社**

①1株あたり利益：**100円**

②配当性向：50%

③株価：**5,000円**

④1株あたり配当金：100円×50%＝50円（①×②）

⑤PER：5,000円÷100円＝**50倍**（③÷①）

⑥配当利回り：50円÷5,000円＝1%（④÷③）

実現した利益に対して税金がかかり、税金支払いによるロスも発生します。

「1年に1度、機械的にリバランスをする」というルールを設けて無理矢理リバランスをすることにどれほどの効果があるのか、私は疑問に思います。「では5対5で買った株と債券の比率が9対1になってしまったらどうするんだ」と言われそうですが、「そのときの自分が考える最適な資産配分比率に従って見直せばよいのでは」というのが私の答えです。「定期的なタイミングで機械的にリバランスをする」よりは、こちらのほうが効果的ではないでしょうか。

## やみ雲にリバランスする必要はない！

| 20年 | | 世界株 | 世界国債 | 新興国株 | 日本株 | 日本国債 | 米国株 | 米国国債 | 欧州株 | 欧州国債 |
|---|---|---|---|---|---|---|---|---|---|---|
| 原数値 | 最高値 | +1928.5% | +573.8% | +1964.0% | +5814.3% | +592.2% | +2844.7% | +412.6% | +2315.3% | +948.7% |
| | 平均値 | +1011.0% | +358.1% | +1205.2% | +1157.9% | +266.9% | +1228.2% | +324.1% | +1308.7% | +502.7% |
| | 中央値 | +971.6% | +323.1% | +1231.4% | +712.4% | +205.1% | +1007.0% | +312.5% | +1266.2% | +457.0% |
| | 最低値 | +177.5% | +278.7% | +554.2% | −42.1% | +143.9% | +416.8% | +284.4% | +344.3% | +332.6% |
| | 標準偏差 | 393.1% | 78.6% | 440.5% | 1250.4% | 134.4% | 590.4% | 35.8% | 422.5% | 141.1% |
| 年率換算 | 最高値 | +16.2% | +10.0% | 16.3% | +22.6% | +10.2% | +18.4% | +8.5% | +17.3% | +12.5% |
| | 平均値 | +12.8% | +7.9% | +13.7% | +13.5% | +6.7% | +13.8% | +7.5% | +14.1% | +9.4% |
| | 中央値 | +12.6% | +7.5% | +13.8% | +11.0% | +5.7% | +12.8% | +7.3% | +14.0% | +9.0% |
| | 最低値 | +5.2% | +6.9% | +9.8% | −2.7% | +4.6% | +8.6% | +7.0% | +7.7% | +7.6% |
| データ数 | | 228 | 48 | 13 | 228 | 48 | 228 | 48 | 228 | 48 |
| マイナス数 | | 0 | 0 | 0 | 9 | 0 | 0 | 0 | 0 | 0 |
| マイナス率 | | 0.0% | 0.0% | 0.0% | 3.9% | 0.0% | 0.0% | 0.0% | 0.0% | 0.0% |

※データ提供：シティグループ、MSCI、スタンダード&プアーズ（3社のデータを基に著者作成）
※データ期間：世界株、日本株、米国株、欧州株、は70年1月から、世界国債、日本国債、米国国債、欧州国債は85年1月から、新興国株は87年12月から、コモディティ、世界REITは89年7月から、それぞれ08年12月まで
※日本株と日本国債のデータは、他との比較のために円建てのパフォーマンスをドル建てに変換している。このため、通常為替リスクのない両資産に為替の影響が入り、結果として為替のリターン分かさ上げされている

## アセットクラス間の期間別相関係数

| | 1年 | | | | | | | 5年 | | | | | | | 10年 | | | | | | |
|---|---|---|---|---|---|---|---|---|---|---|---|---|---|---|---|---|---|---|---|---|---|
| | 世界株 | 新興国株 | 日本株 | 世界国債 | 日本国債 | コモディティ | 世界REIT | 世界株 | 新興国株 | 日本株 | 世界国債 | 日本国債 | コモディティ | 世界REIT | 世界株 | 新興国株 | 日本株 | 世界国債 | 日本国債 | コモディティ | 世界REIT |
| 世界株 | 1.0 | 0.7 | 0.6 | 0.2 | 0.1 | 0.1 | 0.5 | 1.0 | 0.5 | 0.5 | 0.6 | 0.4 | 0.2 | 0.5 | 1.0 | 0.4 | 0.2 | 0.6 | 0.6 | 0.5 | 0.7 |
| 新興国株 | 0.7 | 1.0 | 0.4 | 0.0 | 0.1 | 0.1 | 0.4 | 0.5 | 1.0 | 0.7 | 0.3 | 0.4 | 0.4 | 0.4 | 0.4 | 1.0 | 0.6 | 0.3 | 0.4 | 0.4 | 0.4 |
| 日本株 | 0.6 | 0.4 | 1.0 | −0.0 | 0.1 | 0.1 | 0.2 | 0.5 | 0.7 | 1.0 | 0.1 | 0.4 | 0.1 | 0.0 | 0.2 | 0.6 | 1.0 | −0.1 | 0.2 | 0.0 | −0.1 |
| 世界国債 | 0.2 | 0.0 | −0.0 | 1.0 | 0.4 | 0.1 | 0.2 | 0.6 | 0.3 | 0.1 | 1.0 | 0.6 | 0.4 | 0.7 | 0.6 | 0.3 | −0.1 | 1.0 | 0.8 | 0.7 | 0.9 |
| 日本国債 | 0.1 | 0.1 | 0.1 | 0.4 | 1.0 | 0.1 | −0.1 | 0.4 | 0.4 | 0.4 | 0.6 | 1.0 | 0.2 | 0.2 | 0.6 | 0.4 | 0.2 | 0.8 | 1.0 | 0.5 | 0.6 |
| コモディティ | 0.1 | 0.1 | 0.1 | 0.1 | 0.1 | 1.0 | 0.1 | 0.2 | 0.4 | 0.1 | 0.4 | 0.2 | 1.0 | 0.5 | 0.5 | 0.4 | 0.0 | 0.7 | 0.5 | 1.0 | 0.7 |
| 世界REIT | 0.5 | 0.4 | 0.2 | 0.2 | −0.1 | 0.1 | 1.0 | 0.5 | 0.4 | 0.0 | 0.7 | 0.2 | 0.5 | 1.0 | 0.7 | 0.4 | −0.1 | 0.9 | 0.6 | 0.7 | 1.0 |

※データ提供：シティグループ、MSCI、スタンダード&プアーズ（3社のデータを基に著者作成）
※データ期間：1989年7月～2008年12月

アセットクラスごと、投資期間ごとのパフォーマンス分析（ドルベース）

| 5年 | | 世界株 | 世界国債 | 新興国株 | 日本株 | 日本国債 | 米国株 | 米国国債 | 欧州株 | 欧州国債 | コモディティ | 世界REIT |
|---|---|---|---|---|---|---|---|---|---|---|---|---|
| 原数値 | 最高値 | +344.8% | +100.9% | +443.7% | +716.0% | +198.4% | +267.8% | +75.3% | +348.9% | +161.6% | +163% | +228% |
| | 平均値 | +78.8% | +47.2% | +101.5% | +103.7% | +41.6% | +80.6% | +44.3% | +92.0% | +59.0% | +49% | +86% |
| | 中央値 | +71.2% | +45.6% | +66.1% | +58.9% | +24.5% | +82.5% | +43.0% | +71.6% | +61.8% | +40% | +61% |
| | 最低値 | −24.0% | +11.3% | −41.7% | −44.8% | −4.6% | −19.1% | +18.2% | −31.6% | −2.8% | +22% | −6% |
| | 標準偏差 | 68.5% | 19.1% | 119.6% | 160.2% | 40.8% | 64.0% | 12.8% | 77.1% | 31.0% | 44% | 57% |
| 年率換算 | 最高値 | +34.8% | +15.0% | +40.3% | +52.2% | +24.4% | +29.8% | +11.9% | +35.0% | +21.2% | +21% | +27% |
| | 平均値 | +12.3% | +8.0% | +15.0% | +15.3% | +7.2% | +12.6% | +7.6% | +13.9% | +9.7% | +8% | +13% |
| | 中央値 | +11.4% | +7.8% | +10.7% | +9.7% | +4.5% | +12.8% | +7.4% | +11.4% | +10.1% | +7% | +10% |
| | 最低値 | −5.3% | +2.2% | −10.2% | −11.2% | −0.9% | −4.2% | +3.4% | −7.3% | −0.6% | −5% | −1% |
| データ数 | | 408 | 228 | 193 | 408 | 228 | 408 | 228 | 408 | 228 | 172 | 172 |
| マイナス数 | | 36 | 0 | 50 | 111 | 4 | 41 | 0 | 24 | 5 | 22 | 0 |
| マイナス率 | | 8.8% | 0.0% | 25.9% | 27.2% | 1.8% | 10.0% | 0.0% | 5.9% | 2.2% | 13% | 0% |

| 10年 | | 世界株 | 世界国債 | 新興国株 | 日本株 | 日本国債 | 米国株 | 米国国債 | 欧州株 | 欧州国債 | コモディティ | 世界REIT |
|---|---|---|---|---|---|---|---|---|---|---|---|---|
| 原数値 | 最高値 | +598.6% | +249.3% | +432.0% | +1359.9% | +506.2% | +514.1% | +160.9% | +624.1% | +357.2% | +322% | +352% |
| | 平均値 | +231.1% | +108.9% | +120.0% | +311.7% | +103.8% | +251.1% | +107.5% | +267.8% | +130.2% | +103% | +203% |
| | 中央値 | +189.0% | +91.7% | +107.5% | +225.6% | +74.7% | +266.3% | +106.5% | +224.1% | +113.9% | +81% | +191% |
| | 最低値 | −1.9% | +60.6% | −3.5% | −49.2% | +2.1% | −15.5% | +68.6% | +7.3% | +60.0% | +16% | +70% |
| | 標準偏差 | 137.0% | 43.0% | 101.3% | 360.6% | 101.4% | 126.5% | 22.9% | 143.3% | 60.1% | 64% | 82% |
| 年率換算 | 最高値 | +21.5% | +13.3% | +18.2% | +30.7% | +19.7% | +19.9% | +10.1% | +21.9% | +16.4% | +15% | +16% |
| | 平均値 | +12.7% | +7.6% | +8.2% | +15.2% | +7.4% | +13.4% | +7.6% | +13.9% | +8.7% | +7% | +12% |
| | 中央値 | +11.2% | +6.7% | +7.6% | +12.5% | +5.7% | +13.9% | +7.5% | +12.5% | +7.9% | +6% | +11% |
| | 最低値 | −0.2% | +4.9% | −0.4% | −6.5% | +0.2% | −1.7% | +5.4% | +0.7% | +4.8% | +1% | +5% |
| データ数 | | 348 | 168 | 133 | 348 | 168 | 348 | 168 | 348 | 168 | 112 | 112 |
| マイナス数 | | 2 | 0 | 1 | 91 | 0 | 2 | 0 | 0 | 0 | 0 | 0 |
| マイナス率 | | 0.6% | 0.0% | 0.8% | 26.1% | 0.0% | 0.6% | 0.0% | 0.0% | 0.0% | 0% | 0% |

| 15年 | | 世界株 | 世界国債 | 新興国株 | 日本株 | 日本国債 | 米国株 | 米国国債 | 欧州株 | 欧州国債 | コモディティ | 世界REIT |
|---|---|---|---|---|---|---|---|---|---|---|---|---|
| 原数値 | 最高値 | +1219.3% | +335.1% | +511.3% | +2868.2% | +512.1% | +1380.4% | +264.9% | +1470.3% | +454.3% | +353% | +708% |
| | 平均値 | +542.5% | +197.6% | +313.9% | +756.7% | +173.0% | +600.1% | +198.5% | +667.5% | +240.0% | +195% | +491% |
| | 中央値 | +612.1% | +190.6% | +310.3% | +601.3% | +141.0% | +554.7% | +204.4% | +646.2% | +230.2% | +194% | +511% |
| | 最低値 | +106.3% | +133.3% | +49.8% | −56.3% | +54.9% | +158.9% | +137.3% | +160.2% | +159.4% | +90% | +174% |
| | 標準偏差 | 257.7% | 42.0% | 89.1% | 773.4% | 105.6% | 284.0% | 36.4% | 322.7% | 52.3% | 52% | 134% |
| 年率換算 | 最高値 | +18.8% | +10.3% | +12.8% | +25.4% | +12.8% | +19.7% | +9.0% | +20.2% | +12.1% | +11% | +15% |
| | 平均値 | +13.2% | +7.5% | +9.9% | +15.4% | +6.9% | +13.9% | +7.6% | +14.6% | +8.5% | +7% | +13% |
| | 中央値 | +14.0% | +7.4% | +9.9% | +13.9% | +6.0% | +13.3% | +7.7% | +14.3% | +8.3% | +7% | +13% |
| | 最低値 | +4.9% | +5.8% | +2.7% | −5.4% | +3.0% | +6.5% | +5.9% | +6.6% | +6.6% | +4% | +7% |
| データ数 | | 288 | 108 | 73 | 288 | 108 | 288 | 108 | 288 | 108 | 52 | 52 |
| マイナス数 | | 0 | 0 | 0 | 51 | 0 | 0 | 0 | 0 | 0 | 0 | 0 |
| マイナス率 | | 0.0% | 0.0% | 0.0% | 17.7% | 0.0% | 0.0% | 0.0% | 0.0% | 0.0% | 0% | 0% |

| 10年 | 世界株 | 100% | 90% | 80% | 70% | 60% | 50% | 40% | 30% | 20% | 10% | 0% |
|---|---|---|---|---|---|---|---|---|---|---|---|---|
| | 世界国債 | 0% | 10% | 20% | 30% | 40% | 50% | 60% | 70% | 80% | 90% | 100% |
| 原数値 | 最高値 | 228% | 220% | 212% | 203% | 195% | 186% | 177% | 168% | 160% | 152% | 144% |
| | 平均値 | 115% | 113% | 111% | 108% | 105% | 101% | 97% | 93% | 89% | 84% | 80% |
| | 中央値 | 114% | 114% | 111% | 108% | 104% | 101% | 97% | 93% | 88% | 83% | 78% |
| | 最低値 | −23% | −17% | −12% | −7% | −1% | 4% | 10% | 15% | 21% | 19% | 16% |
| | 標準偏差 | 45% | 42% | 40% | 38% | 36% | 34% | 32% | 31% | 29% | 28% | 28% |
| 年率換算 | 最高値 | 13% | 12% | 12% | 12% | 11% | 11% | 11% | 10% | 10% | 10% | 9% |
| | 平均値 | 8% | 8% | 8% | 8% | 7% | 7% | 7% | 7% | 7% | 6% | 6% |
| | 中央値 | 8% | 8% | 8% | 8% | 7% | 7% | 7% | 7% | 7% | 6% | 6% |
| | 最低値 | −3% | −2% | −1% | −1% | 0% | 0% | 1% | 1% | 2% | 2% | 2% |
| データ数 | | 168 | 168 | 168 | 168 | 168 | 168 | 168 | 168 | 168 | 168 | 168 |
| マイナス数 | | 3 | 3 | 2 | 2 | 1 | 0 | 0 | 0 | 0 | 0 | 0 |
| マイナス率 | | 2% | 2% | 1% | 1% | 1% | 0% | 0% | 0% | 0% | 0% | 0% |

| 15年 | 世界株 | 100% | 90% | 80% | 70% | 60% | 50% | 40% | 30% | 20% | 10% | 0% |
|---|---|---|---|---|---|---|---|---|---|---|---|---|
| | 世界国債 | 0% | 10% | 20% | 30% | 40% | 50% | 60% | 70% | 80% | 90% | 100% |
| 原数値 | 最高値 | 332% | 313% | 293% | 273% | 254% | 234% | 214% | 195% | 191% | 192% | 193% |
| | 平均値 | 196% | 192% | 187% | 182% | 177% | 171% | 164% | 157% | 150% | 142% | 134% |
| | 中央値 | 197% | 194% | 190% | 185% | 179% | 172% | 164% | 158% | 152% | 145% | 137% |
| | 最低値 | 68% | 75% | 81% | 87% | 93% | 97% | 101% | 105% | 103% | 84% | 67% |
| | 標準偏差 | 71% | 62% | 52% | 44% | 36% | 29% | 23% | 20% | 20% | 22% | 26% |
| 年率換算 | 最高値 | 10% | 10% | 10% | 9% | 9% | 8% | 8% | 7% | 7% | 7% | 7% |
| | 平均値 | 7% | 7% | 7% | 7% | 7% | 7% | 7% | 6% | 6% | 6% | 6% |
| | 中央値 | 8% | 7% | 7% | 7% | 7% | 7% | 7% | 7% | 6% | 6% | 6% |
| | 最低値 | 4% | 4% | 4% | 4% | 4% | 5% | 5% | 5% | 5% | 4% | 3% |
| データ数 | | 108 | 108 | 108 | 108 | 108 | 108 | 108 | 108 | 108 | 108 | 108 |
| マイナス数 | | 0 | 0 | 0 | 0 | 0 | 0 | 0 | 0 | 0 | 0 | 0 |
| マイナス率 | | 0% | 0% | 0% | 0% | 0% | 0% | 0% | 0% | 0% | 0% | 0% |

| 20年 | 世界株 | 100% | 90% | 80% | 70% | 60% | 50% | 40% | 30% | 20% | 10% | 0% |
|---|---|---|---|---|---|---|---|---|---|---|---|---|
| | 世界国債 | 0% | 10% | 20% | 30% | 40% | 50% | 60% | 70% | 80% | 90% | 100% |
| 原数値 | 最高値 | 440% | 428% | 414% | 399% | 383% | 365% | 346% | 326% | 305% | 284% | 263% |
| | 平均値 | 310% | 306% | 301% | 294% | 285% | 275% | 264% | 252% | 239% | 225% | 210% |
| | 中央値 | 325% | 319% | 313% | 303% | 293% | 283% | 273% | 263% | 248% | 230% | 214% |
| | 最低値 | 106% | 118% | 131% | 143% | 154% | 165% | 175% | 184% | 184% | 171% | 157% |
| | 標準偏差 | 67% | 62% | 56% | 51% | 46% | 41% | 37% | 34% | 31% | 29% | 28% |
| 年率換算 | 最高値 | 9% | 9% | 9% | 8% | 8% | 8% | 8% | 8% | 7% | 7% | 7% |
| | 平均値 | 7% | 7% | 7% | 7% | 7% | 7% | 7% | 6% | 6% | 6% | 6% |
| | 中央値 | 8% | 7% | 7% | 7% | 7% | 7% | 7% | 7% | 6% | 6% | 6% |
| | 最低値 | 4% | 4% | 4% | 5% | 5% | 5% | 5% | 5% | 5% | 5% | 5% |
| データ数 | | 48 | 48 | 48 | 48 | 48 | 48 | 48 | 48 | 48 | 48 | 48 |
| マイナス数 | | 0 | 0 | 0 | 0 | 0 | 0 | 0 | 0 | 0 | 0 | 0 |
| マイナス率 | | 0% | 0% | 0% | 0% | 0% | 0% | 0% | 0% | 0% | 0% | 0% |

※データ提供：シティグループ、MSCI（両社のデータを基に著者作成）

※データ期間：1985年1月～2008年12月

世界株と世界国債の組み合わせ比率別、投資期間別リターン（円ベース）

| | | | | | | | | | | | | |
|---|---|---|---|---|---|---|---|---|---|---|---|---|
| 1ヶ月 | 世界株 | 100% | 90% | 80% | 70% | 60% | 50% | 40% | 30% | 20% | 10% | 0% |
| | 世界国債 | 0% | 10% | 20% | 30% | 40% | 50% | 60% | 70% | 80% | 90% | 100% |
| 原数値 | 最高値 | 12% | 11% | 10% | 9% | 9% | 9% | 8% | 8% | 8% | 8% | 7% |
| | 平均値 | 0.5% | 0.5% | 0.5% | 0.5% | 0.4% | 0.4% | 0.4% | 0.4% | 0.4% | 0.4% | 0.4% |
| | 中央値 | 0.9% | 0.9% | 0.8% | 0.8% | 0.8% | 0.7% | 0.6% | 0.7% | 0.6% | 0.6% | 0.6% |
| | 最低値 | −25% | −23% | −22% | −20% | −19% | −17% | −16% | −14% | −12% | −11% | −12% |
| | 標準偏差 | 4.9% | 4.5% | 4.1% | 3.8% | 3.5% | 3.2% | 2.9% | 2.7% | 2.5% | 2.4% | 2.4% |
| 年率換算 | 最高値 | 281% | 250% | 222% | 195% | 175% | 168% | 161% | 155% | 149% | 142% | 136% |
| | 平均値 | 6% | 6% | 6% | 6% | 6% | 5% | 5% | 5% | 5% | 5% | 5% |
| | 中央値 | 12% | 11% | 11% | 11% | 10% | 9% | 8% | 9% | 8% | 8% | 8% |
| | 最低値 | −97% | −96% | −95% | −93% | −92% | −89% | −87% | −84% | −80% | −76% | −78% |
| | データ数 | 287 | 287 | 287 | 287 | 287 | 287 | 287 | 287 | 287 | 287 | 287 |
| | マイナス数 | 115 | 112 | 114 | 115 | 113 | 115 | 113 | 115 | 118 | 117 | 111 |
| | マイナス率 | 40% | 39% | 40% | 40% | 39% | 40% | 39% | 40% | 41% | 41% | 39% |

| | | | | | | | | | | | | |
|---|---|---|---|---|---|---|---|---|---|---|---|---|
| 1年 | 世界株 | 100% | 90% | 80% | 70% | 60% | 50% | 40% | 30% | 20% | 10% | 0% |
| | 世界国債 | 0% | 10% | 20% | 30% | 40% | 50% | 60% | 70% | 80% | 90% | 100% |
| 原数値 | 最高値 | 54% | 51% | 49% | 46% | 44% | 41% | 39% | 37% | 34% | 32% | 30% |
| | 平均値 | 8.1% | 7.8% | 7.5% | 7.2% | 6.9% | 6.6% | 6.4% | 6.1% | 5.9% | 5.6% | 5.4% |
| | 中央値 | 8.7% | 8.2% | 6.7% | 6.5% | 5.9% | 5.3% | 5.3% | 5.5% | 5.8% | 5.8% | 5.7% |
| | 最低値 | −52% | −49% | −45% | −42% | −38% | −34% | −29% | −26% | −21% | −19% | −21% |
| | 標準偏差 | 18% | 17% | 16% | 14% | 13% | 12% | 11% | 10% | 9.8% | 9.6% | 10% |
| 年率換算 | 最高値 | 54% | 51% | 49% | 46% | 44% | 41% | 39% | 37% | 34% | 32% | 30% |
| | 平均値 | 8% | 8% | 7% | 7% | 7% | 7% | 6% | 6% | 6% | 6% | 5% |
| | 中央値 | 9% | 8% | 7% | 6% | 6% | 5% | 5% | 6% | 6% | 6% | 6% |
| | 最低値 | −52% | −49% | −45% | −42% | −38% | −34% | −29% | −26% | −21% | −19% | −21% |
| | データ数 | 276 | 276 | 276 | 276 | 276 | 276 | 276 | 276 | 276 | 276 | 276 |
| | マイナス数 | 94 | 96 | 97 | 94 | 90 | 90 | 84 | 83 | 77 | 77 | 80 |
| | マイナス率 | 34% | 35% | 35% | 34% | 33% | 33% | 30% | 30% | 28% | 28% | 29% |

| | | | | | | | | | | | | |
|---|---|---|---|---|---|---|---|---|---|---|---|---|
| 5年 | 世界株 | 100% | 90% | 80% | 70% | 60% | 50% | 40% | 30% | 20% | 10% | 0% |
| | 世界国債 | 0% | 10% | 20% | 30% | 40% | 50% | 60% | 70% | 80% | 90% | 100% |
| 原数値 | 最高値 | 189% | 172% | 161% | 151% | 141% | 131% | 121% | 112% | 103% | 95% | 86% |
| | 平均値 | 49% | 47% | 46% | 44% | 43% | 41% | 40% | 38% | 37% | 35% | 34% |
| | 中央値 | 37% | 36% | 36% | 35% | 35% | 34% | 35% | 35% | 36% | 35% | 32% |
| | 最低値 | −31% | −26% | −22% | −17% | −12% | −9% | −7% | −5% | −4% | −3% | −1% |
| | 標準偏差 | 55% | 50% | 45% | 40% | 35% | 31% | 26% | 23% | 19% | 17% | 15% |
| 年率換算 | 最高値 | 24% | 22% | 21% | 20% | 19% | 18% | 17% | 16% | 15% | 14% | 13% |
| | 平均値 | 8% | 8% | 8% | 8% | 7% | 7% | 7% | 7% | 6% | 6% | 6% |
| | 中央値 | 7% | 6% | 6% | 6% | 6% | 6% | 6% | 6% | 6% | 6% | 6% |
| | 最低値 | −7% | −6% | −5% | −4% | −2% | −2% | −1% | −1% | −1% | −1% | 0% |
| | データ数 | 228 | 228 | 228 | 228 | 228 | 228 | 228 | 228 | 228 | 228 | 228 |
| | マイナス数 | 53 | 48 | 38 | 31 | 22 | 17 | 7 | 4 | 4 | 2 | 2 |
| | マイナス率 | 23% | 21% | 17% | 14% | 10% | 7% | 3% | 2% | 2% | 1% | 1% |

世界株と世界国債の組み合わせ比率別・投資期間別のデータの散らばり方（ドルベース）

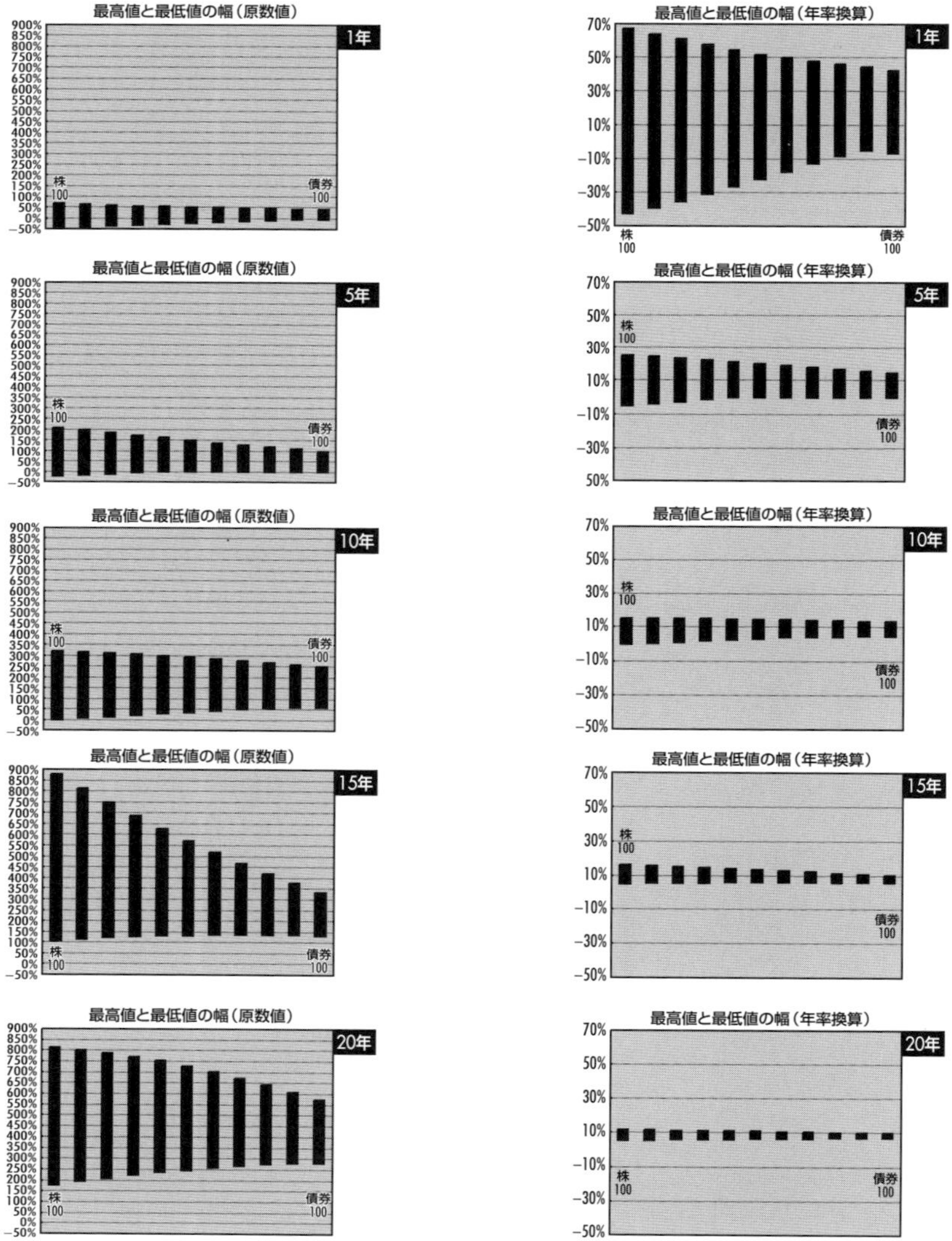


※データ提供：シティグループ、MSCI（両社のデータを基に著者作成）
※データ期間：1985年1月～2008年12月（米ドルベース）

世界株と世界国債の組み合わせ比率別リスク・リターンの変化（ドルベース）

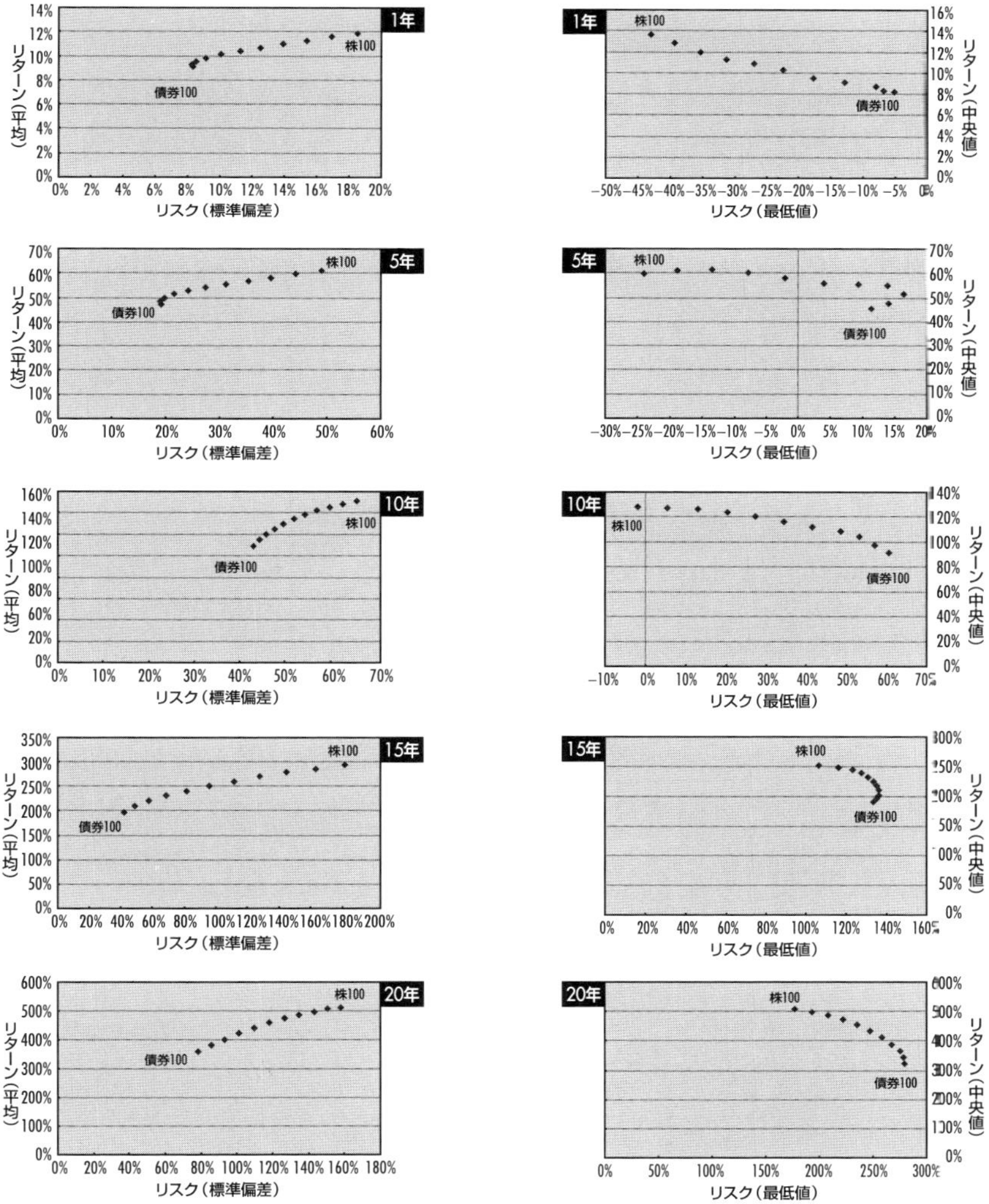


※データ提供：シティグループ、MSCI（両社のデータを基に著者作成）
※データ期間：1985年1月～2008年12月（米ドルベース）

各国の経済規模・経済成長率の2007年数値と今後の予想

| | | G7 | | | | | | | BRICs | | | |
|---|---|---|---|---|---|---|---|---|---|---|---|---|
| | | 日本 | 米国 | 英国 | カナダ | フランス | ドイツ | イタリア | ブラジル | ロシア | インド | 中国 |
| GDP成長率（単位:%） | | | | | | | | | | | | |
| | 2007年 | 2.1 | 2.0 | 3.0 | 2.7 | 2.2 | 2.5 | 1.5 | 5.4 | 8.1 | 9.3 | 11.9 |
| IMF予想 | 2008年予想 | 0.7 | 1.6 | 1.0 | 0.7 | 0.8 | 1.9 | −0.1 | 5.2 | 7.0 | 7.9 | 9.7 |
| IMF予想 | 2009年予想 | 0.5 | 0.1 | −0.1 | 1.2 | 0.2 | −0.0 | −0.2 | 3.5 | 5.5 | 6.9 | 9.3 |
| IMF予想 | 2010年予想 | 1.3 | 2.0 | 2.2 | 2.8 | 1.6 | 1.0 | 0.3 | 4.4 | 6.0 | 7.7 | 9.8 |
| IMF予想 | 09年ー13年平均 | 1.7 | 2.0 | 2.4 | 2.8 | 2.0 | 1.1 | 0.6 | 4.0 | 5.7 | 7.7 | 9.8 |
| GS予想 | 06年ー15年平均 | 1.3 | 2.3 | 2.3 | 2.3 | 1.8 | 1.7 | 1.5 | 3.9 | 4.3 | 6.6 | 7.7 |
| GS予想 | 15年ー25年平均 | 1.4 | 2.2 | 1.6 | 1.9 | 1.8 | 0.9 | 1.2 | 3.8 | 3.2 | 5.9 | 5.0 |
| GS予想 | 25年ー35年平均 | 0.6 | 2.7 | 1.7 | 2.2 | 1.6 | 1.1 | 0.5 | 3.8 | 2.9 | 6.0 | 3.9 |
| GS予想 | 35年ー45年平均 | 0.7 | 2.7 | 1.7 | 2.2 | 1.8 | 1.5 | 1.2 | 3.6 | 2.0 | 5.8 | 3.4 |

| GDP（単位:10億ドル） | | 日本 | 米国 | 英国 | カナダ | フランス | ドイツ | イタリア | ブラジル | ロシア | インド | 中国 |
|---|---|---|---|---|---|---|---|---|---|---|---|---|
| | 2007年 | 4,382 | 13,808 | 2,804 | 1,436 | 2,594 | 3,321 | 2,105 | 1,314 | 1,290 | 1,101 | 3,280 |
| IMF予想 | 2010年予想 | 4,908 | 15,092 | 2,888 | 1,647 | 3,135 | 3,897 | 2,475 | 1,690 | 2,440 | 1,483 | 5,350 |
| IMF予想 | 2013年予想 | 5,439 | 17,310 | 3,491 | 1,933 | 3,647 | 4,376 | 2,743 | 2,021 | 3,725 | 1,978 | 7,562 |
| GS予想 | 2010年予想 | 4,604 | 14,535 | 2,546 | 1,389 | 2,366 | 3,083 | 1,914 | 1,346 | 1,371 | 1,256 | 4,667 |
| GS予想 | 2020年予想 | 5,224 | 17,978 | 3,101 | 1,700 | 2,815 | 3,519 | 2,224 | 2,194 | 2,554 | 2,848 | 12,630 |
| GS予想 | 2030年予想 | 5,814 | 22,817 | 3,595 | 2,061 | 3,306 | 3,761 | 2,391 | 3,720 | 4,265 | 6,683 | 25,610 |
| GS予想 | 2040年予想 | 6,042 | 29,823 | 4,344 | 2,569 | 3,892 | 4,388 | 2,559 | 6,631 | 6,320 | 16,510 | 45,022 |
| GS予想 | 2050年予想 | 6,677 | 38,514 | 5,133 | 3,149 | 4,592 | 5,024 | 2,950 | 11,366 | 8,580 | 37,668 | 70,710 |

| 1人あたりGDP（単位:ドル） | | 日本 | 米国 | 英国 | カナダ | フランス | ドイツ | イタリア | ブラジル | ロシア | インド | 中国 |
|---|---|---|---|---|---|---|---|---|---|---|---|---|
| | 2007年 | 34,296 | 45,725 | 46,099 | 43,674 | 42,034 | 40,400 | 35,745 | 6,938 | 9,075 | 942 | 2,483 |
| IMF予想 | 2010年予想 | 38,499 | 48,540 | 46,673 | 48,596 | 50,020 | 47,560 | 41,149 | 8,586 | 17,427 | 1,215 | 3,950 |
| IMF予想 | 2013年予想 | 42,873 | 54,039 | 54,441 | 55,458 | 57,393 | 53,632 | 44,764 | 9,905 | 26,993 | 1,557 | 5,340 |
| GS予想 | 2010年予想 | 36,194 | 47,014 | 41,543 | 40,541 | 38,380 | 37,474 | 32,948 | 6,882 | 9,833 | 1,061 | 3,463 |
| GS予想 | 2020年予想 | 42,385 | 53,502 | 49,173 | 45,961 | 44,811 | 43,223 | 38,990 | 10,375 | 19,311 | 2,091 | 8,829 |
| GS予想 | 2030年予想 | 49,975 | 62,717 | 55,904 | 52,663 | 52,327 | 47,263 | 43,195 | 16,694 | 34,368 | 4,360 | 17,522 |
| GS予想 | 2040年予想 | 55,756 | 76,044 | 67,391 | 63,464 | 62,136 | 57,118 | 48,070 | 29,026 | 54,221 | 9,802 | 30,951 |
| GS予想 | 2050年予想 | 66,846 | 91,683 | 80,234 | 76,002 | 75,253 | 68,253 | 58,545 | 49,759 | 78,576 | 20,836 | 49,650 |

※IMF=国際通貨基金／GS=ゴールドマン・サックス社
※出典：IMF "World Economic Outlook Database, October 2008"、
Goldman Sachs "Global Economics Paper No.153 The N-11: More Than an Acronym"

各国のPERの推移（単位：倍）

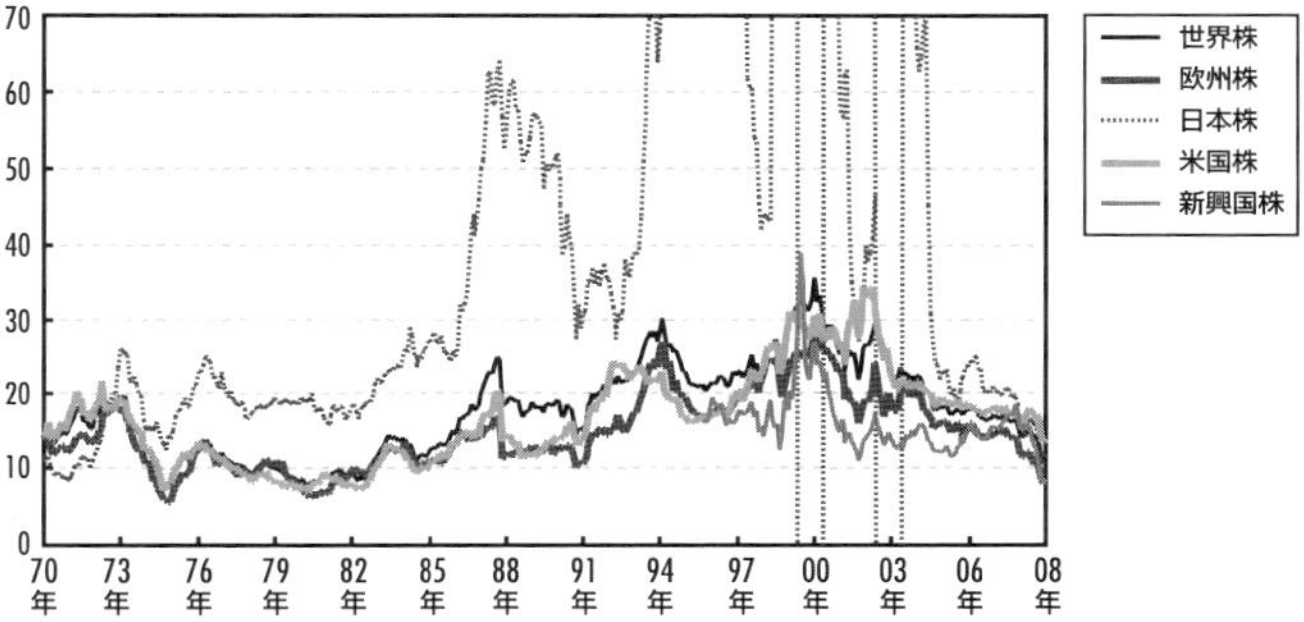


※データ提供：MSCI（データを基に著者作成）※データ期間：1970年1月〜2008年12月
※赤字企業が含まれるとデータが極端に大きく振れる場合があるため、有意と思われる範囲（0-70倍）のみ表示

各国のPBRの推移（単位：倍）

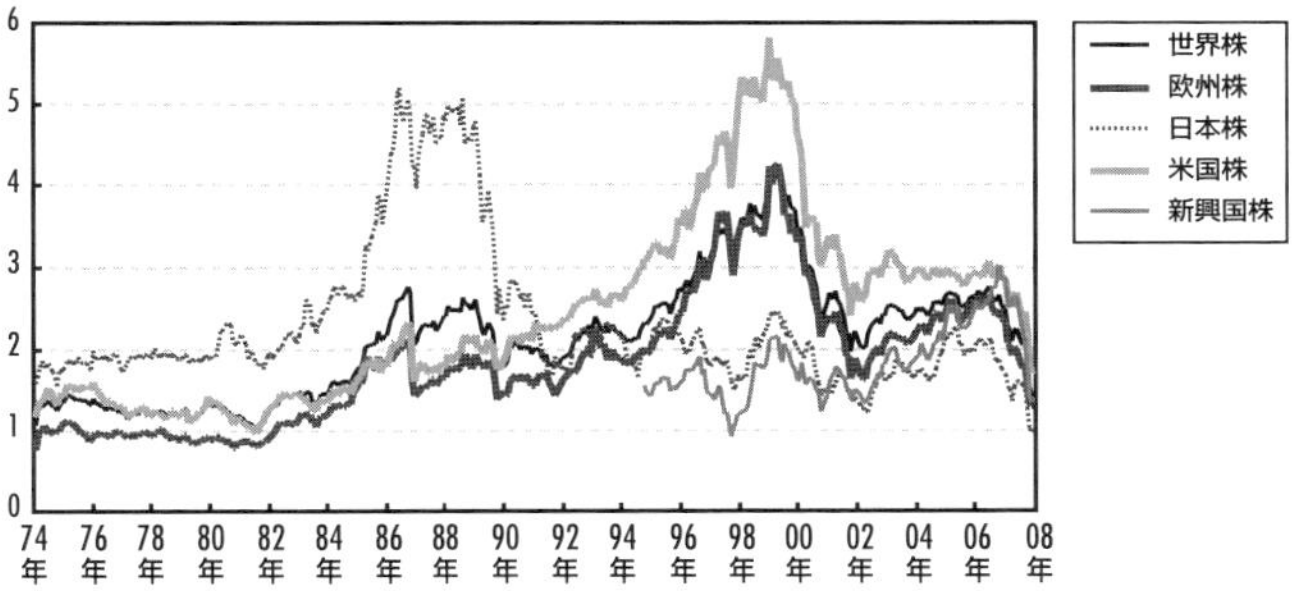


※データ提供：MSCI（データを基に著者作成）
※データ期間：1970年1月〜2008年12月

各国の配当利回りの推移（単位：倍）

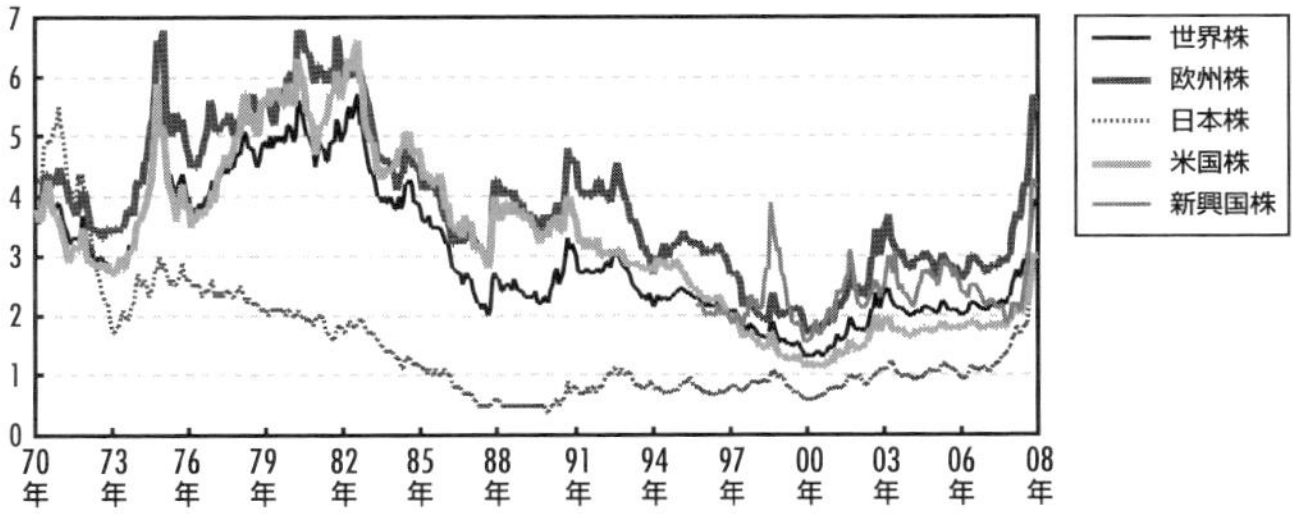


※データ提供：MSCI（データを基に著者作成）
※データ期間：1970年1月〜2008年12月

# 索引

**ジョン太郎**
現役金融マン。大手銀行入社後、日系・外資系の様々な金融機関で、商品企画や戦略企画、営業企画などの要職に就く。投資信託やヘッジファンド、不動産ファンド、機関投資家の自己資金運用など様々な分野で運用・投資ビジネスに携わり、株式・債券・不動産・デリバティブ・コモディティ等、多種多様な運用商品に精通。2005年より、ブログ「ジョン太郎とヴィヴィ子のお金の話」を開設。投資・運用・金融・経済など、お金にまつわる様々なトピックをわかりやすく親しみやすい言葉で解説し、人気を博している。

ジョン太郎とヴィヴィ子のお金の話
**http://jovivi.seesaa.net/**

**参考文献**
『敗者のゲーム』(日本経済新聞社)　チャールズ・D・エリス
『ウェルス・マネジメント』(ダイヤモンド社)　ハロルド・R. エバンスキー
『カリスマ・ファンド・マネージャーの投資極意』(東洋経済新報社)
アンソニー・ボルトン、ジョナサン・デーヴィス

**データ協力**
株式会社エービック
スタンダード＆プアーズ
日興シティグループ証券株式会社
MSCI

カバー・本文デザイン　河南祐介
カバーイラスト　はらだゆうこ
マンガ・本文イラスト　浅羽壮一郎
本文DTP　西村満枝

**ど素人《しろうと》がはじめる投資信託《とうししんたく》の本**

2009年 2月13日　初版第1刷発行
2011年 8月 5日　初版第3刷発行

著　者　ジョン太郎
発行人　佐々木 幹夫
発行所　株式会社 翔泳社 (http://www.shoeisha.co.jp/)
印刷・製本　株式会社廣済堂



＊本書へのお問い合わせについては、、012ページに記載の内容をお読みください。

＊落丁・乱丁はお取り替えいたします。03-5362-3705 までご連絡ください。

ISBN978-4-7981-1771-3　Printed in Japan